D0898349

COLLECTION
FOLIO/ESSAIS

Marc Jimenez

Qu'est-ce que l'esthétique ?

Gallimard

Philosophe et germaniste, Marc Jimenez est professeur à l'Université de Paris-I (Panthéon-Sorbonne).

Il enseigne l'esthétique à l'UFR d'Arts plastiques et sciences de l'art, où il est responsable de la formation doctorale et dirige le Centre de Recherches en Esthétique.

Membre de la Société française d'esthétique et du comité de rédaction de la *Revue d'Esthétique*, il est également directeur de la « Collection d'Esthétique » aux Éditions Klincksieck.

Il participe à de nombreux colloques en France et à l'étranger et collabore régulièrement à des revues d'art.

AVANT-PROPOS

Il y a seulement une vingtaine d'années, le mot « esthétique », employé pour désigner la réflexion philosophique sur l'art, apparaissait prématurément vieilli. Bien que son sens moderne ne date que du XVIIIe siècle, il semblait désuet et prêt à disparaître. Certains philosophes allaient jusqu'à déclarer, de façon humoristique, que « dans son histoire bicentenaire depuis le milieu du XVIIIe siècle jusqu'au milieu du XXe siècle, l'esthétique s'est révélée comme un insuccès brillant et plein de résultats ».

À quoi tient ce paradoxe ? Certainement aux diverses significations du mot esthétique ; nous traiterons cette question plus loin. Mais il tient aussi à l'objet même de l'esthétique, à savoir l'art. Et les contradictions que soulève celui-ci sont nombreuses. Nous les vivons au quotidien. Comment comprendre, par exemple, que la société moderne placée sous le signe de la civilisation de l'image accorde si peu de place à l'enseignement des arts plastiques ? Certes, de grands progrès ont été réalisés ces dernières années grâce à la création de diplômes et de concours, mais les professeurs des disciplines artistiques savent fort bien qu'ils bénéficient d'un statut particulier, incapable de rivaliser avec celui de leurs collègues mathématiciens, littéraires ou linguistes. Un autre exemple : la musique — il faudrait dire toutes les musiques — crée un univers sonore dans lequel nous baignons en permanence ; cet univers s'est densifié et perfectionné grâce aux progrès et à la souplesse d'utilisation des nouvelles technologies. Pensons au walkman ou aux autoradios à disque laser. Mais, hormis certaines filières spécifiques, quelle place occupe l'enseignement musical dans les classes secondaires ? Combien de candidats au baccalauréat peuvent seulement lire une partition ? Et, enfin, que dire de l'enseignement de l'esthétique, discipline qui figure au programme de la philosophie des classes terminales, mais dont l'étude est souvent reléguée en fin d'année scolaire, « s'il reste du temps » !

L'art est donc bien un domaine à part et, de surcroît, ambigu. Lié à une pratique, il engendre des objets palpables ou donne lieu à des manifestations concrètes qui prennent place dans la réalité : il se prête à des expositions dans tous les sens du mot. Pour reprendre une formule du grand historien et sociologue de l'art Pierre Francastel, « l'art n'est pas velléité mais réalisation ».

Cependant, l'art ne se contente pas d'être là, car il signifie aussi une manière de représenter le monde, de figurer un univers symbolique lié à notre sensibilité, à notre intuition, à notre imaginaire, à nos fantasmes. C'est son côté abstrait. En somme, l'art s'ancre dans la réalité sans être pleinement réel en déployant un monde illusoire dans lequel, souvent — mais pas toujours — nous croyons qu'il ferait mieux vivre que dans la vie quotidienne.

Comprendre et expliquer cette ambiguïté de l'art

constituent pour ainsi dire un défi que l'esthéticien s'acharne à relever, quels que soient les risques d'insuccès. On mesure sans peine la difficulté de cette tâche car l'esthétique hérite de l'ambiguïté de l'art, activité à la fois rationnelle qui suppose des matériaux, des outils, un projet, et irrationnelle dans la mesure où elle demeure à l'écart des tâches quotidiennes qui occupent la plus grande partie de notre existence. De la science, on attend des découvertes qui influent directement sur notre environnement ; de la technique, on escompte des progrès qui facilitent notre emprise sur le monde ; de l'éthique, on espère des règles de conduite qui guident nos pensées et notre comportement ; mais peut-on tirer de l'art un enseignement aussi utile, sérieux, rentable que celui dispensé par ces autres disciplines raisonnables ?

À l'évidence non, et c'est probablement pourquoi Friedrich Nietzsche, à la fin du siècle dernier, déplorait que l'art apparaisse trop souvent comme un « colifichet » de l'existence, tel un petit ornement chargé d'apporter un peu de fantaisie dans une vie asservie au fonctionnel.

Le discrédit dont a souffert l'esthétique est dû aussi à d'autres motifs.

Bien que la réflexion sur l'art soit, par définition, postérieure aux œuvres, les esthéticiens ont parfois tenté d'imposer des règles aux artistes, soit en fixant des normes permettant de juger du beau ou du laid, de l'harmonieux ou du disgracieux, et même du convenable ou de l'inconvenant, soit en établissant des critères conformes aux canons édictés par avance. Telle est la tentation de tout académisme, voire de l'esthétisme, qui ne sont pas propres au XVIIIᵉ ou au XIXᵉ siècle, mais réapparaissent de temps

à autre, notamment lorsque les courants ou les grandes tendances artistiques ne sont plus nettement
repérables, comme c'est le cas en cette fin de XXᵉ siècle. Aujourd'hui, toutefois, ce sont là des phénomènes mineurs car les théoriciens de l'art s'abstiennent
prudemment de proposer une codification incompatible avec l'esprit de créativité et d'innovation qui
caractérise la pratique de l'art.

Enfin, c'est un fait que l'esthétique est fréquemment restée discrète à l'égard de l'art en train de se
faire, timorée devant les œuvres nouvelles, plus
facilement encline à se pencher sur les créations
reconnues, sanctifiées par la postérité, qu'à se prononcer sur la valeur des choses nouvelles, parce que
précisément *trop* nouvelles. Cette prudence, qui
remonte en fait aux origines de l'esthétique philosophique — Kant et Hegel se sont sagement abstenus
de citer les grands artistes de leur temps —, n'a guère
favorisé la reconnaissance de l'esthétique comme
discours novateur sur les arts.

Quel que soit le poids de ce passif, l'époque semble
désormais révolue où l'on pouvait déplorer l'hostilité, voire le mépris, à l'égard de l'esthétique[1]. Et l'air
du temps, si l'on en juge par le nombre des publica-
tions au cours de ces dernières années, témoigne
d'un regain d'intérêt pour la réflexion théorique sur
l'art.

Plusieurs raisons expliquent cette renaissance.

L'art moderne du début du XXᵉ siècle, la vive réaction de ses adeptes à l'encontre de la tradition, la
virulence des manifestes avant-gardistes, déconcer-
tent, sur le moment, les théoriciens de l'art. Rares

1. Cf. la rubrique « Esthétique » dans l'*Encyclopedia universalis*
publiée en 1970.

sont les esthéticiens qui, par exemple entre 1910 et la Seconde Guerre mondiale, se risquent à interpréter, de façon théorique et philosophique, les premiers ready-made de Marcel Duchamp, les provocations du mouvement Dada, les tableaux cubistes de Picasso, les pièces atonales d'Arnold Schönberg, ou bien, quelques années plus tard, le programme surréaliste d'André Breton. Les premières théories de l'art moderne ne sont élaborées, de façon cohérente et systématique, qu'à partir des années 60.

Cette prudence est compréhensible. Si les œuvres modernes sont connues assez rapidement, précisément en raison du choc qu'elles provoquent sur la sensibilité, en revanche, leur reconnaissance, notamment par les institutions, est tardive et sporadique. Les divers courants et tendances — les « ismes » — se succèdent à rythme rapide ; ils offrent l'apparence de modes plus ou moins passagères qui compliquent la tâche du philosophe esthéticien. Celui-ci, en effet, se soucie davantage de mettre en évidence des constantes, plutôt que d'interpréter des œuvres isolées qu'il considère parfois, à tort ou à raison, comme de simples expériences dérangeantes et provocatrices.

En outre, la plupart des avant-gardes contiennent, à leur manière, leur propre interprétation esthétique, philosophique et parfois politique. De nombreux écrits exposent les origines des mouvements, définissent leurs objectifs, fixent le programme des œuvres à réaliser. Telle est la tâche des manifestes, futuriste, dadaïste, surréaliste, constructiviste, pour ne citer qu'eux, dont l'intention commune — au-delà des différences de moyens — est de transformer les anciennes valeurs et de définir les nouveaux rapports que les artistes entretiennent avec la nature, avec le monde et avec la société.

En somme, l'art moderne, pris globalement, puisait dans son propre dynamisme, sa force de légitimation. Les anciennes conventions tombaient les unes après les autres sous le coup des révolutions formelles, entraînant dans leur chute les normes et les critères auxquels se conformait l'art du passé, mais sur cette *tabula rasa* — pour reprendre une expression dadaïste — s'érigeaient de nouvelles règles. Sans doute celles-ci étaient-elles éphémères, vite remplacées, mais les repères subsistaient, comme autant de phares pointant l'horizon de l'art nouveau.

Il en va tout autrement aujourd'hui. L'art contemporain traverse une crise de légitimation. Chacun peut le constater. Les artistes actuels sont accusés de céder au laisser-aller, de produire n'importe quoi, de privilégier leur réputation médiatique au détriment de la création. L'art moderne et sa conception chimérique d'un monde rendu meilleur grâce à l'art sont fréquemment tenus pour responsables de cette déliquescence. En rompant avec la tradition et tout classicisme, le modernisme aurait accéléré la dissolution des certitudes et favorisé la disparition des valeurs liées à la beauté, à l'harmonie, à l'équilibre, à l'ordre. Il aurait ainsi légué un lourd héritage aux artistes de notre époque, héritage d'autant plus funeste qu'il conduirait tout droit à la mort de l'art, maintes fois proclamée dans le passé, mais que d'aucuns considèrent sinon comme effective, du moins comme inéluctable.

Cette crise de légitimation affecte l'art luï-même dans son essence, et l'impossibilité de dire ce qu'il est, ou ce qu'il n'est pas, ne permet même plus de répondre à cette question pourtant primordiale : quand y a-t-il ou non art ?

On raconte qu'un agent des douanes américaines, guère sensible à l'art moderne ou peu informé des tendances avant-gardistes, aurait refusé d'exempter l'*Oiseau dans l'espace*, œuvre du sculpteur Brancusi, des droits d'importation minorés normalement applicables aux œuvres d'art. L'objet fut taxé à 40% de sa valeur, comme tout objet utilitaire. C'était en 1922. Le tribunal finit par donner raison à l'artiste seulement six ans plus tard.

L'anecdote est réelle et hautement significative quant à la déroute des critères esthétiques consécutive à la modernité artistique. Mais la perplexité de l'agent des douanes devant une chose non identifiable apparaît minime au regard de la stupéfaction teintée d'incrédulité qui guette parfois le public des musées ou des galeries d'art contemporain. Quand la femme de ménage du hall d'exposition balaie consciencieusement les déchets « artistiquement » et sciemment déposés par Joseph Beuys dans un coin du local et les mélange au reste de poussière et de détritus, il n'est plus seulement question d'alternative entre sculpture ou non sculpture. Le problème porte sur la raison d'être de l'art lui-même et sur le critère qui permet de décider si l'on a ou non affaire à de l'art.

Il s'agit là, certes, d'un exemple limite, mais il suffit à montrer pourquoi l'art contemporain, grosso modo de 1960 à nos jours, sollicite l'attention des esthéticiens. Il n'est pas abusif, en ce sens, d'affirmer que la crise de légitimation de l'art stimule la réflexion sur l'art.

Cette situation n'est paradoxale qu'en apparence. La disparition des repères traditionnels conduit à la recherche de règles, de conventions, de critères permettant l'exercice du jugement de goût ou bien l'évaluation des œuvres : faut-il, comme le suggèrent certains, effectuer un retour au passé et restaurer les valeurs anciennes ? Ou bien accepter la postmodernité qui prône l'éclectisme des formes, des matériaux et des styles, et proclame la mort des avant-gardes ? Doit-on jouer à fond la carte du « tout culturel » et s'abandonner sans réticence aux multiples plaisirs esthétiques offerts par les nouvelles technologies : glisser un CD dans son lecteur laser et écouter à satiété toutes les musiques, du plain-chant au hard rock, y compris celles que les compositeurs eux-mêmes, les Mozart, Beethoven ou Schubert, n'entendirent exécuter qu'une seule fois, ou bien revisiter à volonté sur l'ordinateur multimédia l'exposition consacrée aux maquettes conçues par Léonard de Vinci ?

Mais un tel climat hédoniste est-il vraiment le fin mot de la réflexion esthétique ? Certains déplorent aujourd'hui l'absence d'une véritable critique d'art, ou bien son impossibilité, consécutive, précisément, à la disparition de toute norme et de tout critère. Mais que signifie « critiquer » une œuvre d'art ? La critique est-elle compatible avec le plaisir et la jouissance esthétiques ?

Ces questions ne sont pas toutes originales, mais elles se posent aujourd'hui de façon particulièrement aiguë. En effet, le statut social d'un art désormais accessible, en principe, à tous, la démocratisation de la culture, et le soutien financier que l'État accorde aux initiatives, aux projets et aux réalisations, notamment dans le domaine de l'art contemporain, modifient en profondeur la manière dont naguère le public percevait l'art. La multiplication des centres culturels, des musées, des expositions, des festivals correspond incontestablement à une volonté politique de la part des dirigeants, mais elle répond aussi à une demande croissante du public. Cependant, il n'est pas sûr que l'art, toujours soucieux de marquer sa différence vis-à-vis de la réalité, et le public, qui, à tort ou à raison, voit dans l'art une manière de rompre avec la vie quotidienne, trouvent leur compte dans cette « promotion » culturelle. Si les pratiques artistiques se fondent dans le lot des activités banalisées de la quotidienneté — je fais un tour au musée avant d'aller au bureau — la relation entre l'art et la réalité ne risque-t-elle pas dès lors d'être vécue sur le mode du divertissement, de la distraction pure et simple, de la « récréation dominicale », comme le regrettait déjà Ionesco ?

Si je prends la peine de me déplacer pour aller au spectacle, je témoigne toutefois d'une motivation honorable en faveur d'un contact physique avec l'art. Mais un phénomène prend chaque jour une importance croissante : l'art, les œuvres, les artistes, les expositions sont de plus en plus médiatisés. Cela signifie que toujours plus nombreux sont ceux qui connaissent les œuvres par le texte, écrit ou parlé, ou par l'image, catalogue, télévision ou CD-Rom, et non par une mise en présence directe avec l'œuvre elle-même. Or, s'il est important de s'informer, ce savoir modifie considérablement l'expérience esthétique traditionnelle.

Est-ce un bien ou un mal ? La question n'est pas là. Mais le discours sur l'art ne peut éluder ces interrogations. Les esthéticiens ont bien compris ces préoccupations du temps présent. Leur tâche consiste aussi à analyser ces situations nouvelles, même si l'on surestime parfois leur capacité à toujours donner des réponses pleinement satisfaisantes.

Mais il en va ainsi de l'esthétique comme de la philosophie où l'art de poser les problèmes importe souvent plus que la solution. Et l'esthétique contemporaine, quel que soit son souci de répondre aux urgences du temps présent, ne peut que se remémorer en permanence son origine philosophique.

Nous devons en dire quelques mots.

« Dans ce qu'on appelle philosophie de l'art, il manque habituellement l'une ou l'autre : ou bien la philosophie, ou bien l'art. » Cette réflexion du philosophe allemand Friedrich von Schlegel, en 1797, semble de bien mauvais augure pour une discipline baptisée depuis peu esthétique.

L'alternative, en effet, fait peser sur quiconque réfléchit sur l'art et sur ses œuvres le risque de l'échec. Ou bien le philosophe s'adonne à la spéculation abstraite, auquel cas l'art comme pratique concrète lui est inaccessible, ou bien il applique à l'art le résultat de ses méditations, mais il cesse dès lors d'être philosophe, et s'il prétend le demeurer, l'art lui échappe de toute façon. En résumé, le philosophe et l'artiste sont condamnés au malentendu, et l'esthétique, comprise comme philosophie de l'art, devient impossible.

Pourtant, en quelques décennies, et depuis 1750, date de parution de l'ouvrage de Baumgarten, *Aesthetica*, le terme esthétique connaît un succès considérable. Les contemporains de Schlegel n'hésitent guère à l'employer. Kant l'utilise pour préciser en sous-titre la première partie de la *Critique de la faculté de juger* (1791) : « Critique de la faculté de juger esthétique » ; Schiller, en 1795, rédige des

Lettres sur l'éducation esthétique de l'homme ; Jean-Paul (Friedrich Richter) compose un *Cours préparatoire d'esthétique* (1804), tandis que Hegel s'apprête à dispenser à ses étudiants des « Leçons d'esthétique ».

Mais le terme esthétique est-il pris chaque fois avec la même acception ? Certainement non. Schlegel entend manifestement par « philosophie de l'art » la nouvelle discipline créée par Baumgarten, à savoir l'étude scientifique et philosophique de l'art et du beau. Mais en établissant une relation d'exclusion entre le discours philosophique et l'art, entre le penseur et l'artiste : ou bien le concept, ou bien l'œuvre, mais pas les deux simultanément, sa réflexion met le doigt sur l'équivoque fondamentale qui est au cœur de la pensée esthétique elle-même.

Peut-on traduire par des mots ce qui touche notre sensibilité, relève de l'affect, suscite notre enthousiasme ou notre réprobation, nous émeut ou nous laisse indifférent ? Question qui en appelle d'autres : à quelle nécessité ou à quelles exigences répond ce désir de transcrire en concepts ce qui est de l'ordre de l'intuition, de l'imaginaire ou du fantasme ? Faut-il admettre l'existence d'une pulsion langagière qui nous pousserait, en quelque sorte, à dire ce qui est senti de façon, par exemple, à transmettre cette expérience à autrui ? La reconnaissance de ce que nous qualifions de beau, aussi bien dans la nature et dans l'art, nous inciterait-elle à solliciter l'approbation d'autrui, ou bien sa désapprobation ?

On mesure aisément la complexité du problème lorsqu'on pense à certaines expressions du langage courant, parfois familières : « C'est beau à couper le souffle ! », ou bien : « Les mots me manquent pour dire ce que je ressens. »

Est-ce à dire que les sentiments, les émotions, les

faits de sensibilité, notamment ceux qui résultent de la contemplation de l'art, ne relèvent pas de la connaissance, puisque, à l'inverse de l'intellect, de la raison, des faits d'intelligence, ils ne peuvent acquérir le statut d'une connaissance transmissible, à l'instar du savoir scientifique ?

Si je pense ainsi, je m'en tiens au stade primaire de la sensation et de la perception, et il devient parfaitement compréhensible que la contemplation d'un paysage splendide ou d'une œuvre d'art me plonge dans un état de mutisme. En revanche, si je me représente ce que je vois et prends conscience de ce que je ressens, j'accède au stade de l'expérience artistique. Autrement dit, celle-ci ne s'épuise pas dans la sensation, ni dans la perception.

Telle est la démarche de Baumgarten lorsqu'il considère que la faculté esthétique est de l'ordre de la connaissance. Certes, il s'agit d'une faculté de connaissance inférieure. Baumgarten la nomme *logica facultatis cognoscitivae inferioris*. Philosophie des Grâces et des Muses, elle ne saurait rivaliser avec la raison, mais elle livre un savoir analogue à celui de la raison. C'est cette science de la connaissance et de la représentation sensibles qui prend désormais le nom d'esthétique.

Contrairement à ce qu'énoncera plus tard Schlegel de façon polémique, il ne s'agit pas pour l'esthétique — qui, en raison de ses origines philosophiques, se définit aussi à cette époque comme philosophie de l'art — de se substituer ni à l'art ni aux œuvres d'art. L'art est une pratique opérant avec des procédures spécifiques appliquées à des matériaux déterminés donnant naissance à des œuvres. L'esthétique, quant à elle, comme discipline à part entière, s'autorise à réfléchir sur l'art et sur les œuvres en forgeant un univers conceptuel constitutif d'un savoir.

La fondation d'une nouvelle discipline constitue, au XVIIIe siècle, un événement majeur dans l'histoire de la pensée occidentale. Non seulement elle contribue à cette unification du savoir à laquelle aspirait Descartes au siècle précédent, mais elle permet de distinguer entre divers domaines jusque-là indistincts et que l'on confond parfois aujourd'hui encore. Ce qui signifie, pour le dire simplement, que toutes les disciplines qui s'intéressent à l'art, aux œuvres, aux artistes ou aux beaux-arts ne relèvent pas de l'esthétique au sens désormais admis même si ces domaines lui sont apparentés. Ainsi l'histoire de l'art, elle aussi naissante au XVIIIe siècle, grâce notamment à l'ouvrage de l'archéologue Johann Joachim Winckelmann *Histoire de l'art antique* (1763), dispose-t-elle d'une méthode et d'un objet conformes à sa visée : comprendre les œuvres, les écoles et les styles dans le temps et le lieu où ils apparaissent. Quant à la théorie de l'art — si l'on entend par là la réflexion que certains artistes ont appliquée soit à leur propre pratique, soit aux arts de leur époque, qu'il s'agisse de la *Poétique* d'Aristote, du *Traité de la peinture* de Léonard de Vinci ou de *l'Art poétique* de Boileau, elle ne saurait se confondre avec l'entreprise de conceptualisation tentée par l'esthétique.

De même, l'esthétique, dans son sens actuel, et quelles que soient la spécification ou bien la diversification dont elle a été l'objet depuis Baumgarten, ne saurait-elle se réduire à aucune des sciences particulières auxquelles elle a parfois recours, comme la psychologie, la psychanalyse, la sociologie, l'anthropologie, la sémiologie ou la linguistique.

L'objet de cet ouvrage n'est pas d'entrer dans le détail des différentes définitions et applications de l'esthétique, telles qu'on peut les trouver précisées et commentées dans une encyclopédie, un traité, un manuel scolaire ou un dictionnaire. Il ne saurait être question, non plus, de faire un historique rigoureux des divers systèmes philosophico-esthétiques qui se sont succédé de Platon à Adorno, ni de dresser l'inventaire des doctrines relatives à l'art pendant vingt-quatre siècles.

Pourquoi ?

Pour trois raisons. La première tient au sens très diversifié du mot esthétique, hormis celui qu'il reçoit, justement après Baumgarten, à l'époque de l'idéalisme allemand, en particulier chez Kant et Hegel. Cette diversification rend peu pertinente une chronologie qui présenterait l'évolution de l'esthétique sous la forme plus ou moins linéaire d'une succession de théories, de systèmes ou de découvertes comme on peut le faire dans le domaine de l'histoire des sciences et des techniques. La doctrine du beau, chez Platon, par exemple, est étroitement liée à sa philosophie et à la théorie des Idées. Elle détermine donc assurément une esthétique. Et l'on peut, sans crainte d'anachronisme parler d'« esthétique platonicienne » ; à une condition toutefois : il importe d'avoir présent à l'esprit non pas un domaine délimité, une discipline constituée, mais l'ensemble des considérations que Platon consacre aussi bien à la détermination de l'essence du Beau, à la définition de l'imitation qu'au rôle de l'art dans la cité. Or ce sont là des préoccupations communes à des théories bien ultérieures, par exemple à celles de Kant ou de Nietzsche, qui prennent position, de façon positive ou négative, par rapport au platonisme et à son influence sur la pensée occidentale. Mais puisqu'il est question de Kant, précisons d'ores et déjà ceci : le beau dans la nature ou le beau en art occupent assurément une place importante dans sa réflexion. Toutefois, toute son entreprise vise à déterminer sous quelles conditions s'exprime le jugement de goût, que ce soit relativement à l'agréable, au sublime, au beau, plutôt qu'à définir dans l'absolu ces notions mêmes.

La deuxième raison tient à l'objet même de l'esthétique, à savoir l'art. Or l'on dit fréquemment qu'il n'y a pas de progrès en art. Avec raison : une statue de Praxitèle possède autant de validité artistique qu'un buste sculpté par Rodin, indépendamment de l'appréciation toute subjective de chacun. Il n'y a pas eu de progrès quantifiable, ni même qualifiable de Bach à Stockhausen, de Corneille à Victor Hugo, de Poussin à Cézanne, de Sappho, la poétesse de Lesbos, à René Char. Certes, les sciences humaines auxquelles recourt parfois l'esthétique permettent des analyses plus approfondies de l'œuvre d'art, elles aident à sa meilleure compréhension, mais sans jamais élucider quoi que ce soit de l'expérience esthétique, ni la faire progresser. La meilleure réponse aux arguments qui plaideraient en faveur d'un progrès esthétique a été donnée par Sigmund Freud. Soucieux de ne pas surestimer les pouvoirs de l'interprétation psychanalytique de l'art dont il fut pourtant l'initiateur, il prit soin de préciser, vers la fin de sa vie : « La jouissance que l'on tire des œuvres d'art n'a pas été gâtée par la compréhension analytique [...] nous devons avouer aux profanes, qui attendent ici peut-être trop de l'analyse, qu'elle ne projette aucune lumière sur deux problèmes qui les intéressent le plus. L'analyse ne peut en effet rien nous dire de relatif à l'élucidation du don artistique, et la révélation des moyens dont se sert l'artiste pour travailler, le dévoilement de la technique artistique, n'est pas non plus de son ressort. »

L'idée d'un progrès esthétique décelable à l'aide de ce que pourrait être une histoire de l'esthétique de l'Antiquité à nos jours n'est donc guère recevable. Des conceptions anciennes peuvent fort bien subsister au sein même d'une théorie moderne de l'art, aujourd'hui encore, et parfois à notre insu. Ainsi, il apparaît évident que l'idée d'un Beau idéal, absolu, transcendant, tel que le conçoit Platon, ne préoccupe guère l'esthétique contemporaine. L'anthropologie de l'art nous enseigne que le beau tout comme la laideur sont des valeurs relatives non seulement à une culture, à une civilisation, mais aussi à un type de société, à ses mœurs, à sa vision du monde, à un moment donné de son histoire. Le relativisme en matière de catégories esthétiques s'est substitué, depuis longtemps déjà, à l'idéalisme. Et pourtant ne nous arrive-t-il pas, émus par un spectacle, un chef-d'œuvre, ou un paysage qualifié de splendides, d'invoquer la beauté, comme s'il s'agissait là d'une donnée immuable, anhistorique ou transhistorique requérant l'unanimité et l'universalité des jugements de goût ?

Enfin, la dernière raison expliquant l'abandon d'une chronologie des théories et des doctrines esthétiques tient à la perspective adoptée dans cet ouvrage.

Au XVIIIᵉ siècle, l'esthétique, discipline nouvelle, se définit, avons-nous précisé, comme science et comme philosophie de l'art. C'est un événement d'une portée considérable dans l'histoire des idées en Occident. Cela signifie que, désormais, non seulement les philosophes, mais aussi les artistes, les amateurs d'art, les arbitres des arts — à l'époque, c'était le nom donné aux critiques d'art —, le public éclairé des premiers salons de peinture et de sculpture, tous disposent d'un système de notions, de concepts, de catégories auquel il est possible de se référer. Ce système circonscrit un espace théorique, un véritable lieu épistémologique où peuvent se parler et se comprendre, mais aussi s'affronter et se contredire, ceux qui entendent traiter d'esthétique.

Toutefois, cette prise en charge théorique, philosophique et scientifique est ambiguë. En effet, la fondation de l'esthétique comme discipline autonome signifie que le domaine de la sensibilité devient objet de réflexion. Il obtient ainsi droit de cité dans la philosophie occidentale. L'intuition, l'imagination, la sensualité, voire la passion, sont reconnues comme pouvant donner accès à une connaissance. On ne les considère plus comme des « maîtresses d'erreur et de fausseté » — c'est ce que leur reprochait Pascal — mais comme des facultés cognitives.

Cette réhabilitation de la sensibilité doit cependant être nuancée. Celle-ci est affranchie, mais elle reste sous le contrôle de la raison, seule faculté donnant accès à une connaissance pure. Il n'est pas concevable, à l'époque, qu'elle s'insurge, à travers ses modalités — désir non maîtrisé, passion sauvage, quête effrénée de jouissance — contre l'idéal de la Raison, que nous écrivons ici avec un R majuscule pour désigner le principe auquel obéit la connaissance rationnelle, et non plus la faculté propre à l'homme. Il s'agit surtout de rechercher l'harmonie entre la sensibilité, la passion et la raison, de concilier le dualisme fondamental de l'homme constitué de nature et de culture. Le programme d'éducation auquel est soumis Émile, dans le « roman » de Jean-

Jacques Rousseau, répond à cet idéal. Tel est le but
que poursuit également Friedrich von Schiller dans
ses *Lettres sur l'éducation esthétique de l'homme*.

Nous disons bien qu'il s'agit d'un idéal, d'un objectif vers lequel il est souhaitable de tendre sans
aucune certitude de l'atteindre jamais. Cette tension,
qui se prolonge de nos jours encore dans tout projet
de formation et d'apprentissage artistique, résulte
en partie de l'autonomie acquise par l'esthétique.
Mais la contrepartie de cette autonomie est, sans
aucun doute, de libérer la voie qu'emprunte la raison sous l'aspect du progrès scientifique et technique. En clair, l'« invention » de l'esthétique dans
la seconde moitié du XVIIIe siècle ne contrecarre
aucunement la marche en avant du rationalisme. La
tâche assignée à l'homme par Descartes : devenir
maître et possesseur de la nature grâce à la science
physico-mathématique, se poursuit de façon, pourrait-on dire, irrésistible. Le XIXe siècle, qui concré-
tise, grâce à l'explosion romantique, l'insurrection
récente contre les Lumières et la Raison, est aussi
le siècle d'une révolution industrielle qui prélude au
développement des sociétés modernes fondées sur le
progrès technologique.

Une histoire de l'esthétique est concevable à la
condition de donner à ce terme un sens élargi : elle
serait dès lors, non pas l'histoire des théories et des
doctrines sur l'art, sur le beau ou sur les œuvres,
mais l'histoire de la sensibilité, de l'imaginaire, et
des discours qui ont tenté de faire valoir la connaissance sensible, dite inférieure, comme contrepoint
au privilège accordé, dans la civilisation occidentale,
à la connaissance rationnelle.

Certes, cette histoire paraît se dérouler parallèlement à l'histoire de la rationalité. Pourtant, elle ne

s'écrit pas dans le même sens, ni avec la même conti-
nuité : autant l'histoire de la raison décrit un mouvement linéaire qu'on assimile, peut-être à tort, au progrès, autant l'histoire de l'esthétique se révèle au
travers des ruptures successives que la sensibilité ne
cesse d'opposer à l'ordre dominant de la raison.

Nous ne partirons donc pas d'un point alpha désignant une prétendue origine de la pensée esthétique.
Notre « histoire » commence à la première rupture
marquante dans l'évolution de la réflexion sur l'art,
à savoir à la Renaissance. Ce « vaste mouvement de
rénovation intellectuelle », comme disent les dic-
tionnaires, est fondé partiellement sur l'imitation
des Anciens ; il ouvre aussi sur l'émancipation religieuse de la Réforme et de la Contre-Réforme. Dans
le même temps, il s'accompagne d'une prise de
conscience du pouvoir de l'individu, de sa capacité
d'émancipation par rapport aux conceptions du
Moyen Âge. Ce processus aboutit au XVIIIe et au
début du XIXe siècle à la reconnaissance de l'autonomie esthétique dans son sens moderne.

Dès lors que l'autonomie est acquise dans son
principe, elle n'est plus vraiment un problème. Sans
doute reste-t-elle fragile et ambiguë ; parfois, elle est
remise en cause, mais le discours esthétique existe
et se constitue de façon spécifique. Grâce à lui, il est
possible de porter un regard critique sur le passé.
Les philosophes et les artistes du XIXe siècle exami-
nent à distance l'Antiquité. Mais, surtout, ils mesu-
rent le poids de la tradition séculaire née du respect,
souvent abusif, des Anciens.

Et lorsqu'on jette un regard critique sur l'Antiquité, sur Platon et Aristote, on voit que l'art, hormis ses interprétations métaphysiques, pose des
problèmes identiques : la nouveauté, l'inédit, le hors-

normes, la modernité dérangent. La création, en un mot, provoque les mêmes méfiances, les mêmes exclusions.

Une incursion dans le passé, dans la Grèce des Ve et IVe siècles avant notre ère, permettra de mieux mesurer la puissance des ruptures survenues à la fin du XIXe siècle. La Renaissance est une rupture avec le Moyen Âge ; la modernité est une rupture avec la Renaissance et avec une tradition millénaire héritée de l'Antiquité. Les mouvements d'avant-garde entendent bien quitter l'espace renaissant, un espace visuel et sonore devenu trop étriqué au regard des bouleversements de l'époque. Toutefois, rompre avec une tradition, c'est un peu comme vouloir se débarrasser d'une habitude : bonne ou mauvaise, celle-ci représente un certain confort. Deux solutions : le compromis ou le coup de force. Avouons-le, les esthéticiens choisissent toujours la première et les artistes la seconde. Au XIXe siècle, malgré les résistances, la nostalgie, les souvenirs, les artistes modernes et avant-gardistes font valoir l'inédit, la nouveauté, le choc des innovations successives.

L'âge des ruptures commence, avec pour conséquence le risque d'une rupture entre l'art et le public. Un nouveau défi attend l'esthétique : celui de réconcilier, autant que faire se peut, les provocations des artistes et le goût de leurs contemporains. Ce défi est toujours actuel.

Dès lors, le retard de l'esthétique n'est pas un handicap ; venir après les œuvres signifie qu'elle prend le temps de réfléchir sur son histoire passée et présente. Au moment où l'art d'aujourd'hui perd, dit-on, tous ses repères et ses critères, un tel retard devient même un privilège.

PREMIÈRE PARTIE

L'AUTONOMIE ESTHÉTIQUE

I

VERS L'ÉMANCIPATION

La fondation de l'esthétique comme discipline autonome constitua un événement d'une portée considérable. Cet événement est d'autant plus important qu'il ne s'agit pas uniquement d'ajouter une nouvelle branche à l'arbre de la science

Ce qui est créé, ce n'est pas seulement un vocable, un mot commode servant à rassembler et à désigner un savoir jusqu'alors diffus. La nouveauté réside dans le regard que les contemporains portent désormais, non seulement sur l'art du passé, mais aussi sur les artistes et sur les œuvres de leur époque.

Mais que signifie, au juste, cette autonomie esthétique ? Pourquoi n'est-elle apparue qu'au xviiie siècle, alors que l'existence des artistes date apparemment des époques les plus reculées ? L'art, en effet, semble avoir été de tout temps et en tous lieux. Sans remonter au paléolithique, tous les siècles, depuis l'Antiquité gréco-latine à nos jours, ne se sont-ils pas distingués, à des degrés divers, par des périodes de floraison artistique ? Comment expliquer, dès lors, l'émergence si tardive d'une réflexion spécifique, autonome, tout particulièrement consacrée à la création artistique ?

Pour répondre à ces questions, il convient de préciser ici le sens du mot autonomie.

« Autonomie de l'esthétique » n'a pas le même sens qu'« autonomie de l'art », mais un certain nombre de corrélations existent entre l'une et l'autre. La réflexion spécifique, que nous venons d'évoquer, suppose que l'objet auquel elle s'applique soit lui-même défini de façon précise ; or, le mot art, héritier, dès le XIᵉ siècle, de son origine latine *ars* = activité, habileté, ne désigne, jusqu'au XVᵉ siècle, en Occident, qu'un ensemble d'activités liées à la technique, au métier, au savoir-faire, c'est-à-dire à des tâches essentiellement manuelles. L'idée même d'esthétique, au sens moderne, n'apparaît qu'au moment où l'art est reconnu et se reconnaît, à travers son concept, comme activité intellectuelle, irréductible à une quelconque autre tâche purement technicienne.

Ainsi, l'esthétique, qui inaugure sa phase moderne à partir de 1750, ne s'est pas déclarée autonome du jour au lendemain par la seule grâce du philosophe allemand Baumgarten. Sa fondation en tant que science est le résultat d'un long processus d'émancipation qui, du moins en Occident, concerne l'ensemble de l'activité spirituelle, intellectuelle, philosophique et artistique, notamment depuis la Renaissance.

L'idée que la création n'est plus seulement d'essence divine mais relève d'une action humaine s'impose après bien des débats théologiques et philosophiques ; à l'origine, elle ne concerne pas directement ni immédiatement le domaine de l'art. De même, nombre de conceptions *a priori* doivent être combattues pour que la relation entre la raison et la sensibilité ne soit pas uniquement perçue comme conflictuelle. Il faut aussi attendre le XVIIᵉ siècle pour que le beau s'affranchisse des valeurs du bien et du vrai, et la fin du XVIIIe siècle pour que l'imitation de la nature ne soit plus considérée comme la seule finalité de l'artiste.

Le mouvement des idées qui s'affirme au XVIIIe siècle, et qui conduit aux libérations que l'on vient d'évoquer, ne s'est pas donc imposé de lui-même. Il traduit les profondes modifications que subissent, depuis le Moyen Âge, les conditions sociales, économiques et politiques. Ce sont ces transformations qui permettent aux nouvelles conceptions de se concrétiser dans la réalité. Un seul exemple : la reconnaissance sociale de l'artiste, qui abandonne peu à peu son statut d'artisan – parfois avec quelque réticence – doit être mise en corrélation avec l'affranchissement progressif des artistes vis-à-vis des tutelles religieuses, monarchiques et aristocratiques. De l'artisan, lié par le mécénat, assujetti au bon vouloir d'un prince, on est passé à l'artiste humaniste, doté d'un véritable savoir, et non plus seulement d'un savoir-faire, puis à l'artiste qui négocie ses œuvres sur le marché et assure leur promotion auprès du public.

Il s'agit là d'un schéma simplifié, mais suffisant pour montrer que la déclaration d'autonomie de l'esthétique a été en quelque sorte préparée de longue date. Elle n'intervient qu'au terme d'une lente évolution intellectuelle et matérielle de la société occidentale qui vise à émanciper l'homme à l'égard des tutelles anciennes, théologique, métaphysique, morale, mais aussi sociale et politique.

Précisons quelques étapes de cette voie vers l'autonomie.

L'IDÉE D'UNE CRÉATION AUTONOME

On doit au dominicain Albert le Grand (1193-1280), philosophe et théologien, cette définition : « Créer, c'est produire quelque chose à partir de rien. » Cette assertion du maître de saint Thomas d'Aquin, énoncée vers 1230, ne susciterait guère, de nos jours, de contestation particulière. D'aucuns pourraient même lui faire grief d'une certaine banalité. Pourtant, elle témoigne du fait essentiel qu'en cette période du Moyen Âge la création était *pensée*. À la différence de l'Antiquité gréco-latine, où le concept de création était absent, et où l'idée même d'une création n'était guère concevable, les philosophes et les théologiens du XIIIᵉ siècle réfléchissent sur la notion d'origine, de commencement, de principe premier de toutes choses. Mais il ne saurait être question, sous l'angle théologique, d'attribuer à l'homme une véritable puissance créatrice, encore moins de lui reconnaître un pouvoir de création artistique. L'idée même de création artistique est refusée puisque créer est le privilège de Dieu. En produisant une œuvre, l'homme, prisonnier de sa finitude, ne fait que révéler la puissance infinie du Tout-Puissant. Le thème édénique de la Genèse, qui donne lieu pendant des siècles à de multiples interprétations théogoniques ainsi qu'à de nombreuses disputes théologiques, exprime clairement l'idée que la création demeure le monopole de Dieu : l'homme, même détenteur d'une liberté qui lui est propre, n'a pas *créé* le Paradis terrestre. Il a été *placé* dans le jardin d'Éden avec pour seule tâche de le *cultiver*.

L'héritage de saint Augustin (354-430), l'un des Pères de l'Église latine, exerce son influence pendant plusieurs siècles. En aucun cas, l'artiste ne saurait être le rival de Dieu, Créateur de toutes choses : « Mais comment avez-vous créé le ciel et la terre, et de quelle machine vous êtes-vous servi pour votre grandiose travail ? Vous n'opériez pas comme l'artiste, lequel façonne un corps avec un autre corps, au gré de son esprit, qui a le pouvoir d'extérioriser la forme qu'il aperçoit en lui-même au moyen de l'œil intérieur. Ce pouvoir, d'où viendrait-il à l'esprit, si vous n'aviez créé l'esprit [...] C'est vous qui avez créé le corps de l'artiste, l'âme qui commande à ses membres, la matière dont il fait quelque chose, le génie qui conçoit et voit au-dedans de lui ce qu'il exécutera au-dehors[1]. »

Dans son souci de distinguer aussi nettement la création divine et l'action de l'artiste, saint Augustin met le doigt sur l'essentiel. Nier que l'art puisse résulter d'une création humaine, c'est reconnaître, indirectement, que, de tous les hommes, seul l'artiste peut légitimement revendiquer un statut de créateur. Ce dont il ne saurait évidemment être question pour les « docteurs de la grâce ».

Il faut attendre la Renaissance, en Occident, pour que le concept de création artistique soit à la fois *pensé* et *accepté*. C'est là un phénomène à première vue surprenant car la réflexion sur l'idée de création artistique et l'acceptation d'un agir humain, créateur d'œuvres et de valeurs, se révèle en contradiction

---

1. Saint Augustin, *Les Confessions*, livre XI, chap. 5, Paris, Garnier-Flammarion, 1964, p. 256.

avec la philosophie religieuse. Jusqu'aux Temps modernes, à l'aube du XIXᵉ siècle, avant que ne s'imposent les conceptions de Kant et de Hegel, cette philosophie continue de dénier à l'homme le pouvoir de créer. Lorsqu'elle lui reconnaît une quelconque puissance créatrice, c'est pour mieux faire valoir l'omniscience et l'omnipotence divines. L'homme reste *créature*, Dieu demeure créateur, *incréé*.

En fait, cette antériorité de l'idée de création autonome, qui s'impose dans le domaine de l'art au XVᵉ siècle, donc bien avant qu'elle ne soit admise par la théologie et réfléchie par la philosophie — n'est-elle pas d'ailleurs, aujourd'hui encore, seulement tolérée par la pensée religieuse ? —, n'est surprenante qu'en apparence.

L'art constitue en effet le lieu où s'affrontent et se nouent, de façon privilégiée, tous les aspects contradictoires, voire antagonistes, de l'activité humaine, à la fois intellectuelle et matérielle. Un exemple : la théologie comme la philosophie ont tout loisir de définir la liberté de l'homme, ainsi que les conditions dans lesquelles cette autonomie doit ou peut s'exercer. Mais cette définition reste abstraite, même si elle prend la forme de préceptes philosophiques ou de règles morales. Très schématiquement, on peut dire, sans grand risque d'erreur, qu'on trouverait, dans l'histoire de la philosophie, autant de doctrines affirmant la servitude de l'homme à l'égard d'un ou de plusieurs dieux, ou son asservissement à la fatalité ou bien sa soumission à sa destinée, que de théories déclarant sa liberté pleine, entière, essentielle. En réalité, la seule liberté de l'homme réside dans le choix qu'il peut faire entre l'une ou l'autre de ces conceptions en fonction de l'attrait qu'elles exercent sur lui. Dans tous les cas, cette détermination reste, selon notre expression, *abstraite*. Autrement dit, et pour parler comme les linguistes contemporains, la prescription de la liberté ou de la non-liberté de l'homme n'est pas *performative* : elle n'engendre pas l'action par le seul fait de son énoncé.

En art, la situation est, non pas plus complexe, mais plus spécifique parce qu'elle est liée à la production d'objets. Créer une œuvre d'art, c'est accomplir un acte à la fois abstrait et concret. Abstrait, car il met en œuvre des mécanismes psychiques et mentaux qui relèvent de l'*invention*, et concret dans la mesure ou une *chose* doit résulter de ces processus, qui s'offre à la perception. Les philosophes disent à juste titre que créer désigne à la fois un *acte* et un *être*. L'œuvre d'art apparaît donc comme une concrétisation effective du pouvoir démiurgique de l'artiste, capable d'engendrer des objets inédits qui ne se réduisent pas à la simple imitation de choses déjà existantes.

À l'époque de la Renaissance, nombreux sont ceux qui revendiquent avec force un tel pouvoir. Ils ne prétendent pas, pour autant, rivaliser avec la toute-puissance divine, ni déposséder Dieu du privilège de la création. D'ailleurs, ils ne produisent pas « à partir de rien », mais à partir d'un savoir acquis dans de nombreuses disciplines à caractère scientifique. Leon Battista Alberti (1404-1472), peintre et sculpteur, est aussi musicien et architecte. On lui doit la définition des normes de la perspective qui s'imposent très vite comme le credo des peintres de la Renaissance. En plein accord avec un autre peintre italien du Quattrocento, Piero della Francesca (1410/1420-1492), Alberti insiste sur l'importance de l'étude des mathématiques pour qui veut s'adonner à la peinture et à la sculpture : « Le meilleur créateur sera seulement celui qui aura appris à reconnaître les bords de la superficie et toute sa qualité [...], donc j'affirme qu'il est nécessaire que le peintre apprenne la géométrie. »

Peindre et sculpter ne sont donc pas seulement des pratiques reposant sur un savoir-faire, sur un métier, sur une habileté d'artisan. Elles deviennent des activités intellectuelles mettant en œuvre une pluralité de facultés et d'aptitudes qui permettent à l'artiste de surmonter son statut de simple artisan pour se conformer à l'image de l'*humaniste*. Cet idéal humaniste conduit assurément à évoquer l'imposante figure de Léonard de Vinci (1452-1519), à la fois philosophe, architecte, ingénieur, mathématicien, savant, peintre et sculpteur. Si l'hôte de François Ier note, avec amertume, en songeant à sa propre destinée, qu'« ordonner est œuvre de seigneur », tandis qu'« œuvrer n'est qu'un acte servile », il n'empêche qu'il s'installe au château de Cloux (aujourd'hui le Clos-Lucé, près d'Amboise) avec tous les honneurs que l'époque s'attache désormais à rendre au « génie ». Quand le pinceau échappe — par mégarde ? — des mains de Titien (1490-1576), c'est l'empereur Charles Quint qui se baisse pour le ramasser. La réputation du peintre a déjà franchi les Pyrénées, les Alpes et le Rhin.

Ces anecdotes éclairent un phénomène qui date des débuts du Quattrocento et prend une ampleur croissante : celui de la prise de conscience du pouvoir créateur de l'artiste « génial ». Le génie, certes, demeure un don de Dieu — et il le restera jusqu'à l'époque romantique — mais la force créatrice est individuelle. La personnalité de l'artiste devient, au sens propre, exceptionnelle. Déjà le Filarete

(1400-1465), l'architecte de la tour centrale du Castello Sforzesco à Milan, exigeait que les œuvres des peintres et des sculpteurs soient signées et, de fait, la plupart des signatures des artistes du Quattrocento nous sont connues. Suprême redondance lorsque le paraphe signe un autoportrait, un genre que les peintres d'alors affectionnent au point qu'il s'instaure en tradition ! Le fait que les peintres n'hésitent plus à s'exposer, voire à s'exhiber en se prenant pour objet — ou sujet — de leur art, révèle le déplacement qui s'opère, à cette époque, de l'œuvre à la personnalité de son auteur.

La conscience que les artistes ont de pouvoir créer librement, de n'obéir à d'autres lois que celles dictées par leur génie propre, devient aiguë chez un Michel-Ange. Tandis que Léonard de Vinci accepte encore d'être le premier ingénieur militaire de César Borgia, Michel-Ange, quelques décennies plus tard, dans un geste d'orgueilleuse modestie, peut se permettre de dédaigner tout honneur et toute distinction. Le titre de Michelangelo le « divin » suffit à l'artiste qui déclare peindre avec son esprit et non pas avec ses mains.

Certains de ses contemporains, en revanche, à l'époque du Cinquecento, acceptent sans sourciller de franchir les échelons de la promotion sociale. Les princes gouvernants traitent les artistes en seigneurs, lesquels seigneurs logent dans leur propre palais, tel Raphaël, ou jouissent de privilèges et de titres importants, tel Titien, déjà cité, comte du palais Latran et membre de la cour impériale.

Certes, pendant la Renaissance, la notion de subjectivité propre à l'artiste n'est pas encore analysée ni thématisée par la réflexion philosophique et esthétique, comme elle sera plus tard, au XVIIIe siècle, par

Emmanuel Kant. Mais les idées de création autonome et de pouvoir du génie créateur, qui s'imposent
dès cette époque et marquent une franche rupture
avec l'autoritarisme du Moyen Âge, ne résultent pas
de spéculations abstraites. Les événements que nous
venons de citer le prouvent. Ces notions, qui fondent
l'esthétique moderne, traduisent en réalité les profondes transformations que subit la société sur le
plan économique et politique.

Dans le domaine qui nous concerne, le changement de statut de l'artisan qui se voit progressivement reconnaître en tant qu'artiste est l'aspect le
plus patent de ces transformations.

DE L'ARTISAN À L'ARTISTE

L'époque de la Renaissance, notamment en Italie
et en France, apparaît comme un âge d'or aux yeux
des modernes que nous sommes. Les historiens du
XIXe siècle, soucieux de mettre l'accent sur le renouveau qu'elle représente dans tous les domaines, aussi
bien artistiques que scientifiques, ont parfois idéa-
lisé cette période. Il est bien vrai que l'idée d'un sujet
créateur autonome apparaît à la fin du XVe siècle.
Elle contribue à la reconnaissance de l'artiste jouissant désormais d'un statut social plus élevé que celui
de l'artisan du Moyen Âge. Mais il faut savoir qu'on
ne passe pas, comme par miracle, d'un prétendu
enfer à une sorte de paradis. Si l'artisan du Moyen
Âge est soumis à des contraintes multiples et à de
nombreuses servitudes, s'il subit le poids de la
religion, de l'autorité, du seigneur et du mécène, il

bénéficie toutefois de quelques avantages. Réunis en corporations, les artisans détiennent les moyens de production, jouissent d'une certaine garantie de la liberté du travail, produisent des objets à finalité sociale. Ce dernier point est important. Il signifie que l'artisan établit un lien entre son œuvre et l'utilité de celle-ci. Autrement dit, il a conscience de sa valeur d'usage ; il perçoit le rapport existant entre le produit et sa signification réelle.

Un premier changement de statut se produit à la Renaissance, dès les débuts du Quattrocento. Le peintre ou le sculpteur cessent de produire des œuvres utiles, à usage collectif. Naguère, membres d'une corporation, ils se transforment en salariés rétribués par la clientèle. Le client qui passe commande, mécène, membre du clergé ou de l'aristocratie, parfois le souverain, joue le rôle d'employeur. Il embauche pour des tâches précises et attend du maître et de ses compagnons qu'ils réalisent le tableau dans le respect des ordres prévus au contrat. Ces prescriptions concernent aussi bien le délai de livraison, les matériaux — couleurs et pigments — que le dessin et le sujet.

Il faut attendre la fin du XVe siècle pour que le passage d'un mode de production artisanal à un mode de production capitaliste influe de façon décisive sur le statut de l'artiste. L'affranchissement progressif des peintres et des sculpteurs vis-à-vis des corporations et de leur fonctionnement féodal constitue, à cet égard, une étape importante. Plusieurs facteurs témoignent de cette libération. Les contrats entre le commanditaire et l'artiste se personnalisent au point de laisser à ce dernier une marge d'initiative inconcevable auparavant. Par exemple, dans le choix du sujet ou des couleurs, voire plus encore : on sait que, vers 1530, il appartint à Michel-Ange de décider seul s'il honorait sa commande en exécutant une sculpture ou un tableau. Le prix des œuvres augmente considérablement. Fixé autrefois en fonction des matières utilisées, ce prix n'a souvent plus rien à voir avec le coût réel de production ; il devient libre, c'est-à-dire fonction du renom et du talent de maîtres que les princes, les villes — comme Rome, Florence, Paris — ou le pape se disputent. Cette tendance, amorcée dès les débuts de la Renaissance, se renforce considérablement au fur et à mesure que la demande s'accroît sur le marché. Un exemple : Filippo Lippi (Fra Filippo, 1406-1469) vit, selon Vasari, dans l'indigence au point de ne pouvoir s'acheter une paire de bas. Quelques décennies plus tard, Filippino Lippi, son fils (1457-1505), au début du Cinquecento, amasse une fortune, recevant 1 000 ducats d'or, somme considérable à l'époque, pour ses fresques de l'église de la Minerve à Rome. D'une génération à l'autre, les conditions ont changé, indépendamment de la notoriété, ici comparable, des deux peintres. Et ce changement, qui concerne aussi bien le statut du travail artistique, la mise hors circuit progressive des corporations que les nouvelles relations commerciales entre producteurs et marchands, traduit bien l'autonomisation effective du domaine artistique et culturel.

Mais d'autres signes de cette autonomie se multiplient, en relation notamment avec l'extension du marché de l'art. Au Moyen Âge et au début de la Renaissance, l'objet d'art doit répondre aux exigences précises du commanditaire. Il est possible que l'œuvre satisfasse ainsi à plusieurs fins utilitaires ou symboliques : orner, embellir, décorer des églises ou des palais, ou célébrer, dans le même temps, la gloire du prince, celle de Dieu, ou du pouvoir en général, ecclésiastique ou aristocratique. Un riche marchand de Florence, Giovanni Rucellai, généreux client auprès de peintres de renom, Filippo Lippi, Verrocchio et Uccello, exprime sa satisfaction en déclarant que leurs œuvres lui procurent « le consentement le plus grand et le plus grand plaisir, car elles servent la gloire de Dieu, l'honneur de la cité et [sa] propre mémoire[1] ».

Le prix des tableaux est, comme nous l'avons dit, établi le plus souvent de façon contractuelle selon des critères précis. Il tient compte, notamment, du nombre des figures à peindre, des couleurs et des pigments employés : argent, or, bleu outremer, etc., ainsi que du temps passé à l'exécution. Ces œuvres ont dès lors une valeur déterminée, résultat d'une négociation entre le commanditaire et l'artiste. Cette valeur peut être appelée valeur d'usage puisqu'elle repose sur la capacité de l'œuvre à répondre aux divers besoins et exigences du client.

Cette situation évolue toutefois dès le milieu de la Renaissance. L'importance des matériaux dans la fixation du prix des œuvres diminue au profit du savoir-faire, de l'habileté ou du talent déployés par l'artiste. On tient compte surtout de la puissance créatrice de celui-ci et bien moins de la richesse des couleurs, au demeurant fort chères, qui exhibent un luxe jugé trop ostentatoire. Autrement dit, le talent ou le génie, qualités intrinsèques à la personnalité de l'auteur, priment tout. Définir l'artiste comme auteur, c'est aussi le reconnaître comme propriétaire exclusif, à la fois de son œuvre et de son talent, l'une

1. Cité par Michaël Baxandall, *L'œil du Quattrocento*, Paris, Gallimard, Bibliothèque illustrée des Histoires, 1985, p. 11.

et l'autre devenant du même coup monnayables sur un marché de l'art en expansion. La valeur d'échange commence à prévaloir sur la valeur d'usage. Le temps de travail effectif consacré à la fabrication de l'objet d'art n'est plus un critère suffisant pour fixer son prix. Seul compte le temps de création et non plus le temps de labeur. On est passé du quantitatif au qualitatif. Le temps de la création n'est pas mesurable. Il s'agit avant tout d'une durée investie par un sujet autonome, célébré, adulé, dont la réputation se fait entendre au-delà des frontières. Peut-on décemment fixer le prix de la notoriété ou du génie ?

Le génie signe son œuvre. Il inscrit sa marque, véritable sceau attestant la plus-value attachée désormais à l'œuvre. Or une œuvre d'art signée ne vaut plus pour un mécène quelconque, pour un individu concret. Elle vaut pour le marché, pour une collectivité d'acheteurs, bourgeois fortuné ou amateur éclairé.

Ce phénomène du marché, qui s'amplifie au XVIIe et au XVIIIe siècle, a ainsi pour conséquence la constitution d'une clientèle, à la fois avide d'investir dans les œuvres d'art, mais soucieuse également de leur qualité. Le choix d'une œuvre d'art ne peut dépendre uniquement de motivations économiques. On le conçoit aisément. Idéalement, ce choix suppose le contact avec l'objet, et donc l'entrée en jeu de la perception, de la sensation, de l'émotion, autant d'affects qui déterminent le sentiment de plaisir ou de déplaisir éprouvé devant l'œuvre d'art. Dès lors, intervient le jugement de goût qui décide de la conformité de l'œuvre à ce qu'on attend d'elle. Plus précisément, l'instauration d'une sphère esthétique autonome libère la question cruciale de savoir si une œuvre est belle en soi, si elle correspond à un idéal de beauté ou bien à l'idée, nécessairement subjective, que chacun se fait du beau. L'élargissement du public au XVIIᵉ, et surtout au XVIIIᵉ, provoque donc une démultiplication des questions propres à l'art. Celles-ci concernent l'évaluation de l'œuvre par rapport à des règles, à des normes ou à des conventions — cette tâche incombera aux académies. Mais il convient aussi de former, d'éduquer le goût et de légitimer le jugement à l'aide de critères : ce sera l'affaire des « juges », nommés d'abord, très joliment, « arbitres des arts » et, plus tard, « critiques ».

Mais n'anticipons pas. La Renaissance voit poindre la notion de création autonome. Petit à petit, l'artiste se libère des contraintes religieuses, politiques et sociales du Moyen Âge, et prend ses distances avec la théologie et la philosophie scolastiques. Toutefois, en dépit de cet affranchissement, et malgré la dignité qui tend à son statut social, deux siècles s'écoulent avant que l'esthétique ne s'impose comme discipline spécifique et que l'art ne constitue une sphère pleinement autonome, indépendante non seulement vis-à-vis de l'Église et du pouvoir, mais aussi à l'égard de la science et de la morale. Ce retard est explicable.

Au XVIᵉ siècle, l'artiste s'affirme comme créateur, doté de talent et susceptible d'être reconnu comme un génie. La religion peut considérer, il est vrai, qu'il n'est que l'exécutant d'une puissance divine, simple instrument animé par une inspiration qu'il ne commande pas. Mais cette restriction, objet de disputes théologiques, ne change rien à l'affaire. C'est bien le peintre, le sculpteur, l'architecte, auteurs temporels, simples mortels, que vénèrent ses contemporains et que célébrera la postérité.

La question « qui crée ? » paraît résolue : c'est

l'artiste. Une interrogation toutefois subsiste : quelles forces le poussent à la création, l'incitent à l'innovation ? Est-ce la raison ou bien la sensibilité, le sentiment ? Objet d'âpres controverses et de spéculations complexes pendant le classicisme et au XVIIIe siècle avant que l'esthétique de Kant ne propose sa solution, ce problème réapparaît, sous des formes diverses, chez certains théoriciens du XXe siècle.

RAISON ET SENSIBILITÉ

Pendant la Renaissance, du moins à ses débuts, une telle alternative : raison ou sensibilité, n'a guère de sens. L'imitation constitue le principe esthétique dominant. L'art a pour objet la Nature, l'Homme ou Dieu. Les mathématiques, la géométrie, l'arithmétique constituent, pour le Quattrocento, le moyen d'appliquer ce principe. On a dit combien, chez Léonard de Vinci et chez Alberti, la revendication d'un savoir scientifique jouait en faveur de la reconnaissance du statut d'artiste. Peintres et sculpteurs s'adonnent aux « arts libéraux » ; ils exercent une activité intellectuelle, plus noble que celle de l'artisan, cantonné dans les tâches manuelles, prisonnier des « arts mécaniques ». Mais imiter la réalité extérieure, ce n'est pas seulement la copier ni la reproduire plus ou moins fidèlement. Il s'agit de contrefaire la Nature, et la méthode mathématique constitue le moyen de cette contrefaçon, de cette mimésis. Le principe d'imitation, qui s'impose à la Renaissance et reste en vigueur jusqu'aux premières

avant-gardes du XIXᵉ siècle, n'est pas un acte de servi-
lité à l'égard d'un pouvoir transcendant et contraignant, qui serait celui de Dieu, ni un témoignage de
pure et simple soumission de l'artiste à la nature.
L'artiste est dépendant de la nature pour mieux glo-
rifier celui qui l'a créée, c'est-à-dire Dieu. Idée
qu'exprime fort justement Giorgio Vasari (1511-
1574) à propos de Giotto : « Les peintres sont dans
la dépendance de la nature : elle leur sert constamment de modèle ; ils tirent parti de ses éléments les
meilleurs et les plus beaux pour s'ingénier à la copier
ou à l'imiter[1]. »

Autrement dit, rendre hommage à Dieu en imitant
son œuvre, la nature ou l'homme, permet d'accéder
à la beauté. Cette idée, qui résume à elle seule
l'esthétique de la Renaissance, se trouve parfaitement exprimée dans le portrait que Vasari trace de
Léonard de Vinci : « Les influences célestes peuvent
faire pleuvoir des dons extraordinaires sur des êtres
humains ; c'est un effet de la nature, mais il y a quelque chose de surnaturel dans l'accumulation débor-
dante chez un même homme de la beauté, de la
grâce et de la puissance : où qu'il s'exerce, chacun de
ses gestes est si divin que tout le monde est éclipsé et
l'on saisit clairement qu'il s'agit d'une faveur divine
qui ne doit rien à l'effort humain[2]. »

Le mode de représentation perspectiviste qu'Alberti élabore de façon mathématique sur la base des
travaux de Brunelleschi est un hommage à la sagesse
divine. C'est aussi un moyen de connaître et de

---

1. Giorgio Vasari, *Les vies des meilleurs peintres, sculpteurs et
architectes*, édition critique sous la direction d'André Chastel,
Paris, Berger-Levrault, 1981, vol. 2.
2. *Ibid.*, vol. 5.

reconnaître la Vérité sous l'expression qu'en donne l'artiste sur sa toile ou dans le marbre.

Il n'est donc pas abusif de parler d'une « mathématisation de l'art » en cette époque du Quattrocento. Au VIᵉ siècle avant J.-C., Pythagore tentait de comprendre l'univers tout entier à l'aide du nombre. L'« ordre des choses », le cosmos, est réductible à des lois arithmétiques et géométriques. Le nombre est donc souverain : livrant accès au savoir, il ne peut être que sage, par définition. Mais s'il est savoir et sagesse, il ne peut être aussi qu'harmonie et beauté. Les artistes de la Renaissance tirent les leçons de Pythagore, dont le nom apparaît si souvent dans les documents de l'époque ; ils éprouvent une fascination identique pour cette cosmologie du nombre.

Mais la prédominance de la raison, de l'intellect et de l'abstraction, attestée par l'observance stricte des règles arithmétiques et géométriques et par la soumission à la « science de la perspective », exclut-elle la sensibilité, par exemple la sensualité que l'artiste investit dans son œuvre et qu'il s'efforce de transmettre au public ? Certes non. Et les contemporains s'entendent à faire valoir nombre de qualités créatrices qui ne doivent rien au respect d'une raison austère. Ainsi Cristoforo Landino, peintre florentin, philosophe et ami d'Alberti, dresse le portrait des artistes de son temps en des termes encore usuels aujourd'hui : « Masaccio était un excellent imitateur de la nature, avec un sens très complet du relief, de la bonne composition et de la pureté, sans ornement [...] Fra Filippo Lippi peignait avec grâce et ornement ; il était excessivement habile et il fut excellent [...] également pour les ornements qu'il les imitât ou qu'il les inventât. Andrea del Castagno a été un grand maître du dessin et du relief ; il aimait particulière-

ment les difficultés de son art et les effets de perspective ; il était plein de vie et très prompt, il avait une
grande aisance dans le travail [...]. Fra Angelico était
enjoué, dévot, très orné et doué de la plus grande
aisance[1]. »

On peut voir en cet extrait un concentré des
conceptions esthétiques de la Renaissance. Il est
bien question de l'*individu créateur*, de son habileté,
de sa capacité d'invention, de son aisance, voire de
son tempérament (« enjoué »). Mais toutes ces qualités doivent répondre à une triple exigence : imiter la
nature, respecter les lois de la perspective et célébrer
Dieu (« dévot »).

Le rapport entre la raison et la sensibilité apparaît
ainsi dans toute son ambiguïté. La Renaissance voit
le triomphe de l'humanisme : c'est l'homme qui
prend la mesure de l'acte créateur, à la fois comme
artiste, « interprète entre la nature et l'art », selon la
formule de Léonard de Vinci, et comme objet, tel
qu'il apparaît représenté dans la peinture ou la
sculpture. Cette position privilégiée de l'homme est
importante puisqu'elle tend, très progressivement, à
se substituer à celle de Dieu. Mais lorsque nous
disons « homme », nous ne parlons pas encore de
« subjectivité » ni, si l'on préfère, de l'homme en tant
que sujet.

En outre, le beau, défini comme « convenance raisonnable », est lié à l'harmonie (*concinnitas*). Il
implique des connaissances scientifiques et un
savoir rationnel. Autrement dit, le trajet est encore
long qui conduit à admettre que l'imagination,
l'intuition, l'émotion, la passion et autres affects
puissent être également des facultés créatrices ou

1. Cité par Michaël Baxandall, *op. cit.*, p. 178.

des facteurs de création à part entière capables
d'engendrer la beauté. De même, il faudra attendre
plusieurs décennies avant que ces facultés et ces facteurs ne jouent un rôle essentiel dans le jugement de
goût et dans sa formulation.

L'idée de sujet créateur opérant dans une sphère
d'expression artistique autonome ne s'impose vraiment qu'avec la prise de conscience du caractère
complémentaire de la raison et de la sensibilité. On
voit bien, en effet, où réside le problème. Prenons
l'exemple de l'individu : tant que la raison et la sensibilité entrent en rivalité, ou bien que l'une prédo-
mine au détriment de l'autre, l'homme peut être
considéré comme fragilisé, déséquilibré. Il ne saurait
être ni libre, ni autonome. À un homme trop rationnel, qui n'obéit qu'aux injonctions de son intellect, il
faut une morale, ou une religion, ou un ordre transcendant. En revanche, un individu trop sensible, victime d'un excès de sentimentalité, a besoin d'une
science, de quelques règles bien ordonnées capables
de lui inculquer quelque raison.

L'idéal humaniste forgé à la Renaissance constitue
une étape importante vers une synthèse entre la raison et la sensibilité. Celui qui les détient à quantités
égales est maître de soi, c'est-à-dire autonome, aussi
libre que voulut l'être Léonard de Vinci. Cette synthèse, toutefois, apparaît comme un équilibre fragile. Elle alimentera abondamment, sous différentes
formes, les controverses et les disputes qui auront
lieu dans les époques ultérieures, notamment au
XVIIe siècle, siècle de la raison classique, et au
XVIIIe siècle, siècle des philosophes rationalistes. D'ici
là, la sphère esthétique devra, pour confirmer sa
pleine autonomie, s'affranchir encore des tutelles de
la science, de la religion et de la morale. À l'époque

de la Renaissance, cette indépendance est loin d'être acquise, mais les conditions qui permettent d'y accéder sont posées : reconnaissance de l'artiste en tant que tel, affirmation de l'idée de création artistique, revendication en faveur de l'autonomie de l'art et du créateur, harmonie entre la raison et la sensibilité.

Si chacune des époques apporte sa propre solution à chacune de ces questions, il est clair qu'aucun des problèmes ne trouve — et ne trouvera sans doute jamais ! — de réponse définitive. La réflexion esthétique contemporaine repose, à sa manière, la question des interactions entre la sphère esthétique, la sphère scientifique et la sphère éthique. Il lui arrive également de s'interroger sur l'existence d'une rationalité spécifiquement esthétique et sur la nécessité des critères en art. Mais ces problématiques peuvent d'autant mieux être formulées qu'elles se posent de façon cohérente dans le cadre d'une discipline constituée.

La Renaissance trace la voie qui conduit à cette constitution. On y assiste au règlement partiel des questions, déjà évoquées, relatives au statut de l'artiste et à l'idée de création. Mais elle lègue aux époques ultérieures de nouveaux sujets de préoccupation dont le traitement conditionne l'émergence, au milieu du XVIIIe siècle, de l'esthétique comme réflexion scientifique et philosophique.

Nombre de questions demeurent, en effet, non résolues, et les théoriciens, philosophes, artistes et poètes, n'auront de cesse, pendant tout le classicisme, de débattre des problèmes restés en suspens ; par exemple sur la spécificité des arts, sur la définition du beau, naturel ou artistique, sur le rôle du sentiment et de l'imagination, ou sur l'importance du goût individuel dans l'appréciation des œuvres.

Ce dernier point est essentiel car les premières formulations théoriques et philosophiques en esthétique, chez Kant notamment, tentent justement d'élucider les conditions du jugement de goût. Or la reconnaissance de l'artiste comme créateur ne suffit pas à lui attribuer une subjectivité capable d'édicter ses propres lois ; de même, le public n'est pas pour autant habilité à juger puisqu'il ignore à quelles règles doivent se conformer les œuvres. On conçoit aisément que l'obligation de se plier à des règles supra-individuelles, qu'elles soient de nature religieuses, métaphysiques ou morales, ne permet pas à la liberté de l'homme de s'exprimer pleinement.

Le débat philosophique ouvert par Descartes au début du XVIIe siècle, et qui porte sur l'affirmation d'un sujet autonome, susceptible de penser le monde et de se penser lui-même *en tant que sujet-pensant*, constitue l'un des moments décisifs dans la genèse de l'esthétique moderne.

II

LA GENÈSE DE L'AUTONOMIE ESTHÉTIQUE

L'INFLUENCE DU CARTÉSIANISME

On a coutume de définir le XVIIᵉ siècle, l'Âge classique, comme celui de la raison triomphante, et le XVIIIᵉ, le siècle des Lumières et des philosophes, comme celui de la raison éclairée. C'est un fait que les conceptions rationalistes, notamment sous l'influence de Descartes, dominent l'ensemble de l'activité humaine dans les domaines de la philosophie, de la science, de la morale et des arts.

La première certitude sur laquelle se fonde Descartes : « je pense *donc* je suis », constitue le point irréductible en deçà duquel le doute ne peut s'exercer : lorsque je doute, je ne peux pas ne pas penser qu'il existe un « je » qui doute. Ainsi : je doute = je pense = j'existe. Il ne s'agit pas, chez Descartes, d'un raisonnement déductif, mais d'une intuition qui saisit l'identité entre ces trois moments. Immédiatement présente à l'esprit, cette intuition déclenche une véritable quête de *certitudes* fondées sur l'élaboration de notions *claires* et *distinctes*. La fonction de ces concepts clairs et distincts est de parvenir à la vérité de toutes choses, de sorte que cette vérité apparaisse à l'esprit avec l'évidence de la pensée mathématique.

Ce n'est pas le lieu, ici, d'exposer plus en détail la philosophie cartésienne. Seule nous intéresse l'influence que le cartésianisme, en tant qu'exigence de clarté, d'ordre, de stabilité et d'autorité, a pu exercer dans le domaine de la réflexion sur l'art. Plus précisément, il s'agit de répondre à la question de savoir pourquoi la sphère esthétique n'a pu se concevoir comme domaine autonome qu'à la fin du XVIIIe siècle. Une telle interrogation peut sembler naïve. Il est tentant de répliquer que l'histoire ne se refait pas et qu'il est vain de vouloir récrire l'évolution de la pensée intellectuelle, par exemple depuis la Renaissance jusqu'à la Révolution française. Si, néanmoins, un tel problème se pose, c'est bien parce qu'on est enclin à surestimer le rôle que la raison a pu jouer, au XVIIe et au début du XVIIIe, dans la recherche de la vérité. Le projet de Descartes, affirmé avec force dans les dernières lignes du *Discours de la méthode*, n'enjoint-il pas l'homme à se rendre « maître et possesseur de la nature » ? Entendons par là « toute nature », aussi bien les phénomènes dits naturels étudiés par l'astronomie, la physique et la chimie, que la nature biologique de l'homme et l'être moral soumis aux passions et aux affects. Cette volonté d'appliquer de façon systématique une méthode scientifique, censée traduire toutes choses en certitudes mathématiques, ne témoigne-t-elle pas d'un dogmatisme froid et calculateur ? Une telle soumission à la toute-puissance du rationalisme ne se fait-elle pas au détriment des facultés sensibles qu'on oppose traditionnellement à la raison : l'imagination, la fantaisie, le sentiment, le goût ?

Une interprétation étroite, mais largement répandue, de la philosophie cartésienne, tout entière assimilée à l'esprit classique du XVIIᵉ siècle, va dans ce sens. Le système de Descartes, fondé sur l'analyse, la classification, l'ordre et l'ordonnancement, peut apparaître ainsi comme une réaction à l'esprit foisonnant et confus qui marque la fin de la Renaissance. Un tel système exclut, par principe, la constitution d'une philosophie de l'art. De fait, Descartes qui rêvait d'un savoir unifié, régi par la méthode mathématique, n'a jamais rédigé de traité d'esthétique. Son *Abrégé de musique* (1618), œuvre de jeunesse — il a vingt-deux ans —, définit les conditions du plaisir sensible et du beau à l'aide de proportions mathématiques. S'il reconnaît que chaque sens est susceptible de quelque plaisir, ce plaisir doit obéir à une certaine proportion entre l'objet et le sens qui le perçoit. De même, un objet est plus facilement perçu que la différence entre ses parties est plus petite. La proportion entre les parties doit être arithmétique et non géométrique et, parmi les objets des sens, celui-là n'est pas le plus agréable à l'âme qui est le plus facilement perçu, ni non plus celui qui l'est le plus difficilement ; mais, dit Descartes, c'est celui qui n'est perçu ni si facilement qu'il satisfasse entièrement ce désir naturel par lequel les sens se portent vers l'objet, ni si difficilement qu'il fatigue le sens.

« Esthétique » intellectualiste s'il en est, et d'une extrême prudence, qui prône l'harmonie et l'absence d'excès en toutes choses ! La raison du beau échappe à la raison... et Descartes en fait l'aveu au père Mersenne : « Pour votre question, savoir si l'on peut rétablir la raison du beau [...] ni le beau ni l'agréable ne signifient rien qu'un rapport de notre jugement à l'objet, et pour ce que les jugements des hommes sont si différents, on ne peut dire que le beau ni l'agréable aient aucune mesure déterminée[1]. »

Descartes s'en tient à ce relativisme du jugement de goût, toujours individuel, dépendant de la fantaisie de chacun, lié à sa mémoire, à son expérience passée, variable selon l'instant. L'on ne saurait donc mesurer le beau ; on ne peut le soumettre à un calcul scientifique ni à une quantification quelconque car la science vise l'universel tandis que le beau est de l'ordre du sentiment individuel.

La réflexion de Descartes sur le jugement de goût s'achève là où commencera, près d'un siècle et demi plus tard, celle de Kant. Il n'y a rien là de surprenant. La réflexion esthétique commence dès lors qu'il est possible d'établir un rapport entre ce qui est agréable aux sens et ce qui plaît à l'« âme », entre le plaisir sensible et le plaisir intelligible, autrement dit entre la perception et le jugement, ou bien, pour rester dans l'univers cartésien, entre le corps et l'âme. Or Descartes savait que la question du lien entre l'âme et le corps, entre la *res cogitans* et la *res extensa*, constituait la pierre d'achoppement de son système. Sans doute, le problème de l'union entre les deux pouvait-il être, selon lui, d'ordre scientifique, physiologique (hypothèse de la glande pinéale) ; plus sûrement était-il d'ordre moral (*Les passions de l'âme*, 1649), mais certainement pas philosophique.

L'un des systèmes les plus ambitieux des Temps modernes ne peut rendre compte du comportement de l'homme face à l'art. Il n'existe pas, en ce sens,

---

1. *Œuvres* de Descartes, Paris, Vrin, C. Adam et P. Tannery, 11 vol., t. X, p. 132.

d'esthétique cartésienne. Mais si nous soulignons la place du système cartésien dans un propos consacré à l'esthétique, ce n'est pas pour conclure de façon négative. Au contraire. En effet, la philosophie de Descartes ne cesse de jouer un rôle majeur dans les nombreuses controverses artistiques du siècle classique, notamment lorsqu'il est question des notions de sentiment, de goût ou de génie. Elle imprègne, en outre, les prises de position des artistes et des théoriciens de l'art, qu'il s'agisse, par exemple, de Nicolas Poussin (1594-1665), de Félibien (1619-1695) ou de Roger de Piles (1635-1709).

Le plus important réside toutefois dans la nouveauté des conceptions cartésiennes au regard des siècles antérieurs, notamment pour ce qui concerne le statut du sujet pensant. La plupart des commentateurs soulignent fréquemment le caractère radical des critiques adressées par Descartes à la tradition aristotélicienne. De même, insiste-t-on, à juste titre mais parfois sans nuance, sur le fait que l'auteur du *Discours de la méthode* — l'ouvrage est en français et non en latin — aurait aboli le principe d'autorité en vigueur dans la scolastique médiévale. En revanche, on note de façon trop discrète la profondeur des transformations philosophiques et théologiques qu'entraîne son système vis-à-vis des conceptions de la Renaissance.

Selon Descartes, Dieu, garant des vérités mathématiques, est aussi le garant de notre pensée ; il assure du même coup la possibilité de la connaissance. Cela signifie que l'homme peut accéder au savoir s'il lui plaît d'exercer sa volonté conformément aux règles de la raison. Dieu lui a donc accordé un libre arbitre, d'une part dans l'ordre de la connaissance : une idée insuffisamment claire et distincte parvient à son esprit ? Il peut la refuser, douter de sa véracité ou suspendre son jugement ; d'autre part, dans l'ordre des passions : « Je ne remarque en nous qu'une seule chose qui nous puisse donner juste raison de nous estimer, à savoir l'usage de notre libre arbitre et l'empire que nous avons sur nos volontés », déclare Descartes dans *Les passions de l'âme*, allant jusqu'à prétendre que ce libre arbitre nous rend « en quelque façon semblables à Dieu en nous faisant maîtres de nous-mêmes ».

Ainsi, la différence est considérable par rapport aux thèmes théologiques et philosophiques qui dominent à la Renaissance, notamment pendant le Quattrocento, tels que les formule, par exemple, Marsile Ficin (1433-1499). Auteur d'une *Théologie platonicienne* et d'un *Commentaire sur le Banquet de Platon*, Ficin, humaniste italien, traducteur des œuvres de Platon et de Plotin, s'est efforcé de concilier le platonisme et la théologie chrétienne. Il doit sa réputation de théoricien éminent de la Renaissance aux relations qu'il établit entre Dieu, créateur de toutes choses, l'homme, créature parfaite, et l'amour, science divine, qui permet d'aspirer à l'infini, à l'Absolu. Toute action de l'homme, ses désirs, et spécialement le désir de beauté qui anime ses œuvres, doivent tendre à la célébration de Dieu, Créateur omniscient et lui-même Amour.

À cette philosophie de l'Amour, présent en tout, Descartes oppose la méthode rationnelle qui permet d'accéder à la Vérité. Au centre de ce rationalisme, il y a bien entendu le sujet, affirmant son autonomie aussi bien à travers le doute qu'à travers la certitude de sa propre pensée. Il s'agit donc bien d'une révolution. On est tenté de dire : une première révolution par rapport à la théologie et à la métaphysique du Moyen Âge. Cette rupture décisive constitue un prélude à la révolution kantienne, plus radicale encore dans la mesure où elle conclut à l'impossibilité d'une quelconque connaissance métaphysique. Certes, il est inhabituel d'attribuer à Descartes la place que nous lui accordons en philosophie de l'art. Mais l'esthétique n'aurait pu naître sans l'affirmation du sujet comme maître, voire créateur, de ses représentations. Le sujet cartésien n'est pas le sujet esthétique. Le beau, pour Descartes, n'est pas, comme on l'a dit, mesurable car trop dépendant des caprices de l'individu. Mais, en reconnaissant le rôle de la subjectivité pour déterminer ce qui est beau ou agréable à l'âme, le cartésianisme souligne la vanité de toute recherche visant à définir les conditions prétendument objectives de la beauté idéale, du beau en soi. Bien que le terme de « subjectivité » n'appartienne pas à son vocabulaire, pas plus que l'expression « jugement de goût », on peut considérer, sans anticiper outre mesure, que Descartes pressent la contradiction que Kant s'attachera à résoudre à propos du jugement sur le beau, à savoir qu'un tel jugement est à la fois personnel et universel, autrement dit que son universalité est subjective.

Un autre enseignement du cartésianisme est riche de conséquences : il concerne plus directement l'influence de la doctrine de la raison dans les controverses, parfois vives, autour des notions de goût, de sentiment et d'imagination qui alimentent la plupart des querelles artistiques jusqu'au siècle suivant.

Au départ, la question léguée incidemment par Descartes est simple : si le beau n'est pas mesurable, et si la raison, pourtant particulièrement efficace pour la recherche de la vérité, ne peut rien nous apprendre à son sujet, sur quelle faculté pouvons-nous compter ? En existe-t-il une seule ou bien plusieurs susceptibles, soit de seconder la raison, soit de se substituer pleinement à elle ? Plus précisément : la beauté obéit-elle à des règles précises, ou bien est-elle affaire de sentiment ? Doit-on croire que la vraie beauté est au-dessus de toute règle, inaccessible à toute raison ? Dépend-elle du génie ou de la technique ? Mais le problème concerne également l'amateur : attend-on de lui qu'il manifeste une violente émotion devant l'œuvre d'art ou bien qu'il la contemple sereinement ? Fureur ou sérénité ? Jugement ou enthousiasme ?

Il ne saurait être question ici de plonger dans le labyrinthe quasiment inextricable des disputes qui se succèdent pendant plus d'un siècle après la mort de Descartes. Tout au plus pouvons-nous donner un aperçu d'un débat conduit à considérer l'âge classique, et notamment le siècle de Louis XIV, comme le laboratoire d'idées, de catégories, de concepts permettant l'émergence, au milieu du XVIIIe siècle, d'un discours esthétique cohérent.

LA RAISON CLASSIQUE

Si le classicisme se définit dans tous les domaines, politique, institutionnel, moral et artistique, par la recherche du raisonnable, de la mesure, du bienséant, du convenable, du vraisemblable et du « grand goût », il apparaît aussi que l'édifice grandiose construit par Descartes autour de la raison est loin d'être monolithique. Certes, tout semble se mesurer à l'aune d'une raison censée garantir le critère du jugement vrai. Pouvoir rendre compte conformément aux règles de la raison, c'est se prémunir contre l'imagination et se préserver de la fausseté et des erreurs de cette « folle du logis », imprévisible et capricieuse. Mais les contemporains de Descartes et ses successeurs, tel Malebranche, savent bien que les choses ne sont pas si simples : Descartes, dans les *Règles pour la direction de l'esprit*, n'a-t-il pas admis lui-même que l'imagination pouvait, dans certains cas, être l'auxiliaire de la raison ? Ce qui vaut pour les vérités mathématiques, où la raison apparaît comme le « rayon de lumière divine qui éclaire tous les hommes », s'applique-t-il à la nature où la régularité n'est pas de mise, nature qui semble en appeler davantage à l'imprévu, au sentiment, à la sensibilité ? Que deviendraient en outre le sentiment, la sensibilité en l'absence de toute trace de raison capable d'en rendre compte, et sans doute de « raison garder » afin de ne pas sombrer dans les chimères et la déraison, justement ?

Le siècle classique, réputé « siècle de la raison », est aussi celui de ses limites. Sans doute parce que cette fameuse raison n'est pas assimilable à notre concept moderne de rationalité positiviste, instrumentale, dominatrice et froide, asservie à des fins autres que la Raison, différentes de celles qui visent à la vérité. Dès le milieu du XVIIᵉ siècle, le soupçon se fait jour que la raison n'est pas une, absolue, et ne constitue pas l'unique source de connaissance. À l'inverse, on soupçonne que le sentiment n'est pas totalement leurre ni dérèglement des sens, même s'il advient qu'on le confonde avec la sensibilité.

D'autres motifs incitent à moduler l'exercice de la

raison. Le cartésianisme en vigueur au lendemain de la mort de Descartes, et dont se réclament les « modernes », bâtisseurs politiques et institutionnels du Grand Siècle, ne doit plus grand-chose à ses origines philosophiques. C'est un cartésianisme de référence, un cartésianisme dogmatique, appliqué à l'organisation du Tout-État mis en œuvre par Louis XIV.

Comment expliquer cela ?

Quel que soit le génie personnel de René Descartes, sa philosophie est aussi le produit des conditions sociopolitiques et idéologiques de la France de son temps. Elle exprime également les préoccupations dominantes de la première moitié du XVIIᵉ siècle, et notamment les aspirations d'une génération qui participe, bon gré, mal gré, à l'instauration progressive d'une monarchie absolue, de droit divin, puissamment centralisatrice et soucieuse d'ordre et de stabilité. C'en est fini du scepticisme de Montaigne, doutant de la capacité de l'esprit humain de parvenir à une quelconque vérité. La raison donne accès à une connaissance vraie. La volonté, le libre arbitre préviennent les dérèglements qui naissent des passions de l'âme. La raison cartésienne est altière, entreprenante, conquérante. Pierre Corneille peut, à juste titre, s'en inspirer, peignant le portrait d'individus hors du commun, maîtres de leurs sentiments, c'est-à-dire libres, du seul fait qu'ils veulent l'être indépendamment des contraintes extérieures : « Je veux que l'on soit libre au milieu de ses fers [...]. Il ne faut point nourrir d'amour qui ne nous cède », déclare Alidor, amant de la belle Angélique, dans *La Place Royale*. Cette raison contribue à forger l'éthique des héros, celle des princes frondeurs qui rêvent, un temps, vainement, de contrecarrer l'absolutisme en marche ou prétendent, du moins, à un partage du pouvoir royal. Ils préparent, en réalité, le triomphe de la monarchie.

Coïncidence de dates : Descartes meurt en 1650. En 1653, la Fronde est matée. Louis XIV est sacré à Reims en 1654, année de la conversion de Pascal au jansénisme. Gassendi, « libertin érudit », lecteur critique de Descartes, mais tout aussi féru de mathématiques et de progrès scientifique, disparaît en 1655. En 1661, Colbert remplace Fouquet, tombé en disgrâce, et ouvre la porte à Le Brun. Autre règne, autre mécène ; un seul suffit : « nourrir les muses et toutes les sciences » est l'affaire du roi. Les serviteurs de l'État sont cartésiens, tous ou presque : Le Brun, « premier peintre », et André Félibien, historiographe des Bâtiments, notamment. La raison triomphe et puise en Descartes une légitimité philosophique pour justifier son extension au domaine politique, institutionnel et artistique. Raison alibi, bien différente de la précédente, qui autorise une nouvelle ambition : devenir « maître et possesseur » des beaux-arts désormais asservis au dogme du « grand goût ». Normalisation, uniformisation, unification et hiérarchisation deviennent les mots d'ordre de l'absolutisme.

Si, selon Élie Faure, « l'éducation de volonté lentement donnée par Descartes et Corneille à des esprits pleins de savoir, à des énergies pleines d'ordre, imprime tout de même à l'ensemble de l'édifice un caractère imposant[1] », le prix à payer est exorbitant : il y va de la liberté de la création et de l'autonomie de l'art. L'historien d'art n'est pas tendre avec la

1. Élie Faure, *Histoire de l'art*, *L'art moderne*, **t. 1**, Paris, Gallimard, Folio essais, p. 229.

« monarchie française » : « [Colbert] administre les Beaux-Arts avec autant de méthode que les Ponts et Chaussées ou les Finances ou la Marine. Il étend à la littérature, à la plastique son protectorat, institue des pensions pour les artistes qui consentent à obéir, organise et centralise les Académies, en crée qui n'existaient pas encore pour les archéologues, les musiciens, les architectes. Il fait du voyage à Rome une institution d'État en y fondant une École où conduira chaque année un concours doctrinaire et qui sera un couvent esthétique avec la messe obligatoire, des heures fixes pour le lever et le coucher, une surveillance inflexible sur les pensionnaires élus. Ce n'est pas assez, il faut remonter à Byzance pour trouver un précédent. Il interdit d'ouvrir en France des ateliers libres, il réserve à l'Académie de peinture et de sculpture le monopole d'enseigner [...] Un jour, il fera condamner à cinq ans de bannissement un membre de cette Académie pour un pamphlet qu'on le soupçonne d'avoir écrit contre Le Brun[1]. »

L'ÉMERGENCE
D'UNE RAISON ESTHÉTIQUE

Sans doute, un tel carcan politique, philosophique et, comme nous dirions aujourd'hui, « culturel » a-t-il au moins un mérite : celui de définir la doctrine classique et d'assurer le maintien de l'édifice jusque dans les années 1680, annonciatrices de fin de règne. Paradoxalement, le débat esthétique, que nous avons

1. *Ibid.*, p. 228.

comparé à un labyrinthe sans issue, bat son plein, notamment autour des notions de beauté et de grâce. Si l'Académie est un « couvent », si Le Brun officie en père supérieur intransigeant et autoritaire, la « messe obligatoire » est dite par André Félibien. Ses *Entretiens sur les vies et les œuvres des plus excellents peintres anciens et modernes*, rédigés entre 1659 et 1685, sont un monument à la gloire du classicisme où figurent en références obligées Nicolas Poussin et Raphaël. Mais Félibien n'est pas dogmatique, et ses *Entretiens*, tout en finesse, révèlent un esprit subtil, attentif aux nuances dans l'appréciation des œuvres d'art de son temps et suffisamment perspicace pour sentir les fissures qui se font jour dans l'édifice rationaliste. Certes, Félibien ne nie pas l'idéal de beauté objective, ni l'existence d'un beau immuable auquel seule donne accès l'observance de règles et de normes sous le contrôle des lumières de la raison. Mais les « règles de l'art » telles qu'elles sont ressenties par le génie correspondent-elles toujours aux règles rationnelles ? Et quand bien même le respect des règles engendre la beauté, est-on sûr qu'il s'agit là d'une condition suffisante pour que cette beauté nous plaise ? En d'autres termes, n'y a-t-il pas autre chose qui s'ajoute à la beauté, ou bien qui l'accompagne, et dont aucun raisonnement ne peut rendre compte ?

Il y a là un paradoxe que nous pouvons simplifier ainsi : la beauté naît de la raison mais la raison ne peut être tout entière créatrice de beauté. À cet « autre chose », Félibien donne un nom : il s'agit de la grâce. Or la grâce ne dépend pas de la raison mais de l'âme. Elle n'obéit pas à des règles rationnelles mais au seul génie de l'artiste : « La beauté naît des proportions et de la symétrie qui se rencontre entre les parties corporelles et matérielles. La grâce s'engendre de l'uniformité des mouvements intérieurs causés par les affections et les sentiments de l'âme. »

Afin de mieux se faire entendre, Félibien choisit un exemple, aisément compréhensible par tous : « Pour bien faire voir que la grâce est un mouvement de l'âme, c'est qu'en voyant une belle femme, on juge bien d'abord de sa beauté par le juste rapport qu'il y a entre toutes les parties de son corps ; mais on ne juge point de sa grâce, si elle ne parle, si elle ne rit, ou si elle ne fait pas quelque mouvement[1]. »

Et de l'alliance de la beauté et de la grâce résulte une « splendeur toute divine », un « je ne sais quoi », dit Félibien, empruntant l'expression au père Bouhours. Remarquable imprécision ! Ce « je ne sais quoi » — formulation toute moderne — est un indicible, un ineffable qu'on ne peut « bien exprimer », avoue Félibien, tout le contraire d'une règle de la raison et d'une idée claire et distincte. Ce « je ne sais quoi » serait comme le « nœud secret qui assemble ces deux parties du corps et de l'esprit ». C'est lui qui provoque en nous l'admiration sans que soyons à même d'en expliquer ni le pourquoi ni le comment. Étonnant passage : on pense, assurément à Descartes, non pas au théoricien du dualisme entre le corps et l'esprit, mais au professeur de morale auprès de la reine Christine de Suède, à celui qui « invente » un « je ne sais encore quoi », une glande pinéale chargée de réguler les passions de l'âme, de faire la jonction entre le corps et l'esprit. Quelque chose de

1. André Félibien, *Entretiens sur les vies et les ouvrages des plus excellents peintres anciens et modernes*, Premier entretien, t. 1, Paris, René Démoris, Belles Lettres, 1987.

baroque s'insinue ici qui ne relève pas de la raison classique. Sinon que l'un comme l'autre, Descartes et Félibien, restent convaincus que la science parviendra un jour à élucider rationnellement ce mystère. Descartes anticipe sur un progrès de la médecine capable d'expliquer le fonctionnement de l'épiphyse. Félibien anticipe la naissance d'une « science » dévoilant le secret qui masque la relation entre l'entendement et la sensibilité : attente d'une esthétique qui ne tardera pas à se détourner de cette question à la fois insoluble et toujours préoccupante.

Il n'empêche que le « je ne sais quoi », si vague soit-il, constitue une sérieuse objection aux partisans opiniâtres d'une beauté immuable et universelle, une beauté, en somme, éternelle ou, comme disait l'Académie, « positive ». Une brèche dans l'idéal d'une beauté parfaite et unique, agréable à tous, sous l'égide d'une Raison elle-même immuable. Dans cette brèche, encore étroite, se glisse Roger de Piles. Tout se passe comme si la réquisition de la raison par l'ordre politique et institutionnel, autrement dit par l'absolutisme monarchique et l'Académie, provoquait, du fait de ses excès, une sorte d'« humanisation » de la raison. Ce mot est à prendre dans son sens premier : retour à l'homme, à sa sensibilité, à ses affects. Intérêt pour le *sujet* au détriment de l'objet. L'importance que revêt la notion de goût, c'est-à-dire les mouvements secrets de l'âme, signifie la prise en compte, encore timide, il est vrai, de l'expérience esthétique de l'individu.

LA QUESTION DE LA COULEUR

Le débat sur le coloris, qui s'envenime à partir de 1660, est révélateur de cette tendance. La question du privilège accordé soit au dessin, soit à la couleur n'est pas nouvelle dans l'histoire de la peinture. Elle a eu sa version « renaissance », notamment en Italie, où s'opposèrent les admirateurs du *disegno* de Raphaël aux amoureux du *colore* chez Titien. Mais, en ces dernières décennies du XVIIᵉ siècle, le conflit gagne en virulence car il cristallise des enjeux qui dépassent la peinture.

Charles Le Brun, en cartésien rigoureux, prône le dessin ; non seulement il n'accepte guère l'expression « clair-obscur », nouvellement forgée par de Piles, mais il refuse l'importance que celui-ci accorde à la couleur. Admirateur fervent de Nicolas Poussin, il trouve en Philippe de Champaigne un autre « poussiniste » convaincu qui, comme lui, affirme la primauté du dessin. La « belle méthode de peindre » enseignée par l'Académie passe par le crayon. C'est lui qui « donne forme », de lui que dépend la couleur, et non l'inverse. La couleur, concède Le Brun, peut apporter sa contribution mais elle ne fait ni le peintre ni le tableau. À l'opposé, Roger de Piles, partisan de Rubens, trouve en Gabriel Blanchard un « rubéniste » fervent. « Un peintre n'est peintre que parce qu'il emploie des couleurs capables de séduire les yeux et d'imiter la nature », déclare sans ambages Blanchard devant les académiciens, en 1671. Notons, incidemment, l'ordre des priorités : d'abord « séduire les yeux », ensuite « imiter la nature ». Hasard rhétorique ou subtile audace devant les gardiens de la Doctrine ?

Mais, pour l'heure, l'important réside dans la distinction entre couleurs et coloris que de Piles établit une première fois en 1672 (*Dialogue sur le coloris*) et renouvelle en 1708 (*Cours de peinture par principes*). À Blanchard, Le Brun avait répondu par des arguments supposés décisifs et définitifs : le dessin constitue l'élément essentiel de la peinture, la couleur ne représente qu'un accident. Le dessin donne forme et proportion, la couleur seule ne signifie rien. Le dessin est lié à la fois à l'esprit, à l'imagination et à la main. Il peut donc exprimer jusqu'aux passions de l'âme sans qu'il ait besoin de la couleur.

Et la pointe à Blanchard ne tarde pas : « Tout l'apanage de la couleur est de satisfaire les yeux, au lieu que le dessin satisfait l'esprit. » Cette réplique, en apparence anodine, est cinglante. Le Brun y affirme une autre priorité que celle de Blanchard : celle de l'intelligence et de la raison. Habilement, il termine sur le mot esprit, mot de la fin, bien entendu. Sous-entendu : la couleur ne peut produire ni teinte ni coloris. Ce n'est que de la matière brute, tout juste bonne à être broyée par des mains d'artisans, et qui ne saurait d'aucune façon prétendre à la noblesse de l'esprit.

Le dessin nous sauve de la noyade au sein de l'« océan de la couleur », et à dire vrai, selon Le Brun, tout est dessin. Invoquant Vitruve et Vasari, se souvenant d'Alexandre le Grand, et donc d'Aristote, concédant au baroque le Bernin, il place, sous le signe du dessin, tous les autres arts « majeurs » : architecture et sculpture... et, paradoxalement, ce dernier argument portera le coup de grâce à la cause des « poussinistes », assurant du même coup la victoire des coloristes.

Lorsque Roger de Piles rédige son *Cours de peinture par principes*, Le Brun est mort depuis près de vingt ans. Mais son triomphe — et celui des « rubénistes » — ne doit rien à la disparition du premier peintre du roi. Il repose surtout sur la pertinence des arguments. Souvenons-nous : Le Brun soutenait que la couleur ne pouvait engendrer ni la teinte ni le coloris. La distinction est habile. Elle permet de minorer la couleur et de considérer que son maniement est affaire de broyeurs, d'ouvriers teinturiers. Mais cette même distinction profite à de Piles qui précise toutefois : « Le coloris est une des parties essentielles de la peinture par laquelle le peintre fait imiter les apparences des couleurs de tous les objets naturels, et distribuer aux objets artificiels la couleur qui leur est la plus avantageuse pour tromper la vue. » Autrement dit, le coloris constitue la « différence de la peinture et le dessin comme son genre » ; on reconnaît les catégories aristotéliciennes. Le coloris constitue la différence spécifique de la peinture, nous dirions aujourd'hui sa spécificité. Certes, le dessin est commun à la peinture, à l'architecture, à la sculpture et à la gravure. Mais sans le secours du coloris, « il n'y a rien dans le dessin que le sculpteur ne puisse faire » ; et cela vaut aussi pour les autres arts.

Contrairement à l'affirmation de Le Brun, il n'est donc pas légitime de considérer que la couleur se contente de satisfaire les yeux, qu'elle ne concerne que les sens, le corps, tandis que le dessin satisfait l'esprit, est lié à l'âme. C'est donc en cartésien que de Piles répond à cet autre cartésien Le Brun : de la même manière qu'« il n'y a point d'homme si l'âme n'est jointe au corps, aussi n'y a-t-il point de peinture si le coloris n'est joint au dessin ».

Dès le début du XVIIIe siècle, l'avenir de la couleur, à la fois dans la pratique picturale et dans la réflexion esthétique, est assuré. Certes, au XIXe siècle et au XXe siècle, des courants artistiques manifesteront parfois un renouvellement d'intérêt pour le dessin au détriment de la couleur. Mais jamais ces tendances, perceptibles dans l'art moderne et dans certaines avant-gardes contemporaines, ne réanimeront des querelles de ce type.

Évoquer les principaux moments de ce débat était important pour préciser l'état de la réflexion esthétique au début du XVIIIe siècle. Nous avons insisté sur l'enjeu artistique, en signalant qu'il pouvait en cacher d'autres. Quels sont-ils ?

Pour intransigeante qu'elle soit, la position de Le Brun présente au moins deux aspects légitimes : sur le plan institutionnel, il est garant du dogme académique et d'une tradition, celle du dessin, attestée, confirmée par les maîtres du passé. Attitude nécessairement « conservatrice » mais qui s'inscrit dans l'évolution du statut des artistes soucieux de promouvoir un art libéral reposant sur le savoir et l'intelligence. Dire du dessin qu'il est lié à l'esprit, au projet conçu et élaboré abstraitement par l'artiste, c'est rejeter la matière, la couleur, du côté de l'activité manuelle, apanage des artisans prisonniers des corporations, ouvriers astreints à des tâches « inférieures » : broyeurs, teinturiers, « barbouilleurs ». D'où le privilège de l'esprit qui s'attache au dessin-dessein. L'homonymie sert, ici, les intérêts de Le Brun : il y va de la noblesse d'une profession libre qu'on se saurait confondre avec un métier.

Un second aspect, plus directement politique,

révèle combien les conflits esthétiques ont partie liée avec les enjeux idéologiques d'une époque. Le Brun, premier peintre, est aux ordres de Colbert, surintendant des Bâtiments, entièrement dévoué au monarque. La peinture est un art de cour, le « premier », fils préféré du dessin chargé de *représenter* les hautes actions du roi, la poésie n'est là que pour les *chanter*. « *Ut pictura poesis* » : la peinture est comme la poésie. Déjà inversé à l'époque de la Renaissance, l'adage d'Horace (« la poésie est comme la peinture ») prend un nouveau sens : un tableau n'est pas seulement comme un poème, il est plus qu'un poème. Car le roi, dont la peinture d'histoire célèbre les hauts faits, tantôt Apollon, tantôt Hercule, est, de toute façon, de « droit divin ». Il participe au mystère de la Création, étant lui-même créature privilégiée au même titre que la Nature. Quoi d'autre que le dessin peut faire « prendre part dans la composition de ce fameux ordre français, qui doit porter autant de figures allégoriques qu'il aura d'ornements pour marquer l'état glorieux où est aujourd'hui la France sous le règne de Louis XIV, le plus grand et le plus triomphant monarque qu'elle ait jamais vu » ? Certainement pas le « beau fard », cette couleur qui trompe les yeux et trompe sur la réalité.

Le débat sur le coloris n'est donc pas affaire uniquement de peinture, même s'il prend l'aspect d'un huis clos où s'affrontent une caste d'initiés et de privilégiés, hors de toute instance publique. Il est l'expression, surtout à partir de 1680, d'une crise multiforme qui concerne aussi bien l'absolutisme monarchique, l'ébranlement des modèles antiques et la mise en cause d'une Raison, prétendument cartésienne, servant trop souvent d'alibi à l'autoritarisme.

DES ANCIENS AUX MODERNES

La querelle des Anciens et des Modernes, déclenchée par Charles Perrault en 1687, est également révélatrice des contradictions déjà sous-jacentes à l'âge classique et qui se manifestent désormais au grand jour. Son origine « littéraire » : français ou latin, Homère ou les auteurs contemporains, disparaît assez vite sous les enjeux politiques et philosophiques de cette fin de siècle caractérisée par un changement profond de mentalité. Nettement identifiables au début, les protagonistes et leur chef de file — Boileau et La Bruyère pour les Anciens, Charles Perrault et Fontenelle pour les Modernes — concluent, sciemment ou contre leur gré, des alliances qui troublent le jeu. La tendance conservatrice, incarnée par les jésuites et les clercs de l'Université, soutient les Anciens, tandis que le clan moderniste trouve appui auprès de Colbert et de l'Académie française. Réaction d'un côté, progrès de l'autre, les antagonismes subsistent en dépit du médiateur Antoine Arnauld, dit le Grand Arnauld, théologien, docteur en Sorbonne, acquis à la cause janséniste, interlocuteur critique de Leibniz et de Malebranche, pleinement séduit par les thèses cartésiennes.

Lorsque la querelle se ravive en 1713, entre le « géomètre » Houdar de La Motte et Mme Dacier, la cause est déjà entendue. Le médiateur, cette fois, est Fénelon, auteur, en 1714, d'une *Lettre à l'Académie* dans laquelle il tente de concilier le goût des écrivains antiques et l'intérêt pour les auteurs modernes.

Mais la conciliation masque mal la victoire des Modernes et des « géomètres ». Une nouvelle génération de philosophes, dont Fontenelle, Pierre Bayle et Saint-Évremond, hérite de la tradition des libertins érudits : La Mothe Le Vayer, Naudé, Gassendi, réduits au silence après la Fronde. Nourris de Descartes, lecteurs critiques de Malebranche, de Spinoza, de Locke, de Leibniz, ils assignent à la raison une fonction résolument critique, inconcevable sous la tradition classique. Cette raison critique est annonciatrice de cette tendance à la critique de la raison exercée par les philosophes du XVIIIe siècle. « Critique de la raison » ne signifie pas ici disqualification de la raison ni abandon de la prétention à accéder à la vérité par des voies rationnelles, mais tout le contraire. La critique de la raison ne prône pas un quelconque irrationalisme. Simplement, au lieu d'assigner à la raison la tâche de parvenir à la Vérité, à l'Absolu, on lui donne pour fonction de déterminer les conditions scientifiques qui autorisent la connaissance. Et c'est cette connaissance qui donne accès à *une* vérité, celle que l'homme est apte à reconnaître, à affirmer et à défendre, compte tenu du caractère limité de sa raison. Cette apparente modestie, qui prend parfois la forme du scepticisme, ne nuit nullement à la radicalité du vaste mouvement critique — cette fois-ci dans le sens plus agressif de mise en cause — à l'encontre des anciennes et traditionnelles tutelles : qu'il s'agisse de l'autorité politique, théologique, morale et artistique.

Le terme critique envahit les propos et le titre des ouvrages : *Réflexions sur la critique* (Houdar de La Motte), *Dissertation critique sur l'Iliade* (abbé Terrasson), *Dictionnaire historique et critique* (Pierre Bayle) et, comme il se doit : *Réflexions critiques sur la poésie et la peinture*, publié en 1719 par l'abbé Du Bos, texte « préesthétique » sur lequel nous reviendrons.

Cette fréquence du terme critique est révélatrice de la nouvelle posture intellectuelle et morale des penseurs du début du XVIIIe siècle : elle annonce les grandes déliaisons, c'est-à-dire la rupture du lien avec le principe d'autorité qui règne en tous domaines depuis le Moyen Âge. Déliaison théologique et métaphysique : *Pensées diverses sur la comète* (Pierre Bayle, 1682), *Histoire des oracles* (Fontenelle, 1687) ; déliaison éthique : Saint-Évremond se dit adepte d'Épicure, considérant que le plaisir n'est pas incompatible avec la morale ; déliaison progressive vis-à-vis de l'ordre sociopolitique : certains philosophes militent pour la tolérance, comme Bayle, d'autres, tel Montesquieu, songent déjà, en ce premier tiers du siècle, à une critique de la monarchie absolue.

Qu'en est-il en esthétique ?

Trois décennies à peine avant que le terme esthétique ne désigne une discipline autonome, rien ne permet de prévoir l'émergence d'un discours spécifique, cohérent, disposant d'une terminologie assurée. Nombreuses sont les équivoques qui planent encore sur les concepts de goût, de sentiment, d'imagination, d'intuition, d'émotion, de passion, de sensibilité ou de génie. Toutes ces notions renvoient à un « je ne sais quoi » — pour reprendre l'expression du père Bouhours — qui ne doit sa relative précision qu'aux convenances du moment et au code en vigueur chez tel ou tel auteur. Le mot « art » lui-même n'est pas défini. Au singulier, il n'est pas employé, ni avec un petit a, ni avec une majuscule. L'usage oblige au pluriel, assorti d'un adjectif : les arts mécaniques, les arts libéraux. Ces derniers, répertoriés par l'Académie : éloquence, poésie, musique, peinture, sculpture, architecture et gravure, sont appelés « beaux-arts » dès la fin du XVIIᵉ siècle. La Fontaine aurait été le premier, dit-on, à l'employer en ce sens. Mais l'École des beaux-arts ne prend cette appellation qu'en 1793. Quant à l'Académie des beaux-arts, elle doit attendre 1816.

Les conditions d'élaboration d'une philosophie de l'art sous la forme d'une discipline positive et autonome ne sont donc pas encore réunies. Si un discours esthétique est possible, il doit se constituer sur la base de concepts, de notions et de catégories relativement fiables et stables, sans que leur signification subisse de trop grandes variations d'une conception à l'autre. Au début du XVIIIᵉ siècle, on est encore loin du compte. Comprenons bien : une esthétique — science ou philosophie — ne peut se définir que dans la distance qui sépare la raison... de ce qui n'est pas la raison. Or, si l'on sait, ou croit savoir, notamment par la grâce du cartésianisme, en quoi consiste la raison, si l'on identifie ses finalités, il n'en va pas de même pour ce qui lui est, semble-t-il, opposé.

Pour simplifier, disons que deux écueils s'opposent à l'élaboration du discours esthétique. Premier écueil : considérons que, depuis le Moyen Âge jusqu'à l'aube des Temps modernes, la distance entre la raison et ce qui lui est contraire est infinie. Que peut-on loger dans un espace infini et indéterminé ? D'un côté, une raison omniprésente, érigée en mesure de toutes choses ; de l'autre, une multiplicité de notions floues, évanescentes, fuyant les définitions, vaguement associées aux mouvements ou aux passions de l'âme. L'une donne accès au savoir, elle contribue au progrès de la connaissance ; les autres, prisonnières de la nature humaine, ne semblent destinées qu'à décrire, de façon trouble et indistincte, le prétendu mystère insondable de l'homme. L'autre obstacle réside dans la trop grande proximité entre la raison et son contraire indéterminé. Il y a là, apparemment, une contradiction, ou du moins une tension caractéristique de l'âge classique. Elle est due à la tentation d'évaluer le vaste domaine du sensible à l'aune de la raison : pouvoir attribuer un concept, mettre un nom sur ce qui échappe à l'entendement, par exemple le sentiment, l'imagination. La solution classique, du moins la tentative rationaliste, consiste à vouloir précisément rationaliser ce qui glisse entre les mailles de la raison, par exemple le goût ou la grâce. L'idéal est de parvenir à une coïncidence parfaite entre la raison et ce qui n'est pas la raison, autrement dit à réduire, voire à supprimer la distance que nous évoquions plus haut. Mais alors, la question se pose également : où placer l'esthétique si l'espace dans lequel elle cherche à s'immiscer n'existe plus ?

Il convient assurément de trouver la bonne distance entre une raison qui n'empiète pas sur la sensibilité et une sphère du sensible qui ne sombre pas dans l'irrationnel. Une solution est possible, mais elle exige deux conditions : d'une part, que la raison, si efficace dans les sciences, renonce à son ambition totalisatrice et universalisante ; qu'elle s'assouplisse en quelque sorte ; d'autre part, qu'il soit possible de rendre compte rationnellement et conceptuellement de l'imagination et de la sensibilité, et d'admettre qu'elles aussi constituent des facultés cognitives et sont ainsi génératrices d'une connaissance. Qu'est-ce qui prouve, par exemple, que le choix des couleurs, qu'un Le Brun met au compte de l'arbitraire et de l'esprit déboussolé[1] du peintre, n'obéit pas à une logique particulière, qu'il ne soit pas, selon l'expression de Roger de Piles, « fondé en raison » ? Pourquoi, si l'on peut pasticher la réflexion de Pascal, l'esthétique n'aurait-elle pas sa raison que la Raison ignore ?

En somme, le terrain d'entente se trouverait dans une autre raison, différente de la raison mathématique et logique, une raison adaptée à son nouvel objet. On l'appellerait raison esthétique ou raison poétique. Elle pourrait constituer un intermédiaire entre la raison et l'imagination, entre l'entendement et la sensibilité. Et finalement, c'est l'individu, le sujet qui réaliserait en quelque sorte l'harmonie entre les facultés, d'une part parce qu'il est l'auteur de l'expérience esthétique, et d'autre part parce qu'il lui revient, à lui et à personne d'autre, de se prononcer sur ce qu'il ressent : d'émettre un jugement de goût. Cette façon d'exposer le problème annonce déjà les solutions que proposeront Baumgarten et, dans un sens tout différent, Kant.

Mais nous devons nous en tenir à la genèse de l'autonomie esthétique. Or nous avons précisé que les conditions d'apparition d'une sphère esthétique autonome n'étaient pas encore réunies au début du XVIIIe siècle. Cela ne signifie pas que la période classique, sous ses parures et ses ors, n'ait pas fonctionné comme ce laboratoire expérimental que nous avons déjà signalé. Que de théories, de controverses et de querelles ce siècle n'a-t-il pas connues, en France et à l'étranger, qui témoignent de contradictions latentes,

---

1. C'est du moins ce que suggère la phrase de Le Brun dans sa réponse à Gabriel Blanchard, en 1672 : « ... Il faut étudier avec soin et avec application, mais de manière que le dessin soit toujours le pôle et la boussole qui nous règle dans cette étude... »

indices d'un profond changement de perspective par rapport aux siècles précédents !

Revenons brièvement sur quelques éléments relatifs aux débats évoqués antérieurement. On se souvient que Félibien, avec le père Bouhours, s'émerveillait de la puissance dynamique du « je ne sais quoi », de cet inexprimable qui n'est ni la beauté ni la grâce, mais les deux réunies. De cette union, en effet, résulte la « splendeur » ; cette splendeur, toutefois, n'est pas d'ordre humain mais d'ordre divin. Félibien emploie l'expression « splendeur divine ». On pourrait penser qu'il s'agit là d'une sorte de révélation sur laquelle l'homme n'a pas prise. Et, de fait, cette splendeur dépasse ses deux composantes ; elle les transcende en quelque chose qui s'apparente au sublime. On retrouve l'idée de Longin selon laquelle le sublime est cette « force qui élève l'âme[1] ».

À l'époque, cette catégorie du sublime connaît un succès considérable grâce à la traduction de l'ouvrage de Longin, *Traité du sublime*. Mais l'important, dans l'explication de Félibien, est l'idée que le « je ne sais quoi » est lui aussi mouvement (de l'âme), c'est-à-dire force, énergie qui remue le sujet, concerne son expérience propre, affecte les passions de son âme. Autrement dit, ce ne sont plus les règles supposées idéales de beauté qui servent ici de référence, mais ce que ressent l'individu dans sa confrontation dynamique avec l'objet.

Ce même pressentiment du rôle joué par l'expérience sensible, au détriment de la raison, se

---

1. *Le Traité du sublime et du merveilleux dans le discours* paraît en 1674, traduit et commenté par Boileau. Il est attribué à Longin, rhéteur grec du IIIe siècle (213-273). Mais le texte, connu dès la Renaissance dans sa version latine, serait l'œuvre d'un humaniste romain du Ier siècle.

retrouve chez Roger de Piles. Prendre parti en faveur du coloris, du « beau fard » — qu'il célèbre dans les tableaux de Rubens — contre le dessin, contre l'obéissance aux règles canoniques qui le régissent, c'est promouvoir une forme de plaisir spécifique lié, à la fois, à l'autonomie de l'artiste, convié à suggérer des formes affranchies de l'ordonnance graphique, et à la liberté du spectateur, invité à jouir sans restriction des « charmes de la couleur[1] ».

Cette reconnaissance du rôle de l'expérience et des sensations et la place que la réflexion esthétique tend à accorder au sentiment et à l'imagination correspondent, à la fin du XVIIe et au début du XVIIIe siècle, à un profond changement de mentalité vis-à-vis, notamment, des ambitions philosophiques et scientifiques traditionnellement liées à la raison. On pourrait presque parler d'une mutation des esprits si ce terme ne suggérait une rupture franche et brutale, là où il convient surtout de voir une lente maturation des idées. Que cette maturation finisse par aboutir à une véritable coupure épistémologique, c'est-à-dire à un changement radical dans les paradigmes ou les modèles de la connaissance, est un autre problème, plus tardif. Il en sera question à propos de Kant.

On pourrait schématiser le changement de mentalité qui nous intéresse ici en le réduisant à un déplacement de l'objet au sujet. C'est bien ce que signifie, en théorie des arts, l'attitude d'un Félibien ou d'un Roger de Piles : commençons à nous intéresser à ce que ressent le spectateur qui contemple un tableau, et essayons de déterminer par quels moyens l'artiste peut parvenir à l'émouvoir.

---

1. Expression de Gabriel Blanchard dans sa conférence à l'Académie. Cf. ci-dessus.

Mais ce déplacement n'est-il pas en tout point cartésien ? Pour Descartes aussi, la source de toute idée se trouve dans la pensée elle-même, c'est-à-dire dans la raison, dans ce bon sens que l'individu possède en partage avec autrui. À l'origine du *cogito*, il n'y a rien d'autre que le « je », sujet-pensant, à l'exclusion — du moins provisoirement — du monde. Rien de l'extérieur ne parvient à m'assurer de mon existence, ni les sens, ni les objets, aucune sensation, ni perception.

EMPIRISTES ET RATIONALISTES

Toutefois, la différence est considérable pour les penseurs et philosophes empiristes qui, comme le terme l'indique, accordent la priorité à l'expérience sensible au détriment de la raison. Néanmoins l'opposition traditionnelle entre empiristes et rationalistes ne se justifie pas. Les empiristes, en effet, ne nient pas le rôle de la raison mais ils pensent que toute idée est la représentation *a posteriori* de ce qui agit sur les sens. Autrement dit, tout ce que je conçois ou imagine suppose une sensation et une perception, un contact premier avec l'objet extérieur grâce aux organes des sens. Ceux-ci deviennent en quelque sorte l'intermédiaire obligé entre l'objet et l'esprit, une médiation sans laquelle aucune représentation, aucune conception, aucune imagination ne seraient possibles.

Cette définition de l'empirisme, résumée ici de façon aussi succincte, est bien entendu minimale. Elle subit des différenciations importantes à travers

tous ceux qui se réclament d'une position philosophique empiriste avant que l'*empirisme* ne désigne
une théorie cohérente, à part entière, à la fin du
XVIIIe siècle.

S'il n'est pas possible, ici, d'exposer en détail les
conceptions empiristes, il ne saurait être question,
toutefois, de les passer sous silence. Ce que nous
avons appelé la « déliaison de la raison » d'avec ce
qui n'est pas elle — sensation, sensibilité, sentiment,
intuition, imagination, sensualité, cœur, désir,
enthousiasme, illusion, invention, plaisir, passion,
etc. — obéit à un processus, long, complexe et parfois contradictoire. La contradiction est même au
cœur de la déliaison car, pour définir ce qui n'est pas
la raison, il faut un concept, inclus dans un langage
structuré de façon... rationnelle. Il est bien clair, par
exemple, qu'on ne peut s'en tenir, à chaque fois, à
un « je ne sais quoi ». Il n'y a donc pas, dans cette
opération, de *rupture* avec la raison, et c'est pourquoi nous avons adopté le terme de déliaison, vocable utilisé en marine pour désigner le jeu qui se crée
entre les différentes parties d'un navire. Or le climat
philosophique, mais aussi politique et idéologique
au début du XVIIIe siècle, est aussi celui du jeu qui
ébranle les parties rigides de l'édifice rationaliste,
classique et absolutiste. Les empiristes contribuent
largement à cette opération. Prolongeant la méta-
phore, on pourrait dire qu'ils explorent les failles, se
glissent dans les interstices, sapent les fondations du
bâtiment. Surtout, et c'est certainement le plus
important, ils parviennent à donner un statut théorique et philosophique à cet « autre de la raison ».

En outre, il faut bien se rendre compte de ce que
signifie ce climat. Fréquemment, l'histoire de la philosophie et plus généralement l'histoire des idées

s'attachent à exposer la cohérence interne des théories et des doctrines à l'intérieur d'un enchaînement qui privilégie la juxtaposition chronologique au détriment de leurs interrelations : Kant succède ainsi à Leibniz qui succède lui-même à Spinoza lequel fait suite à Descartes qui, lui-même, vient après la scolastique. L'enchaînement est censé se faire de lui-même puisque cette diachronie suggère à elle seule le dépassement d'une théorie par l'autre, laissant entendre comme un progrès de l'esprit. C'est oublier que les idées ont, en général, une vie plus longue que celle de leur auteur, et il n'est pas sûr qu'un tel agenda convienne à une histoire de l'esthétique.

Pour le cas qui nous occupe, à savoir les théories empiristes, à cheval entre le XVIIe et le XVIIIe siècle, un exposé systématique serait particulièrement inadéquat. Il faut pouvoir se représenter la densité des échanges intellectuels qui marquent cette époque : penseurs et écrivains, rationalistes ou empiristes, se lisent, se commentent, disputent, objectent, s'invectivent, se lient d'amitié et se trahissent aussi parfois. Thomas Hobbes (1588-1679), auteur du *Léviathan* (1651), exilé en France de 1640 à 1651, trouve refuge auprès du père Mersenne, le plus fidèle ami de Descartes et de Gassendi. Tous trois partagent une même admiration pour les thèses de Galilée. Hobbes correspond, dans les meilleurs termes, avec Descartes au sujet de la *Dioptrique*, mais déclenche une vive controverse à propos des *Méditations métaphysiques*. Il refuse les idées innées, persuadé que toute connaissance vient des sens, et c'est en empiriste qu'il critique sévèrement le *cogito* : « je pense donc je suis » doit être compris, certes, comme la saisie de l'existence à travers la pensée elle-même. Mais penser est un acte accompli par un sujet, et je peux tout aussi bien en déduire que la chose pensante est quelque chose de corporel.

Hobbes, comme beaucoup d'empiristes, envisage la philosophie sous l'angle de la connaissance et de ses limites, mais il se préoccupe également des problèmes sociaux et politiques de son époque. Sa pensée ne concerne pas directement la théorie de l'art ; celle de John Locke (1637-1704) non plus, et pourtant, indirectement, les conceptions de Locke influent sur la manière d'envisager les rapports entre la connaissance rationnelle et la connaissance sensible. Persuadé que notre entendement est limité et qu'il ne permet pas d'accéder à la connaissance de Dieu, il critique Malebranche et sa théorie de la « vision en Dieu ». Comme Thomas Hobbes, dont il approfondit les théories, il subit l'influence de Gassendi, se nourrit de Descartes, mais à l'inverse de celui-ci, il pense, en empiriste convaincu, que l'expérience sensible conditionne la connaissance rationnelle.

John Locke devient précepteur auprès de lord Ashley, comte de Shaftesbury. Il est chargé d'instruire son fils, Anthony Ashley Cooper Shaftesbury. Auteur d'une *Lettre sur l'enthousiasme*, Shaftesbury publiera les *Principes de la philosophie morale ou Essai sur la vertu* que traduira plus tard... Diderot. Ces écrits susciteront l'admiration de Hume, de Leibniz, de Voltaire, de Kant, et naturellement du traducteur. L'originalité de Shaftesbury réside moins dans son ralliement à une philosophie optimiste de type leibnizien, qu'à sa manière de concilier le néo-platonisme : le Vrai, le Beau et le Bien se confondent ; l'empirisme : l'enthousiasme permet d'accéder à ces valeurs transcendantes, l'homme perçoit immédiatement la beauté et l'harmonie de l'univers ; et le rationalisme de type métaphysique : les créations de l'artiste sont un hommage à l'ordre du monde.

Séduit par les thèses de Locke, Francis Hutcheson (1694-1747) expose les éléments d'une esthétique résolument subjectiviste fondée sur l'existence d'un « sentiment intérieur ». Ce sentiment est attesté par le plaisir que les œuvres d'art ou la nature sont susceptibles de causer immédiatement en nous. La question des critères du beau importe peu, l'important est de définir ce que nous ressentons.

Les recherches sur l'origine des idées que nous avons de la beauté et de la vertu, de Francis Hutcheson, sont traduites en français en 1749. Parmi les traducteurs : Étienne Bonnot de Condillac (1714-1780). L'ouvrage exerce une influence déterminante sur David Hume et sur Kant, sensibles à l'idée que la raison à elle seule ne peut déboucher sur l'action si elle n'est pas guidée, soit par le sentiment intérieur, soit par l'instinct, position contraire à celle du rationalisme.

Grâce à Hutcheson, David Hume s'intéresse de près aux thèses de Locke. Parmi les autres penseurs qui contribuent à sa formation figurent Descartes, Malebranche, Shaftesbury. Probablement n'est-ce pas un hasard si Hume, séjournant en France, s'arrête à La Flèche, dans ce lieu même où Descartes poursuivit ses études. Accusé d'hérésie et d'athéisme après la publication du *Traité de la nature humaine* (1739) et, plus tard, des *Essais philosophiques sur l'entendement humain* (1758), Hume passionne les Encyclopédistes, se lie d'amitié avec Jean-Jacques Rousseau, lequel supporte fort mal l'intérêt que d'Alembert porte à son hôte. Empiriste, Hume critique également les idées innées et privilégie l'expérience, en considérant toutefois que l'expérience immédiate ne saurait à elle seule être à l'origine de nos connaissances. L'expérience a besoin de l'imagination, seule capable de transformer les impressions qui résultent des sens en idées. Le raisonnement intervient ultérieurement, après qu'un « instinct naturel », une sorte d'intuition fondée sur l'association des idées, l'accoutumance et la mémoire, nous a habitués à saisir la relation entre les objets ou les événements.

Les thèses de Hume exercent une influence directe sur Condillac, le représentant français le plus marquant de l'empirisme. Condillac, ami de Diderot, de Rousseau et de... d'Alembert, s'inspire de Locke pour rédiger l'*Essai sur l'origine des connaissances humaines* (1746) et le *Traité des systèmes* (1749). Il affirme l'immédiateté de la perception c'est-à-dire de l'impression occasionnée par les sens. Nos connaissances ne se sont accumulées qu'à proportion de ce que les sensations nous ont transmis, et le sentiment résulte des modifications que l'âme a subies lors de ce transfert des sens à l'esprit.

Cet aperçu des tendances empiristes n'a pas pour but ni pour ambition d'exposer en détail chacune des théories en présence mais simplement d'esquisser les enjeux philosophiques et esthétiques pendant les décennies qui précèdent l'intervention déterminante des thèses « critiques » d'Emmanuel Kant dans son ouvrage *La dissertation de 1770*.

Entre-temps, les enjeux de la confrontation entre rationalisme et empirisme se sont précisés. Le débat entre protagonistes qui se connaissent, se commentent et se critiquent, parfois vertement, a permis de nuancer les positions respectives, au point que le problème dont hérite Kant peut être schématisé par l'alternative : sentiment ou jugement ? La réponse, assurément, est plus complexe que la question. Elle concerne avant tout la théorie de la connaissance, mais ses implications en philosophie de l'art sont déterminantes. C'est à celles-ci que nous nous consacrons en priorité ici.

III

DÉLIAISONS ET AUTONOMIE

AMBIGUÏTÉS
DE L'AUTONOMIE ESTHÉTIQUE

Nous avons employé le terme déliaison pour désigner le processus qui permet à la science, à la raison, à la philosophie et à l'individu de s'affranchir progressivement des anciennes tutelles, théologique, métaphysique, morale, mais aussi sociale et idéologique.

Cette conquête de l'autonomie concerne également la réflexion sur l'art. Certes, à toute époque, les philosophes se sont intéressés au problème du beau, aux règles censées le produire. Ils ont cherché à déterminer la place et la fonction des arts dans la société, et ils ont tenté aussi de comprendre les sentiments que les œuvres d'art suscitent chez les hommes. La théorie du beau occupe une place importante dans les ouvrages de Platon ; Aristote est l'auteur d'un *Traité du beau* qui, malheureusement, ne nous est pas parvenu. Pline l'Ancien, victime de l'éruption du Vésuve en 79 après J.-C., auteur d'une imposante *Histoire de la nature*, dresse un panorama de l'histoire des arts dans l'Antiquité. Dion Chrysostome, rhéteur grec du 1er siècle après J.-C., est sans doute l'un des premiers critiques d'art à consacrer une étude aux mérites comparés de la sculpture et de la peinture. Rappelons, à la même époque, le *Traité du sublime* du pseudo Longin, et les pages que saint Augustin (354-430) consacre, dans ses *Confessions*, au problème de la création[1].

Tous ces travaux sur les arts des époques passées présentent un intérêt indéniable. Ils révèlent que, de tout temps, les penseurs, philosophes et théoriciens se sont interrogés sur les rapports entre l'art et la vie sociale et sur la manière dont les hommes se comportaient vis-à-vis des œuvres soumises à leur jugement. Mais la constitution d'une autonomie esthétique au XVIIIe siècle possède cependant une tout autre signification.

En effet, plusieurs conditions doivent être remplies pour que l'esthétique s'impose comme un domaine de réflexion spécifique. Aucune « esthétique philosophique » n'aurait pu voir le jour sans la constitution des idées de création autonome et de sujet créateur. Il fallait aussi définir les rapports entre la raison et la sensibilité, s'interroger sur le goût, sur l'expérience individuelle, et s'efforcer de déterminer le rôle de la raison dans le domaine spécifique de l'art, distinct de la science et de la morale. À l'intérieur de cette sphère esthétique autonome, le jugement de goût, individuel, subjectif, peut s'exercer librement, sans avoir à se justifier auprès d'instances « supérieures », comme la théologie, la métaphysique, la science ou l'éthique. Du moins en principe.

Mais on perçoit deux tendances, deux manières de

1. Cf. ci-dessus, p. 35.

concevoir l'autonomie esthétique : ou bien l'on parle de l'autonomie du sujet, de sa faculté d'apprécier et de juger librement de la beauté de la nature ou de l'art ; ou bien l'on entend par autonomie l'isolement d'une sphère artistique, capable elle aussi de donner accès à l'Idée, à la Vérité, au Sens, à l'Absolu, et susceptible de rivaliser avec la science et la philosophie. Il y a là une ambiguïté qui se prolonge dans l'acception actuelle du terme esthétique, selon qu'on se réfère à la faculté de juger kantienne ou à la philosophie de l'art telle que la définissent les premiers romantiques allemands et Hegel. Mais une autre ambiguïté affecte l'idée même d'autonomie esthétique.

L'autonomie apparaît comme la résultante de plusieurs facteurs qui, tous, participent à l'émancipation de l'art vis-à-vis de la science, de la religion, de la morale et de l'institution politique. On conviendra aisément que, si la Renaissance représente une étape décisive vers cette libération et ces déliaisons progressives, cette émancipation est loin d'être réalisée dans les faits. Et au XVIIe siècle, pas seulement sous l'absolutisme monarchique de type français, de multiples contraintes pèsent encore sur l'activité artistique. Peut-on dès lors supposer que la fondation de l'esthétique au siècle des Lumières dissipe, comme par enchantement, toutes les contraintes antérieures ? Faut-il croire, par exemple, que ni la mythologie antique, ni la religion ne servent plus désormais de modèles aux artistes, que le Beau est irrémédiablement séparé du Bien, que la politique n'intervient plus sur les beaux-arts, que l'imitation de la nature cesse d'être le principe dominant auquel doivent se plier les créateurs ?

Certes non, et il y a loin des principes — justement — à la réalité. La conquête de l'autonomie esthétique s'inscrit dans le mouvement plus général de libération vis-à-vis de l'ordre ancien. Cette tendance apparaît, à nos yeux, comme aussi irrésistible que celle qui conduit au capitalisme bourgeois, au libéralisme et à la constitution d'un espace public ouvert à la critique.

Lorsque nous parlons d'autonomie esthétique, grandement favorisée par l'apparition du terme d'esthétique appliqué à une discipline particulière, nous ne faisons référence, somme toute, qu'à un moment de cette évolution et donc, également, à une simple tendance. L'autonomie réelle, pleine et entière, ne s'est jamais réalisée et n'existera sans doute jamais, pas plus aujourd'hui que demain. Si elle était possible — ce que nous ne croyons pas — elle ne serait sans doute pas souhaitable.

En effet, la simple tendance à l'autonomie comporte un risque majeur : celui de la constitution d'une sphère esthétique totalement séparée de la vie quotidienne. À trop revendiquer son indépendance, l'artisan s'est mué en artiste, placé sur un piédestal, célébré comme génie, doué d'un talent surhumain. Mais voir en lui un être d'exception, à mille lieues des préoccupations du commun des mortels, c'est aussi le considérer comme un être à part. Exclusion bénéfique pour ceux dont l'œuvre est reconnue et célébrée, mais néfaste pour les artistes qui n'accèdent pas à la notoriété. L'image de l'artiste raté est l'autre face du mythe de l'artiste génial, de celui qu'on peut tantôt encenser ou tantôt vilipender, ou bien simplement ignorer, parce que son statut particulier le coupe de la vie quotidienne.

Cette ambiguïté est identique à celle qui affecte la sphère esthétique dans son ensemble. Reconnaître l'esthétique comme discipline à part entière atteste bien l'existence d'un domaine particulier, lié à la sensibilité, qui obtient enfin un droit de cité officiel au même titre que les diverses sciences. Comme celles-ci, elle participe au savoir et à l'accroissement des connaissances. Mais, dans le même temps, ce nouveau statut traduit une volonté de « scientificiser » l'univers du sensible, autrement dit une tentative de rationaliser, de théoriser et de conceptualiser un monde d'affects, d'intuition, d'imagination, de passion, rebelle à toute forme de contrôle ou de coercition. Comme s'il importait de canaliser dans l'ordre de la raison des forces qui, sinon, risqueraient de porter préjudice à cet ordre même ! Ambiguïté là aussi qui survit, depuis, dans la conscience contemporaine, surtout lorsqu'on évoque la finalité de l'esthétique : à quoi sert-elle ?

L'autonomie de l'art et l'autonomie de l'esthétique — certes jamais réalisées et toujours en projet — peuvent fort bien, même dans leur état précaire, se retourner contre les intérêts de l'un et de l'autre. Le mot sphère, qui sert parfois à les désigner, est lui-même équivoque : la sphère est délimitation, territoire, mais aussi refuge. Ce refuge les protège de la réalité extérieure, tout en préservant cette même réalité des attaques que les œuvres pourraient diriger contre elle. Un artiste peut tout faire, une œuvre peut tout exprimer, même des choses considérées comme subversives et dangereuses pour la société dès lors que leur statut à part leur garantit l'impunité. Isolées du réel, inoffensives, l'ordre social et politique peut les tolérer sans danger pour son équilibre.

Dans les décennies qui précèdent l'instauration de l'esthétique philosophique, le problème de l'autonomie ne se pose pas de façon aussi explicite.

Toutefois, ces ambiguïtés existent à l'état latent. Elles sont contemporaines de la naissance de l'esthétique et engendrent des tensions qui se prolongent de nos jours encore. Il est important de les évoquer dès maintenant.

S'il est acquis, au début du XVIIIᵉ siècle, que le sentiment doit jouer un rôle dans la réflexion sur les arts, son statut théorique n'est pas encore défini de façon précise : doit-on lui accorder une primauté par rapport au jugement ? Mieux encore : peut-il, à lui seul, caractériser de façon immédiate ce que nous ressentons devant une œuvre ?

Un autre concept gagne, à cette époque, une place prépondérante : celui de génie. Notion clé de la réflexion esthétique moderne, le génie n'est pas spécifique à un art particulier. Il s'applique à tous les arts, aussi bien au peintre, au poète ou au musicien. Il apparaît dès lors comme une notion transversale qui correspond à l'émergence d'un concept d'Art — au singulier et assorti d'une majuscule — qui englobe désormais sous un même nom toutes les activités entrant dans la catégorie beaux-arts.

Ces diverses notions : sentiment/jugement, génie, Art, qui prennent place dans la réflexion philosophique, ne déterminent pas seulement des centres d'intérêt que l'on pourrait étudier de façon neutre comme autant d'étapes jalonnant l'histoire de l'esthétique. Elles recèlent au contraire des enjeux idéologiques, voire politiques, essentiels.

L'opposition sentiment/jugement, une fois résolue par Kant, marque le tournant « subjectif » de l'esthétique. Quoi qu'on pense des thèses exposées dans la *Critique de la faculté de juger* — Hegel, déjà, refuse d'y adhérer —, l'importance du sujet et de la réception dans l'appréciation des œuvres d'art ne sera plus jamais remise en cause. L'individu est doté d'une faculté de distinguer, de juger, autrement dit de « critiquer », et cette faculté critique est le signe de son autonomie nouvellement acquise.

De même, la discussion autour des divers sens du mot génie devient pour certains penseurs, notamment pour Diderot, l'occasion de dénoncer l'enseignement académique et la place que celui-ci accorde à la formation du talent au détriment d'une reconnaissance des dons naturels.

Quant à la singularisation de l'Art, elle permet de mieux penser les relations avec la nature et d'argumenter sur des antagonismes spécifiques : beau naturel/beau artistique, le sublime dans l'art/le sublime dans la nature, génie inné ou génie inspiré.

La catégorie du sublime, que Kant tente de définir après Edmund Burke[1], cristallise peut-être à elle seule les ambiguïtés de l'autonomie esthétique dans son effort pour rationaliser et conceptualiser le domaine du sensible. N'est-elle pas condamnée à rester ce « je ne sais quoi » qui, à la différence du beau, glisse à jamais entre les mailles du langage rationnel ?

SENTIMENT ET GÉNIE

L'ouvrage de Jean-Baptiste Du Bos (1670-1742)
Réflexions critiques sur la poésie et la peinture (1719)

---

1. Edmund Burke (1729-1797). Son ouvrage *Recherche philosophique sur l'origine de nos idées du sublime et du beau* (1757) influencera profondément la théorie du sublime chez Kant.

est fréquemment compté parmi les textes fondateurs de la réflexion esthétique moderne, prékantienne. Cela peut sembler paradoxal : Du Bos est encore l'un des représentants de la doctrine classique, académicien et, de surcroît, secrétaire perpétuel de la noble institution. Mais si l'abbé Du Bos est l'héritier de la tradition classique et l'un des derniers théoriciens à s'interroger encore sur les rapports entre la peinture et la poésie, ses vues sont « modernes ». Du Bos est « géomètre » et, à l'instar de l'Académie, il a pris parti contre les Anciens. Il fréquente Nicolas Boileau, mais aussi Pierre Bayle ; il rencontre Malebranche et s'initie aux thèses empiristes auprès de John Locke.

L'influence de Malebranche mérite ici d'être soulignée. Parfait connaisseur des œuvres de Descartes, Malebranche s'était attaché à résoudre la question des rapports entre l'âme et le corps que Descartes avait reléguée sur le plan moral. Le problème n'avait pas été éludé mais, pour des raisons déjà évoquées, il n'était guère possible au philosophe de le transposer sur le terrain de l'esthétique. Réduite à sa plus simple expression, l'interrogation de Malebranche se formule ainsi : la raison peut-elle et doit-elle comprendre quoi que ce soit au sentiment ? Cette question suppose une distinction entre sentiment et sensibilité, entre ce qui est perçu par les sens — matière assez brute et immédiate — et ce qui est ressenti par l'âme. Une solution est envisageable si l'on admet l'existence d'un « sentiment naturel ». C'est ce sentiment qui, au travers des passions et des émotions, nous permet de percevoir la beauté spirituelle de l'Ordre dans lequel Dieu a agencé les hommes et la nature. On reconnaît le thème de la « vision en Dieu ». Pour employer un terme du vocabulaire

freudien, parfaitement anachronique ici, ce « sentiment naturel » procède à une sorte de « sublimation » des affects immédiats. Si les sens nous permettent de percevoir les rapports, les proportions,
l'harmonie dans les choses, cela prouve qu'ils ne sont
pas contraires à la raison. Ils obéissent à un agencement, à un ordre rationnel, voulu par Dieu. La raison
et le sentiment ne sauraient donc être incompatibles.

Du Bos applique cette théorie aux arts : la peinture
et la poésie obéissent à des règles, à des canons, à
des conventions. Certes, mais qu'en est-il de l'amateur, du contemplateur, de l'auditeur lorsqu'ils sont
face aux œuvres ? Doivent-ils, pour les comprendre
et justifier ce qu'ils ressentent, discuter sur l'observance ou non des règles ? Sont-ils obligés de lire les
critiques pour en « calculer les perceptions et les
défauts » ? Réponse de Du Bos : le sentiment nous
enseigne plus sûrement sur tout cela que la raison.
La prédilection que nous ressentons pour les
tableaux et les vers dépend de notre goût seul et non
pas de la raison : « Il est en nous un sens fait pour
connaître si le cuisinier a opéré suivant les règles de
son art. On goûte le ragoût et, même sans savoir les
règles, on connaît s'il est bon. Il en est de même
en quelque manière des ouvrages d'esprit et des
tableaux faits pour nous plaire en nous touchant. »

Et « nous toucher », pour Du Bos, c'est aussi bien
nous procurer du plaisir que nous affliger : « On
éprouve tous les jours que les vers et les tableaux
causent un plaisir sensible ; mais il n'en est pas
moins difficile d'expliquer en quoi consiste ce plaisir
qui ressemble souvent à l'affliction, et dont les symptômes sont quelquefois les mêmes que ceux de la
plus vive douleur. L'art et la poésie ne sont jamais
plus applaudis que lorsqu'ils ont réussi à nous

affliger. » Notons, incidemment, l'emploi du mot art comme synonyme de peinture.

À l'origine de la réflexion de Kant sur le jugement de goût, il y a aussi cette interrogation sur le « sentiment de plaisir et de peine ». La raison, toutefois, ne perd pas tous ses droits, mais elle intervient *a posteriori*. Le raisonnement participe au jugement, mais uniquement pour rendre raison de la décision du sentiment. Autrement dit, après coup.

Il est curieux de constater la similitude entre les positions de Du Bos et certaines théories esthétiques contemporaines qui accordent la primauté au plaisir sensible au détriment de la « discussion ». Étrangement, les partisans actuels du plaisir ou du déplaisir immédiats, deux sentiments érigés l'un et l'autre en jugements sur l'œuvre d'art, croient se replier sur la conception kantienne du jugement de goût. En fait, affirmer la primauté du plaisir sur le raisonnement et sur l'étude des motivations rationnelles qui lient l'œuvre au spectateur, cela revient à nier l'existence d'une raison esthétique spécifique, accessible à l'analyse.

La comparaison audacieuse, risquée par Du Bos, entre l'attitude du gourmet (ou du gourmand !) devant le ragoût du cuisinier et celle du lecteur ou du spectateur devant les « ouvrages de l'esprit » ou face aux tableaux est plus un compliment adressé au talent culinaire du marmiton qu'un hommage au peintre et au poète. Quant à l'hypothèse de Du Bos d'un « sixième sens » qui jugerait en nous de façon prétendument infaillible, elle renforce le mystère plutôt qu'elle ne l'éclaircit.

Il n'empêche que ce qui est compréhensible pour un auteur prékantien, lecteur de Locke et de Malebranche, l'est beaucoup moins deux siècles après la parution de la *Critique de la faculté de juger*. Sauf à reconnaître que la référence concerne la période pré-esthétique et non pas Kant.

Nous reviendrons sur ce point.

Esthéticien du sentiment, Du Bos, dans ses *Réflexions critiques sur la poésie et sur la peinture*, accorde une place importante à la notion de génie. Ses considérations révèlent de façon particulièrement probante le tournant qui se produit à cette époque vis-à-vis du rationalisme. En bon héritier de Descartes, Du Bos tente une explication physiologique du génie, « arrangement heureux des organes du cerveau, dans la bonne conformation de chacun des organes comme dans la qualité du sang ». On pense évidemment à ce passage du *Discours de la méthode* : « L'esprit dépend si fort du tempérament et de la disposition des organes du corps que, s'il est possible de trouver quelque moyen qui rende communément les hommes plus sages et plus habiles qu'ils n'ont été jusqu'ici, je crois que c'est dans la médecine qu'on doit le chercher. »

Mais, pour Du Bos, il va de soi que le génie n'est pas du ressort de la médecine, d'autant qu'il se « défie des explications physiques, attendu l'imperfection de cette science dans laquelle il faut presque toujours deviner ». La qualité du sang et l'heureuse disposition des organes ne joueraient donc qu'un rôle secondaire s'il n'y avait la « fureur » qui anime celui qui est « né avec du génie » : « Le génie est ce feu qui élève les peintres au-dessus d'eux-mêmes, qui leur fait mettre de l'âme dans leurs figures, et du mouvement dans leurs compositions. C'est l'enthousiasme qui possède les poètes, quand ils voient les Grâces danser sur une prairie, où le commun des hommes n'aperçoit que des troupeaux. »

Si Du Bos ne remet pas en question les bienfaits de l'éducation artistique ni la valeur des préceptes académiques, il souligne cependant la vanité de tout enseignement dispensé en l'absence d'un « terroir » propice : celui du don naturel, au demeurant inexplicable. Seul le génie ainsi compris permit à Raphaël, « instruit par un peintre médiocre », de s'élever « fort au-dessus de son maître après quelque année de travail ».

Mais la définition du génie comme puissance créatrice, capable à tout moment et dans toute circonstance de promouvoir la nouveauté, est donnée par Charles Batteux (1713-1780) dans son ouvrage *Les beaux-arts réduits à un même principe* (1746). Le génie est celui qui sait percevoir la nature sous des rapports nouveaux. S'il se réfère à la nature et l'imite, cette imitation n'est pas une copie servile, mais l'occasion de créer avec cette nature une relation inédite, source de plaisirs nouveaux. À force d'imiter la nature toute simple, l'artiste génial court le risque de l'ennui. Pour éviter l'uniformité, il a recours à une forme de raison qui, associée à l'enthousiasme, au sentiment et à l'imagination, explore l'objet ou la nature afin d'engendrer des émotions inconnues. Cette conception du génie hors du commun, et de l'artiste génial comme seul capable de sortir des sentiers battus, a séduit Diderot et les préromantiques allemands, notamment Goethe, Schiller, Novalis et les frères Schlegel.

La conception du génie que Diderot (1713-1784) expose dans l'*Encyclopédie* marque un pas de plus dans la rupture avec le rationalisme classique encore présent chez Du Bos et Batteux. Le génie, « pur don de la nature », y est défini par rapport au goût et au beau. Le goût n'engendre que des beautés de convention. Le génie donne naissance au sublime. Autrement dit, les règles et les préceptes académiques sont incompatibles avec l'émergence du génie et donc du sublime : « Les règles et les lois du goût donneraient des entraves au génie ; il les brise pour voler au sublime, au pathétique, au grand. »

Le génie, pour Diderot, ne vise pas la perfection, celle que recherchent si vainement les artistes respectueux des règles d'école. Dans les arts, le caractère du génie réside dans la force, l'abondance, la rudesse, l'irrégularité, le sublime, le pathétique, et c'est ainsi qu'« il étonne encore par ses fautes ».

On mesure sans peine l'importance des critiques de Diderot. La définition du mot génie apparaît comme le prétexte à une dénonciation assez directe de l'institution officielle, l'Académie et les Salons placés sous son égide, ceux-là mêmes que Diderot fréquentera assidûment pour y exercer ses fonctions de critique d'art. À travers cette critique « artistique », c'est le pouvoir même qui est visé, pas seulement celui de l'Académie royale de peinture et de sculpture, ou bien celui de l'Académie de Rome, mais le pouvoir institutionnel et politique qui perpétue l'enseignement traditionnel. Prendre parti pour le génie, pour ce don naturel inexplicable, mais attesté par les œuvres, qui pousse les hommes au grand et au sublime, c'est se prononcer en faveur du sujet, créateur de ses propres lois, et dont la liberté nouvellement acquise trouve place dans l'autonomie esthétique naissante.

DES BEAUX-ARTS À L'« ART »

La constitution de l'esthétique comme discipline autonome suppose qu'un ensemble de théories et de concepts puissent s'appliquer également à tous les arts, qu'il s'agisse de peinture, de sculpture, de musique ou de poésie. Cela ne signifie évidemment pas que ces arts doivent être assimilés les uns aux autres ; ce serait un non-sens puisqu'on sait bien que chacun d'eux sollicite les sens de façon particulière. En revanche, il importe qu'à une théorie cohérente corresponde un objet cohérent, désigné par un concept à la fois unitaire et respectueux des différences. Or il y a au moins deux manières de concevoir cette cohérence et cette unité des arts : ou bien on les compare entre eux ; par exemple, peinture et musique, peinture et sculpture, sculpture et architecture, etc. On peut dès lors parler de « beaux-arts », à l'exclusion des arts mécaniques. Ou bien l'on considère que ces comparaisons n'ont aucun sens et l'on souligne leur spécificité irréductible. Mais si les arts sont séparés, il faut pouvoir rapporter leur diversité à une notion plus générale, c'est-à-dire les *subsumer* sous un concept universel. Ce que nous avons appelé la singularisation de l'art correspond à cette idée que l'activité artistique, dès la fin du XVIIIe siècle, englobe les différentes pratiques artistiques — la multiplicité des beaux-arts — sous un même nom singulier « art ».

Il ne s'agit pas simplement d'une question de vocabulaire. Cette nouvelle terminologie, qui s'impose à partir du préromantisme et chez Hegel, traduit un changement profond des orientations philosophiques ayant pour objet le beau soit naturel, soit artistique. La voie ouverte par Charles Batteux : réduire tous les beaux-arts au seul principe de l'imitation, et par Lessing : prôner la séparation radicale des arts, ne conduit pas directement à la science de la sensibilité de Baumgarten, ni à l'esthétique du goût de Kant, mais à la philosophie de l'art de Hegel. Il importe, dès à présent, d'avoir clairement à l'esprit ces différences si l'on veut comprendre l'enjeu sous-jacent des débats qui, depuis la Renaissance à nos jours, préoccupent les théoriciens de l'art.

Hegel, dès l'introduction à son *Esthétique*, s'est exprimé clairement sur le problème que pose l'élaboration du concept d'art. Dans un chapitre appelé judicieusement « Le point de départ de l'esthétique », il écrit : « Il fut un temps où il n'était question que de ces sensations agréables et de leur naissance et développement, temps où beaucoup de théories de l'art virent le jour [...]. C'est Baumgarten qui a donné le nom d'*esthétique* à la science de ces sensations, à cette théorie du beau. À nous autres Allemands ce terme est familier ; les autres peuples l'ignorent. Les Français disent *théorie des arts* ou *des belles-lettres* ; les Anglais la rangent dans la *critique* (*critic*) [...]. À vrai dire le terme *esthétique* n'est pas tout à fait celui qui convient. On a encore proposé des dénominations : "théorie des belles sciences", "des beaux-arts", mais elles ne sont pas maintenues, et avec raison. On a également employé le terme "callistique", mais ici il s'agit, non du beau en général, mais du beau, création de l'art. Nous allons donc nous en tenir au terme *esthétique*, non parce que le nom nous importe peu, mais parce que ce terme a reçu droit de cité dans le langage courant, ce qui est déjà un argument sérieux en faveur de son maintien[1]. »

Ces réserves concernant l'emploi du terme *esthétique* peuvent sembler paradoxales de la part d'un des fondateurs de la discipline qui porte ce nom. Mais elles montrent bien que le problème essentiel ne concerne pas le mot, mais ce qu'il désigne, son contenu. Et, « au point de départ » où se situe Hegel, l'important c'est le concept d'art lui-même. Il poursuit : « Ce mode de raisonnement ne va pas au-delà de ces résultats tout à fait superficiels dans la question qui nous intéresse : celle du concept de l'art[2]. »

Comment est-on parvenu à cette notion unitaire, à ce mot art, si évident dans son acception courante qu'on en oublie ses origines ?

Il nous faut repartir de la Renaissance.

DE L'*UT PICTURA POESIS*
AU *LAOCOON* DE LESSING

La peinture doit-elle être telle une poésie muette et un poème tel un tableau parlant ?

Ces deux questions, liées ensemble, résument la longue controverse de l'*ut pictura poesis*, véritable doctrine en vigueur depuis la Renaissance jusqu'à Lessing, du moins sous cette forme. À l'origine, une phrase du poète latin du Ier siècle avant J.-C., Horace, ami de Virgile et protégé de Mécène : « *Ut pictura*

---

1. G.W.F. Hegel, *Esthétique*, Paris, Aubier, éditions Montaigne, 1944, trad. S. Jankélévitch, p. 17-18.
2. *Ibid.*

poesis erit », la poésie est comme la peinture. En clair, la création poétique possède un pouvoir de description, de suggestion, de représentation imageante aussi puissant que celui de la peinture. Et l'on conçoit qu'Horace, l'auteur des *Épîtres* et des *Satires*, pouvait légitimement prétendre, tout comme son ami Virgile, l'auteur du grand poème épique l'*Énéide*, se faire l'égal des peintres de son temps.

L'homologie : poésie/peinture, peinture/poésie n'est donc pas parfaite puisqu'il revient à la poésie d'imiter la peinture et non pas l'inverse. Cependant, les peintres de la Renaissance inversent le sens de la comparaison : la peinture est comme la poésie. Rappelons l'enjeu : à une époque où les *artistes* peintres abandonnent le statut d'artisans, et où la peinture accède au rang d'activité libérale, intellectuelle, voire scientifique, il est essentiel de lui conférer des lettres de noblesse. N'oublions pas que l'éloquence et la poésie sont, à cette époque, en tête des arts libéraux, tout comme, au Moyen Âge, la grammaire, la rhétorique, la dialectique, arts du langage. Faussant la comparaison, Léonard de Vinci, dans son *Traité de la peinture*[1], va jusqu'à établir une hiérarchie en faveur de la représentation picturale, insistant sur la supériorité absolue de la peinture sur la musique et la sculpture : « Comme nous avons conclu que la poésie s'adresse en principe à l'intelligence des aveugles, et la peinture à celle des sourds, nous accorderons d'autant plus de valeur à la peinture par rapport à la poésie qu'elle est au service d'un sens meilleur et plus noble qu'elle. Cette noblesse est aussi trois fois plus grande que celle des autres sens, puisque la

---

1. Léonard de Vinci, *Traité de la peinture*, Paris, Berger-Levrault, 1987, traduction et présentation par A. Chastel.

perte du sens de l'ouïe, de l'odorat ou du toucher a été choisie plutôt que celle de la vue [...] La musique ne peut qu'être appelée sœur de la peinture, étant soumise à l'ouïe, sens inférieur à la vue [...] Je ne trouve entre peinture et sculpture d'autre différence que celle-ci : le sculpteur fait ses œuvres avec plus d'effort physique que le peintre ; et le peintre les siennes avec plus d'effort intellectuel. » Et Léonard de Vinci a beau jeu de faire valoir ses compétences multiples dans tous les arts comme gage de son impartialité !

L'époque classique ne retient pas l'idée d'une hiérarchisation des arts, même s'il est vrai que Colbert témoigne en toute occasion de sa prédilection pour la peinture d'histoire, le « plus noble des Arts ». Certes, il semble tout naturel, par exemple, que dans l'expression « l'art et la poésie », sous la plume de Du Bos, art désigne avec évidence la peinture uniquement et rien d'autre. En revanche, dans le célèbre vers de Boileau, l'art capable d'imiter les serpents et les monstres odieux désigne assurément la poésie. Cet emploi du mot art est très spécifique à l'époque. En réalité, un léger privilège revient à la peinture. Étant hégémonique du fait même de son statut politique et institutionnel, elle n'a à craindre de rien ni de quiconque. C'est pourquoi le xviie siècle préfère s'en tenir au parallèle prudent entre les arts du langage et les arts de l'image. Après tout, chanter les louanges du grand monarque ou peindre ses vertus peut se faire avec un égal bonheur, surtout quand le poète s'appelle Boileau, le peintre Le Brun, le sculpteur Coysevox et le musicien Lully. Soumis de façon explicite au même principe : imiter la nature, les arts ont su trouver un synonyme : « beaux-arts », et une institution d'accueil, l'Académie des beaux-arts, même si celle-ci ne porte pas encore ce nom.

L'ouvrage de Charles Batteux, *Les beaux-arts réduits à un même principe*, ne traite pas directement de l'*ut pictura poesis*. Le plus souvent, Batteux emploie indifféremment l'expression les « arts » ou les « beaux-arts », c'est-à-dire la musique, la poésie, la peinture, la sculpture et la danse. L'important est qu'il assigne à tous une même finalité : imiter la nature, plus précisément la « belle nature ». Ce rappel des règles classiques n'apporte rien de nouveau. En apparence du moins, car cette imitation est soumise elle-même à un impératif : plaire, remuer, toucher. Et le moyen de ce plaisir est le goût : amour de soi-même, le goût, pour Batteux, est « fait uniquement pour jouir » et « avide de tout ce qui peut lui procurer quelque sentiment agréable ». Souvenons-nous que, pour Batteux, le génie est celui qui sait créer et représenter des rapports nouveaux avec la nature. La « belle nature » est donc la nature transfigurée par le génie et celle qui satisfait notre goût. Elle doit être présentée dans *tous* les arts, précise Batteux, sans qu'il soit nécessaire de comparer ni de hiérarchiser les mérites de chacun. Il n'y a pas d'un côté le corps, les sentiments, l'image, et de l'autre, l'esprit, les idées, le langage. À chacune de ces parties, l'« art est obligé de donner un degré exquis de force et d'élégance qui les rende singulières et les fasse paraître nouvelles ». « Art » s'écrit au singulier ! Le mot chez Batteux revient à plusieurs reprises, sans doute pour montrer que l'art est de tout temps et de tous lieux, mais qu'il n'existe que par ce qui le différencie de la nature.

L'ouvrage de Batteux connut un succès immédiat et durable, notamment auprès de Diderot, des frères

Schlegel, de Kant et de Hegel. Ce qu'ils retinrent fut essentiellement sa conception du génie et la critique indirecte du rationalisme classique. Mais tous ces commentateurs, contemporains de Baumgarten, furent sans doute sensibles également à cette façon de clore — ne serait-ce que provisoirement — les disputes concernant l'*ut pictura poesis*.

Cependant, c'est à l'ouvrage de G.E. Lessing (1729-1781), *Laocoon, sur les frontières de la peinture et de la poésie* (1766)[1], que la postérité attribue le mérite de mettre un terme au débat sur le parallèle des arts. Le groupe de sculpture antique *Laocoon*, chef-d'œuvre de l'art antique (Ier siècle avant J.-C.), exposé au Vatican, « raconte » un épisode de l'histoire de Laocoon, fils de Priam et d'Hécube, étouffé avec ses fils par deux serpents monstrueux. Œuvre d'Agésandre, d'Athénodore et de Polydore, selon Pline, elle fut découverte en 1506 et offerte au pape Jules II. Le terme raconte n'est pas pris au hasard. Que raconte cette sculpture ? Un homme hurlant de douleur, victime d'animaux sauvages ? Or Laocoon a la bouche à peine entrouverte. Lessing ne s'en étonne pas : « Imaginez Laocoon la bouche béante et jugez. Faites-le crier et vous verrez. » Son interprétation est celle-ci : une bouche béante, en sculpture, est un creux et produit un effet choquant, repoussant. En peinture, ce creux devient une tache répugnante : « La peinture, comme moyen d'imitation, peut rendre la laideur : la peinture comme art ne la rendra pas. » Le *Laocoon* raconte donc la douleur, non pas à la manière d'un poète narrant l'épisode de monstres

1. Gotthold Ephraïm Lessing, *Laocoon*, Paris, Hermann, trad. J.-F. Groulier, 1990.

hideux, mais en se pliant aux lois spécifiques de son art, la première des lois étant celle de la beauté.

Lessing insiste ainsi sur le caractère spécifique de chaque mode d'expression. Certes, il accorde à la peinture le privilège exorbitant d'accéder seule à la beauté absolue, contre son contemporain Winckelmann, persuadé au contraire que seule la sculpture, et notamment la statuaire grecque, atteint la beauté universelle. Mais l'essentiel n'est pas cette hiérarchie. La séparation radicale des arts, à l'époque de l'esthétique naissante, ouvre un champ d'investigation fermé jusqu'alors : la rupture avec l'*ut pictura poesis*, la frontière tracée de façon stricte entre les arts plastiques et la littérature signifient l'autonomie de chaque art, libre de se prêter à des innovations formelles, de créer ses propres règles, de transgresser l'imitation sans qu'un art voisin vienne le rappeler à l'ordre. La peinture est plus qu'imitation, elle est « art », dit Lessing, et ce qui vaut pour elle s'applique également aux autres arts. Si la peinture s'affranchit de l'obligation de décrire et de narrer, cela veut dire aussi que le langage n'est plus asservi aux modèles picturaux.

Déliaison, là aussi ! La plus décisive sans doute où l'art envisage de distendre, voire de rompre, le lien qui l'asservit à son modèle, à la nature.

Au XIXe et au XXe siècle, l'idée d'une relation entre les arts verra à nouveau le jour. Il ne sera évidemment pas question de remettre en vigueur l'*ut pictura poesis*. En revanche, on cherchera, par exemple, à déceler des correspondances entre les sons ou les couleurs, soit des similitudes structurales entre les œuvres de différents arts. On pense évidemment au poème de Rimbaud et aux phénomènes d'audition colorée, mais aussi aux analogies entre les arts que Baudelaire croit compatibles avec la spécificité de chacun. Le rêve d'une œuvre d'art totale (*Gesamtkunstwerk*), cher à Wagner, sollicitera, au début du XXᵉ siècle, l'attention du compositeur Alexandre Scriabine. Étienne Souriau s'efforcera de mettre en évidence des « éléments d'esthétique comparée » ; tel est le sous-titre de l'ouvrage publié en 1947, *La correspondance des arts*[1], où la comparaison ne porte pas sur les œuvres elles-mêmes, mais sur les similitudes entre les démarches créatives ou « instauratives », selon le terme de Souriau.

Quant au débat suscité par les thèses de Lessing, il a trouvé récemment son prolongement dans l'idée de certains partisans du modernisme artistique. Affirmer que tous les arts, notamment la peinture, la sculpture et l'architecture, ne peuvent évoluer qu'en restant circonscrits à l'intérieur de leur médium spécifique, telle est pour Clement Greenberg (1909-1994) la condition *sine qua non* de leur autonomie.

Le philosophe et esthéticien allemand T.W. Adorno pense que la convergence des arts — par exemple entre la musique et la peinture — constitue la caractéristique fondamentale de l'art « moderne », du début du XXᵉ siècle aux années 50. Elle permet de définir le sens de la modernité artistique. Mais cette unité n'est toutefois possible que si chacun évolue selon son matériau et sa logique propres. Parler d'une « musique picturale » ou d'une « peinture musicale » n'a donc aucun sens : « Dès qu'un art en imite un autre, il s'en éloigne, dans la mesure où il nie la contrainte de son matériau propre. » Il n'y a

1. Étienne Souriau, *La correspondance des arts*, Paris, Flammarion, 1947.

pas contradiction. L'unité de l'art moderne repose sur un dénominateur commun à tous les arts : un langage particulier, qui associe l'*expression* et la *construction*, mais qui n'a rien à voir avec le langage courant. Ce langage emprunte des éléments à la réalité et les recompose pour mieux montrer combien l'art moderne adopte une distance critique vis-à-vis de cette réalité. Adorno cite l'exemple du tableau *Guernica* de Picasso, qui *reconstruit*, pour mieux la dénoncer, la réalité d'un fait historique en juxtaposant les « fragments-chocs » de visages humains ou d'animaux. C'est le cas, également, du compositeur Arnold Schönberg qui déconstruit l'harmonie traditionnelle des sons pour en augmenter l'expressivité grâce à un agencement inhabituel d'une gamme à douze tons. À l'écoute de son œuvre, *Un survivant de Varsovie* (1947), le public entend bien des dissonances : elles expriment en fait les discordances d'un monde mutilé par la barbarie nazie.

Ce principe du montage-démontage, construction-déconstruction de la forme artistique traditionnelle pour en augmenter l'expressivité peut se rencontrer dans les autres arts, qu'il s'agisse de sculpture, de littérature, de cinéma, ou de photographie. Il est à la base d'une esthétique nouvelle affirmant l'autonomie radicale d'un art moderne résolument opposé à la réalité.

Aujourd'hui, deux tendances s'affrontent : les arts se sont spécialisés à un point extrême. Leur pratique met en œuvre des techniques et des procédures extrêmement spécialisées, et l'on constate que les artistes des diverses disciplines ne correspondent guère entre eux. Mais, paradoxalement, on assiste à des rapprochements, à des conjonctions, à des échanges qui tendent à abolir les cloisonnements.

Tout se passe comme si la volonté de créer des liens entre les différentes pratiques artistiques, d'associer des matériaux hétérogènes, de conjuguer les pratiques artistiques était plus forte que le souci de classer, d'ordonner, de « gérer » le domaine de l'imaginaire et du sensible. Ne rêverait-on pas d'une « polysensorialité » qui renouerait de façon nostalgique avec l'« œuvre d'art totale » et s'efforcerait d'unifier la sphère esthétique ?

Cependant, l'apparition du *multimédia*, les symbioses inédites entre le son, l'image et le texte dans un univers virtuel à trois dimensions déplacent le problème classique de la correspondance des arts bien au-delà de la controverse sur le parallèle ou sur la spécificité des arts. Mais non sans risque. En effet, la doctrine de l'*ut pictura poesis* comme les thèses du *Laocoon* de Lessing apparaissent, avec le recul, comme des moments qui, de façon contradictoire, ont néanmoins contribué à l'autonomie de l'esthétique, soit en favorisant la reconnaissance des beaux-arts, soit en aidant à l'émergence d'un concept moderne d'art. Peut-on en dire autant du multimédia qui, comme son nom l'indique, inclut l'art et l'esthétique dans le monde de la communication et du système culturel, deux domaines étroitement soumis aux impératifs de l'économie et de la politique ?

À la fin du XVIIIᵉ siècle, ces préoccupations ne sont pas encore à l'ordre du jour. Il était toutefois nécessaire de les évoquer pour esquisser l'enjeu qui accompagne la naissance de l'esthétique et la détermination de son objet, à savoir l'art dans son rapport conflictuel avec la nature.

Au moment même où s'affirme la subjectivité de l'expérience esthétique, la reconnaissance d'arts spécifiques et autonomes montre bien que l'important, désormais, c'est l'art et non plus les principes, les règles dogmatiques, ni les conventions d'origine métaphysique, religieuse, ou morale. En revanche, l'esthétique reste liée à la philosophie. Elle devient même l'un des domaines privilégiés de la connaissance philosophique, voire une partie intégrante, comme chez Kant et Hegel, d'un système spéculatif.

DIDEROT ET LA CRITIQUE D'ART

Les déliaisons vis-à-vis des tutelles anciennes et des doctrines traditionnelles font partie d'une vaste entreprise d'émancipation à l'égard du principe d'autorité qui régnait dans tous les domaines. Cet affranchissement participe à l'instauration de l'autonomie esthétique et de l'autonomie de l'art. On peut aussi inverser cette proposition et dire que l'esthétique et l'art deviennent, à la fin du XVIIe siècle, de vastes champs d'investigation ouverts à l'exercice de la critique.

Souvenons-nous : selon Hegel, les Anglais rangeaient l'esthétique et la théorie des arts parmi la critique (*critic*). Il aurait pu rappeler la bonne fortune du mot critique en France, chez Boileau, *Réflexions critiques sur quelques passages du rhéteur Longin*, ou chez Du Bos, *Réflexions critiques sur la poésie et la peinture*, et chez bien d'autres que nous avons déjà évoqués précédemment. Mais comment définir la critique, ce maître mot de l'activité intellectuelle dont le succès est si patent à cette époque ?

Que la théorie des arts et l'esthétique — déjà

philosophique — puissent être synonymes de critique est déjà une indication intéressante. Mais la critique est aussi un genre littéraire, dont les règles ne vont pas tarder à se préciser. C'est aussi un état d'esprit ou, si l'on préfère, une « posture » qui va se généraliser et largement déborder le domaine des arts. Enfin, plus qu'une attitude, c'est une méthode de réflexion philosophique qui soumet à l'examen de la raison les conditions d'élaboration de la connaissance. Ce dernier sens se rencontre notamment chez Kant. Y a-t-il un lien entre ces diverses acceptions, autre que la simple identité du mot critique ? Certainement. Encore faut-il le mettre en évidence.

« Un tableau exposé est un livre au jour de l'impression. C'est une pièce représentée sur le théâtre : chacun a le droit d'en porter son jugement. » Cette remarque de La Font de Saint Yenne[1] révèle le nouvel état d'esprit qui domine la vie artistique dans la seconde moitié du XVIIIᵉ siècle. À la commercialisation de l'art et à l'expansion du marché, s'ajoute l'apparition d'un public débordant le cadre des amateurs éclairés. Les musées, les concerts et les théâtres ouvrent leurs portes, tandis que les Salons attirent, outre le public élargi, des critiques d'art professionnels qui jouent le rôle de médiateurs indispensables entre les amateurs occasionnels et les connaisseurs. Edmund Burke, en 1757, note : « L'art ne peut jamais donner les règles qui constituent un art. » Autrement dit, les règles doivent être cherchées

---

1. On ignore presque tout de la vie de La Font de Saint Yenne, hormis son ouvrage publié en 1746 à La Haye : *Réflexions sur quelques causes de l'état présent de la peinture en France, avec un examen des principaux ouvrages exposés au Louvre le mois d'août 1746.* Hormis également l'hostilité que lui voua l'Académie après la publication de son livre.

en dehors de la sphère artistique, auprès des profanes anonymes qui témoignent de leur goût pour la chose artistique et n'hésitent plus à juger en leur nom personnel. La Font de Saint Yenne est l'un de ces « profanes » éclairés dont le goût s'exprime dans le dédain des canons académiques. Désormais, le débat n'oppose plus les tenants de la raison et les partisans du sentiment. Cette querelle est dépassée. Le véritable enjeu oppose les artistes à ceux qui les jugent, à savoir, d'une part, les critiques professionnels et, d'autre part, ce public qui témoigne de son goût ; un goût que les critiques justement prétendent éduquer. Le temps est loin où Colbert ouvrait le premier Salon de l'Académie pour la célébration exclusive du Roi Soleil !

Reconnaître à chacun l'aptitude à juger et le droit d'exprimer son jugement n'est pas seulement une réaction antiacadémique. Nombreux sont les penseurs qui, comme Diderot, après La Font de Saint Yenne, entendent le mot critique par référence au sens que le terme possédait dans la Grèce antique : l'exercice de la critique comme droit du peuple, garant de la « démocratie » à s'exprimer librement. À l'époque de Platon et d'Aristote, tout homme détenteur d'un minimum de savoir — nous dirions aujourd'hui d'une culture générale — est reconnu apte à porter un jugement critique sur toutes choses, à distinguer entre le bon et le mauvais, le bien et le mal, le beau et le laid. On sait quelle place Platon accorde à l'éducation : l'individu éduqué est en mesure de juger de façon légitime. Cet acquis lui sert en somme de critère. En grec, une même racine donne naissance au mot juger, distinguer et au mot critère (*krinein*). La critique n'est donc pas l'apanage des experts et des érudits, mais l'affaire de tous ceux

qui aspirent à la vérité et à la sagesse. Or ce pouvoir
de juger s'applique à tous les domaines : au bien, au
juste, au vrai, à l'amour, à l'art, mais aussi aux affaires de la cité. Socrate, chargé par Platon de conduire
les dialogues avec ses interlocuteurs, traite de tout
ce que doit savoir un « honnête homme » dans la
Grèce du ve siècle avant J.-C. Au départ, ces interlocuteurs — Platon les dépeint souvent sous les traits
de sophistes obtus — prennent conscience de leur
ignorance et, dès lors, ils commencent à apprendre,
aussi bien en art, en morale, en politique et en philosophie. Seul devient philosophe, ami de la sagesse,
celui qui met en œuvre un processus de jugement
critique quelle que soit la discipline. La critique est
donc unitaire et synonyme de philosophie. La Font
de Saint Yenne a donc raison de faire référence au
rôle joué par la critique dans l'Antiquité. Le public
éclairé du xviiie siècle est celui qui assimile de façon
critique ce que lui enseignent les philosophes, les
artistes et les écrivains.

Quarante ans après les *Réflexions critiques sur la
poésie et la peinture* de l'abbé Du Bos, douze ans
après les *Réflexions* de La Font de Saint Yenne, Diderot rédige son premier *Salon* (1759). Il sera suivi de
huit autres, jusqu'en 1781, correspondant aux expositions bisannuelles que l'Académie consacre aux
peintres et sculpteurs contemporains. À juste titre,
la postérité voit en Diderot le fondateur d'un genre
littéraire nouveau, la critique d'art sous sa forme
moderne. En réalité, il est facile de montrer que
l'action de Diderot va bien au-delà de l'exercice littéraire. Nous avons dit que l'arbitre des arts, l'amateur
éclairé qui s'autorise à juger les œuvres d'autrui,
s'institutionnalise et voit son statut renforcé : le critique d'art est un professionnel. Mais s'il juge ses

contemporains, ce critique n'est pas *un* juge. Sa
fonction est pédagogique. Elle consiste à instruire le
profane, à accorder à chacun une part du privilège
réservé auparavant aux lettrés, aux aristocrates, aux
riches bourgeois, et aux artistes eux-mêmes. Ce qui
est créé est plus qu'un genre littéraire, mais un
espace public correspondant à un élargissement de
l'audience. La critique d'art déborde du cadre strictement artistique ; elle n'oscille plus entre l'expression
du goût subjectif et la recherche de critères dictant
la fidélité à la nature. Les critères de Diderot sont
suffisamment personnels et affirmés pour ne pas se
limiter à la description. Le jugement et l'évaluation
définissent les conditions de l'expérience esthétique :
ils doivent provoquer, susciter des réactions chez le
lecteur, tout comme la peinture doit toucher, étonner, indigner, faire tressaillir, pleurer, frémir, précise
Diderot. En outre, cette critique ne s'écrit plus en
vers, mais en prose, dans un langage accessible à
tous. Il va de soi, néanmoins, que cette critique doit
être prise au sérieux et se présenter au public
comme œuvre littéraire. On ne critique que ce qui
mérite de l'être, certes, mais si certaines œuvres sont
jugées médiocres, la critique qui en est faite doit être
de qualité.

Ce qui est important dans ce rôle du critique d'art
et dans cette fonction de la critique, c'est finalement
l'espace de liberté qu'elle crée en instaurant un lieu
de discussion. On est assez proche ici du sens courant de la critique, y compris avec l'aspect péjoratif
qu'elle revêt parfois. Lorsque je m'arroge le droit de
critiquer, ce peut être négativement pour dénoncer
ou condamner et il m'arrive d'avoir tort. Mais
l'essentiel est que je reconnais implicitement à
autrui le droit d'en faire autant, qu'il acquiesce ou

soit en désaccord avec moi. Diderot, selon ses propres termes, dit comme il sent mais, dans le même temps, il laisse à chacun le soin de formuler un jugement différent du sien et éventuellement de le critiquer lui-même en tant que critique.

En outre, Diderot, en philosophe « éclairé », sait que l'enjeu de la critique d'art dépasse la sphère artistique. Cet enjeu concerne l'« éducation esthétique de l'homme » — c'est le titre que Friedrich von Schiller, l'ami de Goethe, donnera plus tard à l'un de ses ouvrages — et la façon dont l'individu s'insère intellectuellement et culturellement dans la société. Les *Salons* de Diderot ne sont donc pas un jeu littéraire, ni un simple caprice de philosophe, ni le succédané d'un artiste raté. Ils constituent un lieu où s'expérimente, à travers l'art, l'autonomie d'une réflexion critique quel que soit son objet : art, société, politique.

Récemment, la portée des *Salons* de Diderot a parfaitement été définie par l'écrivain et philosophe Jean Starobinski : « S'il était vrai que la critique d'art s'est affirmée pour la première fois dans les *Salons* de Diderot, il faudrait admettre qu'elle doit son avènement, plus qu'à sa soumission aux œuvres examinées et jugées, à son aptitude à déployer un monde de paroles et de pensée par-delà les collections d'objets peints et sculptés dont elle avait à rendre compte[1]. »

On a pu reprocher à Diderot de s'en tenir à une conception encore trop académique de la peinture, de manifester trop d'attachement à la beauté idéale ou de se comporter en moraliste. Ce serait lui faire

---

1. Jean Starobinski, *Diderot dans l'espace des peintres*, suivi de *Le sacrifice en rêve*, Paris, Réunion des musées nationaux, 1991, p. 62.

grief, à tort, d'être le témoin des contradictions de son époque. Or des contradictions identiques se rencontrent également chez ses contemporains, aussi bien chez Winckelmann que chez Lessing. Winckelmann, fondateur de l'histoire de l'art, sous sa forme moderne, n'a-t-il pas légitimé, sur le plan théorique, le retour à l'antique ? Lessing n'était-il pas imprégné du classicisme pictural ?

Rien ne permet de déceler chez Diderot les traces d'un quelconque platonisme. Lorsque la beauté idéale est saisie par le génie, elle devient quelque chose d'« énorme, de barbare et de sauvage », dit-il à propos de la poésie ; notons qu'il emploie des adjectifs surtout utilisés pour caractériser le sublime à la manière de Burke ou de Kant, plutôt que pour définir l'idéal du beau. Aurait-il pressenti l'existence, au-delà du règne désormais menacé d'une beauté idéale et « objective », assignable à un objet déterminé, des régions infinies du sublime qui transgressent toute volonté de représentation ?

Quant au modèle idéal, loin de renvoyer à un absolu, il est surtout relatif : « Modèle idéal, ligne vraie non traditionnelle qui s'évanouit presque avec l'homme de génie, qui forme, pendant un temps, l'esprit, le caractère, le goût des ouvrages d'un peuple, d'un siècle, d'une école ; ligne vraie dont l'homme de génie aura la notion la plus correcte selon le climat, le gouvernement, les lois, les circonstances qui l'auront vu naître », précise Diderot dans le *Salon* de 1767.

Diderot donne un contenu concret au jugement de goût, privilégiant l'imagination, l'enthousiasme, la passion, aux définitions abstraites. Parfois, il se trompe. Lors de la querelle des Bouffons puis de la guerre entre gluckistes et piccinnistes, il prend parti pour les Italiens, préfère la virtuosité frivole du *bel canto* à la musique de Gluck (1714-1787). Cette prédilection peut surprendre : Diderot choisit en effet Niccolo Piccinni (1728-1800) et les conventions de l'*opera buffa*, contre les inventions et les innovations du compositeur d'*Orphée*. Il croit réagir à la rigueur de Rameau en choisissant le naturel, alors que la simplicité, l'émotion et la passion sont du côté allemand[1]. Option discutable. En revanche, son hommage à J. Vernet, à La Tour, à Chardin, à Fragonard n'est guère contestable. Parfois au prix de quelque injustice : Greuze est « son » homme, à égalité avec Téniers qu'il préfère à Watteau. Se servir de ses yeux pour mieux voir la nature et percevoir la vérité, sa vérité à soi — si l'on peut employer ce pléonasme —, tel est son credo esthétique, et plus encore que le coloris à la manière de Roger de Piles, ce qu'il affectionne, c'est la couleur de la passion : « Une femme garde-t-elle le même teint dans l'attente du plaisir, dans les bras du plaisir, au sortir de ses bras ? Oh, mon ami, quel art que celui de la peinture ! »

« Tête encyclopédique » selon Grimm, « tête universelle » d'après Rousseau, Diderot incarne le philosophe des Lumières, persuadé, comme Kant, qu'elles seules peuvent rendre l'homme majeur et le conduire sur la voie de l'émancipation. Mais ce rationaliste éclairé annonce l'émergence d'une raison dissonante et rebelle. Les préromantiques allemands ne s'y trompent pas : Goethe (1749-1832), notamment, qui traduit et annote, en 1799, deux chapitres des

---

1. Il faut plus d'une querelle pour émouvoir Voltaire qui, au milieu des hostilités, garde une sérénité en tout point conforme à l'esthétique subjectiviste en germe : « J'entends crier : Lulli, Campra, Rameau, Bouffons/Êtes-vous pour la France ou bien pour l'Italie ?/ — Je suis pour mon plaisir. »

Essais sur la peinture[1] et qui décide, en 1804, sur l'invitation de Schiller, de traduire *Le Neveu de Rameau*, une véritable bombe, dit-il. De cette « bombe », Hegel s'inspire dans la *Phénoménologie de l'esprit* ; et plus tard, le romantique Friedrich von Schlegel (1772-1829) qui s'enthousiasme pour *Jacques le fataliste*, une véritable « œuvre d'art ».

Il est vrai que cette admiration toute germanique s'accompagne de réserves : Diderot, partisan du naturalisme, hostile à l'académisme comme au maniérisme, n'a-t-il pas encore trop concédé à l'imitation de la nature ? demandera Goethe. La seule imitation à laquelle doit se plier l'art n'est-elle pas celle de l'art lui-même plutôt que celle de la nature ? Et l'œuvre d'art ne se suffit-elle pas à elle-même ? Est-il besoin d'une théorie esthétique pour s'en charger ? Mais ces griefs posthumes — Diderot est mort en 1784 — interviennent tardivement : la réflexion esthétique tire déjà bénéfice de l'auteur des *Salons*.

Ces quelques lignes consacrées à Diderot ne prétendent pas en faire l'unique représentant des tendances artistiques et esthétiques qui s'amorcent dans la seconde moitié du XVIIIe siècle. Mais on peut, sans exagération, dire que son œuvre personnelle et cette monumentale œuvre collective qu'il a toute sa vie défendue, l'*Encyclopédie*, témoignent du tournant fondamental de cette époque dans le domaine qui nous intéresse.

---

1. Denis Diderot, *Essais sur la peinture*, *Salons*, Paris, Hermann, 1984.

BAUMGARTEN
ET LES « BELLES SCIENCES »

Cette période est celle de la naissance, non seulement de l'esthétique comme discipline autonome, mais des premiers systèmes philosophiques qui intègrent l'esthétique dans leur développement. Tout se passe comme si la délimitation d'un territoire consacré à l'art et à la théorie de l'art permettait du même coup de mieux percevoir les limites désormais assignées aux autres secteurs, qu'il s'agisse de la métaphysique, de la connaissance ou de l'action.

Mais une question se pose : sitôt née, l'esthétique n'est-elle pas déjà défunte ? N'aurait-elle pas laissé à la postérité que son nom de baptême ? Cette interrogation, en forme de paradoxe, peut sembler provocante, surtout après d'aussi longs développements consacrés à l'autonomie. Cependant, nous allons tenter de la justifier et d'expliquer pourquoi nous pouvons répondre par l'affirmative.

Au terme du processus de déliaison et d'autonomisation progressive du discours sur l'art et sur le beau, le vocable esthétique s'impose pour désigner une discipline particulière. Bien qu'il suscite des réserves — Hegel lui-même se montre réticent — le mot est adopté par les penseurs, et l'esthétique s'inscrit dans l'ordre des disciplines philosophiques, au même titre, par exemple, que la logique, la métaphysique ou la morale.

Du moins est-ce ainsi, à l'origine, que Baumgarten conçoit la « science du beau » (*Kunstwissenschaft*). Baumgarten parle aussi des « *schöne Wissenschaf-*

ten », littéralement des « belles sciences ». Il sait que ces « belles sciences » ne sont pas encore élaborées à son époque. Il souhaite donc la constitution d'une « esthétique » capable de prendre en charge le domaine de la subjectivité ou, selon son expression, la « belle pensée » (*schönes Denken*). Or la sphère du subjectif est très vaste et mal définie. Elle comprend la sensation, l'imagination, le sentiment, l'enthousiasme, le goût, le sublime, les passions, la mémoire, etc., autrement dit, tout ce que les poètes, les philosophes, les artistes se sont évertués à définir à l'aide de concepts, sans jamais vraiment parvenir à des notions claires et distinctes, générales, valables pour tous, et applicables à tous les cas de figure.

La notion de beau, elle-même, possède plusieurs sens. Ou bien, dans un esprit platonicien, on considère que le beau renvoie à une Idée, à une essence, par exemple à un beau idéal ou absolu qui transcende tous les modes sous lesquels ce beau apparaît : le sublime, le grandiose, le gracieux, le pittoresque, etc. Ou bien le beau désigne une valeur commune à toutes ces catégories.

Baumgarten ne se pose pas le problème de ces distinctions. Influencé par le système de l'harmonie préétablie de Leibniz, et par la psychologie de Christian Wolff[1], il pense que le beau est ce qui émeut. L'esthétique se définit dès lors par la pensée qui réfléchit sur l'émotion. La « pensée belle » naît de la

---

1. Christian Wolff (1674-1754), élève et disciple de Leibniz, a exercé une influence considérable sur les penseurs de son temps, notamment sur les Encyclopédistes, d'Alembert, Diderot, et sur Kant. Philosophe des Lumières, il est l'initiateur de la psychologie, au sens moderne du terme, c'est-à-dire d'une étude de l'homme, de ses besoins et de ses droits. Ses travaux ont largement contribué à élaborer la doctrine des droits de l'homme et du citoyen.

contemplation des beaux-arts ; elle permet d'entrevoir l'harmonie qui règne dans le monde et dans la nature, et donc de percevoir la perfection divine qui préside à cette harmonie.

Le concept et l'abstraction deviennent ainsi indispensables à la connaissance parce qu'ils dépassent l'objet particulier et débouchent sur l'universel. C'est ce qui advient en logique et en mathématique, mais pas, du moins jusqu'alors, dans le domaine fluctuant de l'esthétique. Le mérite de Baumgarten consiste justement dans cette volonté de faire basculer l'esthétique du côté de la philosophie et de la subjectivité. Mais est-il légitime, en même temps, d'en faire une sorte de connaissance inférieure, complémentaire à la logique ?

Le projet même d'une « science du beau », à supposer qu'il soit réalisable — ce qui est bien incertain —, n'est-il pas contradictoire ? N'est-ce pas vouloir « scientificiser » un domaine qui, par nature, est rebelle à toute rationalisation. On se souvient que Descartes avait renoncé au projet de mesurer et de calculer le beau. En somme, la « science du beau » n'exprime-t-elle pas la nostalgie d'un beau idéal à caractère métaphysique auxquels les philosophes et les théoriciens de l'art du début du XIXe siècle n'attachent plus guère d'importance ?

On peut donc répondre à la question posée au début : si le terme esthétique est adopté, aucune des théories de l'art ultérieures à Baumgarten ne fera guère référence au contenu de ses thèses. L'esthétique se développe indépendamment de ce qui la définit, à l'origine, comme science du beau. Kant s'intéresse, non pas au beau en soi, mais au goût ou, plus exactement, au jugement d'appréciation appliqué au beau naturel et au beau artistique. Hegel renonce à toute métaphysique de l'art au profit d'une philosophie de l'art centrée sur l'œuvre et sur l'art comme expression de la vérité, de l'Idée, qui se déploie concrètement, sous une forme sensible, dans l'histoire. Sa conception de l'esthétique, liée à l'évolution de l'art depuis l'Antiquité jusqu'à l'époque romantique, n'a plus rien à voir ni avec celle de Baumgarten ni avec celle de Kant.

Nous consacrons le dernier chapitre de cette partie, intitulée « L'autonomie esthétique », à l'exposé des thèses de Kant et de Hegel. Nous soulignerons leur importance dans le débat esthétique contemporain. En effet, Kant et Hegel sont quasi omniprésents, implicitement ou explicitement, dans la réflexion actuelle sur l'art moderne et postmoderne. Ces références ne sont pas simplement livresques ; elles n'expriment pas seulement une nostalgie pour un prétendu âge d'or de l'esthétique philosophique. Le retour — ou le recours — à Kant et à Hegel, après deux siècles d'aventures artistiques mouvementées, apparaît souvent comme le moyen de formuler adéquatement la question de la survie de l'art dans la société contemporaine. Question d'autant plus obsédante qu'elle met en jeu, non seulement le thème de la mort de l'art, maintes fois annoncée, mais aussi celui de la fin de l'esthétique, voire de la philosophie elle-même.

Nous conclurons sur le paradoxe hégélien, à savoir que l'esthétique se construit, non pas en 1750, mais sur la dépouille d'un art qui, aux environs de 1830, aurait perdu définitivement « sa vérité et sa vie ». L'esthétique de Hegel vit du souvenir de l'art grec, érigé en modèle inimitable, au moment même où le néo-classicisme, après Winckelmann, Goethe, et surtout Louis David (1748-1825), quitte les beaux-arts, chassé par le romantisme et par l'engouement pour le Moyen Âge. Dans le temps où la réflexion esthétique se met en mesure d'anticiper les révolutions formelles de l'avant-garde et de la modernité, l'idée que la Grèce ait pu accéder à la perfection hante l'esprit des poètes et des penseurs, notamment Hölderlin, Hegel, Marx, Nietzsche et Freud. Mais ce fantasme grec, que chacun d'eux vit à sa manière, correspond-il à la réalité ?

Au XIXᵉ siècle, époque de la révolution industrielle, l'esthétique est autonome. L'art également ; il n'est plus soumis à des règles transcendantes ; l'œuvre d'art obéit à ses propres critères et l'art ne se soumet qu'à ses propres fins, hors de la religion, de la métaphysique, et de la morale. L'imitation de la nature n'exerce plus sa tyrannie et les conventions académiques constituent autant de défis à d'incessantes transgressions.

Mais cette autonomie est là aussi ambiguë : l'art et l'esthétique la revendiquent et la refusent à la fois. Ils la revendiquent afin de pouvoir fixer eux-mêmes les règles du jeu, sans contrainte extérieure, à l'abri des remous de la réalité. Ils la refusent aussi car une sphère esthétique pleinement affranchie de la réalité rend l'art inutile, purement décoratif, voué uniquement à une fonction récréative.

Cette ambiguïté est-elle propre au XIXᵉ siècle ? Certainement pas. L'histoire de la création artistique et de l'esthétique est aussi l'histoire de leur hétéronomie, ou plutôt celle de leur lutte permanente pour échapper à toute rationalité, et cela dans la Grèce du Vᵉ siècle avant J.-C., déjà. Ce thème sera l'objet de la seconde partie de cet ouvrage : « L'hétéronomie de l'art ».

IV

DU CRITICISME
AU ROMANTISME

L'AUTONOMIE DU JUGEMENT
DE GOÛT SELON KANT

Hormis l'annonce du déclenchement de la Révolution française — elle aurait, dit-on, conduit Kant à inverser le sens de sa promenade matinale — peu de choses semblent avoir été de nature à troubler la sérénité de l'ermite de Königsberg. Du moins en philosophie. La postérité nous a surtout transmis l'image d'un penseur « éclairé » par une raison inébranlable, affrontant sans sourciller les contradictions et les antinomies les plus irréductibles nichées au sein de l'esprit humain. Pourtant, la *Critique de la faculté de juger*, et notamment la première partie, « Critique de la faculté de juger esthétique », est construite autour d'une chose philosophique si étrange que Kant lui-même la déclare « surprenante » : le jugement sur le beau, propre à chacun, subjectif et particulier est, en même temps, un jugement universel et objectif.

Cette découverte ne s'est pas faite spontanément. Kant a cherché longuement, refusant tout d'abord de reconnaître ce fait désormais si évident. Il ne s'y attendait pas : ne risque-t-il pas d'introduire une contradiction dans son système ? Néanmoins, deux ans avant la parution de la *Critique de la faculté de juger* (1790), il écrit à un ami : « [...] je m'applique actuellement à une Critique du goût et à l'occasion de celle-ci on découvre une nouvelle espèce de principe *a priori*. En effet, les facultés de l'âme sont au nombre de trois : la faculté de connaître, le sentiment de plaisir et de peine et la faculté de désirer[1]. » Un peu plus loin, il précise que la philosophie se distingue en trois parties, possédant chacune leurs principes *a priori*, à savoir la philosophie théorique, la téléologie, la philosophie pratique.

Que la philosophie théorique, domaine de la connaissance et de la raison pure, possède ses principes *a priori*, Kant l'avait clairement démontré dans la *Critique de la raison pure* (1787). Si la science est possible, si Newton a pu mettre en équation la loi de la gravitation universelle, c'est parce que tout ce qui vient des sens, produit de la sensation ou de l'intuition, trouve à se loger dans des formes et des catégories préétablies qui, elles, sont totalement indépendantes de l'expérience sensible : elles sont *a priori*.

Ainsi, le temps et l'espace ne sont pas des sensations, ni des concepts, mais des formes pures *a priori* de la sensibilité : elles s'imposent à l'esprit sans que nous devions, en quelque sorte, les tester concrètement pour prouver leur réalité. Quant à la causalité, la catégorie qui rend compte du lien entre la cause et l'effet, indispensable pour comprendre les phénomènes physiques, elle existe *a priori* dans l'esprit et

---

1. Cité dans Emmanuel Kant, *Critique de la faculté de juger*, Paris, Vrin, 1974, trad. A. Philonenko, Introduction, p. 7.

permet à celui-ci de structurer la nature conformément à ses lois. L'entendement permet donc la connaissance parce qu'il possède des principes *a priori*. La sensibilité nous donne des objets, elle nous fournit des intuitions, mais seul l'entendement engendre les concepts.

La *Critique de la raison pratique* possède également ses principes *a priori* par rapport à la faculté de désirer. Seule la volonté, agissant sous le contrôle de la raison, peut enjoindre le désir d'obéir à la loi morale. De même que les lois de la nature sont nécessaires et universelles, la loi morale est nécessaire, non dépendante des circonstances de la vie empirique, et applicable à tous les hommes, c'est-à-dire universelle. Kant ne nie pas la diversité des us et coutumes dans le temps et dans l'espace. Là n'est pas le problème. C'est le *principe* d'obéissance à la loi morale pour elle-même qui est universel. Il constitue l'impératif catégorique. Il ne s'agit pas d'obéir à la loi morale en escomptant un quelconque bénéfice : satisfaction du devoir accompli, obtention d'une « bonne conscience », intérêt lié à la reconnaissance d'autrui, mais uniquement par respect pour cette loi.

Mais qu'en est-il du sentiment de plaisir et de peine, du jugement que nous portons sur ce qui concerne, en priorité, nos sens ? Que signifie, par exemple, juger du goût, et spécialement du beau ? Où est donc l'*a priori* en ce cas, puisque, à la différence de la connaissance et de la morale, ce qui parvient en premier à l'esprit provient bien de l'expérience, par l'intermédiaire des sens ? C'est d'ailleurs pourquoi ce type de jugement est dit « esthétique ».

Particularité du jugement de goût

En fait, la *Critique de la faculté de juger* s'interroge sur deux points essentiels qu'elle traite en rapport l'un à l'autre : le premier concerne la nature du jugement en général ou, si l'on préfère, le mécanisme de la faculté de juger, son *comment*. Le second concerne son *pourquoi*, autrement dit sa *finalité*. La critique de la faculté de juger esthétique est donc liée à la critique de la faculté de juger téléologique, c'est-à-dire à une interrogation sur le but, sur la *fin* (*telos*, en grec), sur la signification dernière de nos jugements.

Or les jugements sont de types différents : il y a ceux qui se contentent de décrire ce qui existe dans la réalité empirique. Exemple : j'énonce que tous les corps sont étendus. Mon apport à la connaissance est minime car la notion d'étendue est déjà contenue dans celle de corps. J'aurais pu la déduire, *par l'analyse*, du concept même de corps. En revanche, si j'énonce que certains corps sont pesants, l'analyse du concept « corps » ne permet pas de conclure à l'idée de pesanteur. Je dois donc lier, *synthétiser* deux notions, « corps » et « pesanteur », et j'ajoute ainsi à la connaissance. Bien entendu, ces jugements proviennent de l'expérience, ils sont empiriques, *a posteriori*.

Mais il existe aussi des jugements synthétiques *a priori*. Ce sont ceux qui, en mathématique et en physique, permettent d'aboutir à des jugements nécessaires et universels : que $7 + 5 = 12$, ou que tout effet a une cause, ne dépend pas, heureusement, de l'expérience. Naturellement, je peux *vérifier* qu'il en est bien ainsi empiriquement, mais cette vérification ne fera que confirmer l'existence d'un principe *a priori*, universel et nécessaire. Cette première distinction entre jugements analytiques et jugements synthétiques *a priori* est essentielle pour comprendre la nature du jugement de goût.

Mais il existe une seconde distinction. Reprenons nos exemples : quand je dis que 7 + 5 = 12, ou que tout effet a une cause, je place ces cas particuliers sous des règles universelles. Ce sont des exemplifications de lois et de principes, universellement valables en logique mathématique ou en physique (ici, règle arithmétique et principe de causalité). Ce sont là, d'après Kant, des jugements *déterminants*. « Déterminer », c'est subsumer, placer sous une règle universelle.

Imaginons, maintenant, que je veuille, à l'inverse, transformer un jugement particulier en une règle ou en une loi universelle, par une sorte d'extrapolation. Je pars donc d'un cas spécifique pour aboutir à un concept universel. Évidemment, si je dis : « Cette rose est belle *pour moi* », je n'y parviendrai pas car j'avoue le caractère pleinement subjectif de mon choix. Ce n'est pas un jugement, mais l'aveu immédiat d'une préférence qui n'intéresse que moi. Je ne prétends aucunement que mon voisin doive partager mon opinion. Mais si je déclare : « Je vois cette rose et je juge qu'elle est belle », le cas est différent. Implicitement, je fais l'hypothèse que d'autres, voire tout le monde, peuvent s'accorder à reconnaître cette beauté. Ce jugement — sur lequel nous reviendrons — est dit *réfléchissant* car il concerne en priorité le fonctionnement de l'esprit, du sujet. C'est *moi* qui juge la rose belle : la beauté n'est pas contenue dans l'objet, je la lui attribue :

« Cette rose est belle », ou bien je la qualifie : « C'est une belle rose. »

Le jugement téléologique, celui qui porte sur la finalité, est également un jugement réfléchissant : la finalité, en effet, n'est pas une propriété ni une qualité de l'objet. C'est bien *moi*, en tant que sujet, qui cherche à déterminer la fin de toutes choses. Le domaine de la connaissance, régi par la causalité et le déterminisme, ne pose pas le problème de la finalité. Tout simplement parce que dans un enchaînement causal — qualifions-le d'automatique ou de mécanique — la finalité n'a aucune place. Je peux, bien sûr, m'interroger sur la finalité du mécanisme lui-même — à quoi servent la science, la physique, les mathématiques ? — mais c'est là un problème métaphysique qui me dépasse, et que mon entendement ne peut résoudre. Au demeurant, la causalité est une catégorie *a priori* de l'entendement, pas la finalité. Dans le domaine moral, le problème de la finalité est résolu ; la loi morale, en effet, contient elle-même sa propre finalité : la finalité du devoir, c'est d'obéir à la loi morale parce qu'elle est précisément la loi morale.

Il en va différemment pour la nature, l'art et la liberté. Voltaire déclarait que plus il *pensait*, moins il pouvait penser « que cette horloge tourne et n'ait point d'horloger ». Il y a chez Kant — comme pour chacun d'entre nous, sans doute ! — une préoccupation identique : de même que le corps humain et la nature extérieure semblent obéir à un principe d'organisation orienté vers une fin, je ne peux pas ne pas penser que la connaissance, la morale, l'art, la nature possèdent un sens ultime, même si cette signification est inconnaissable.

On peut dès maintenant percevoir les raisons de la

« surprise » ressentie par Kant à propos du jugement esthétique. Schématisons :

— ou bien le jugement est synthétique, *a priori*, déterminant et, dans ce cas, il est universel et nécessaire ;

— ou bien il est analytique, *a posteriori*, réfléchissant, il est alors particulier et contingent.

En bonne logique, un jugement réfléchissant ne saurait être ni *a priori*, ni *universel*.

Or le paradoxe est bien là : le jugement de goût est précisément un jugement *à la fois* réfléchissant *et* universel. Bien entendu, il ne s'agit pas du simple goût lié aux sens, où chacun est libre de se représenter si ce qu'il ressent lui procure du plaisir ou de la peine, si cela est agréable ou non. Ce jugement demeure toujours subjectif. Kant parle du goût lié à la réflexion, celui qui détermine, par exemple, le jugement de beau. Ce jugement est subjectif, sans concept — s'il y avait un concept de beau, il s'appliquerait immédiatement à tout le monde — et pourtant il est universel : « Si l'on juge et apprécie les objets uniquement par concepts, on perd toute représentation de la beauté. Il ne peut donc y avoir de règle aux termes de laquelle quelqu'un pourrait être obligé de reconnaître quelque chose comme beau[1]. »

Et Kant de s'étonner : « Or il y a là quelque chose de bien étrange : alors que, d'un côté, pour le goût des sens, non seulement l'expérience montre que le jugement qu'il porte [...] n'a pas valeur universelle et qu'au contraire chacun est de lui-même assez

---

1. Emmanuel Kant, *Critique de la faculté de juger*, Paris, Gallimard, 1985, Folio essais, trad. A. J.-L. Delamarre, J.-R. Ladmiral, M. B. de Launay, J.-M. Vaysse, L. Ferry et H. Wismann, § 8.

modeste pour ne pas prêter aux autres un tel assentiment universel à ses propres jugements [...], d'un
autre côté le goût de la réflexion [...] peut toutefois
trouver possible [...] de se représenter les jugements
susceptibles d'exiger cet assentiment universel[1]. »

Notons sa prudence : le goût « peut trouver possible » de former des jugements « susceptibles » de...,
etc. Au début de son argumentation, toutes les
conditions de possibilités du jugement de goût ne
sont pas encore établies. Kant se contente de postu-
ler l'universalité des voix par rapport à la satisfaction
sans qu'il y ait besoin de concepts. « On » peut pos-
tuler aussi la *possibilité* qu'un jugement esthétique
puisse être « valable pour tous ». Cet assentiment
universel est donc une simple Idée dont on ne
cherche pas tout de suite le fondement.

Apparemment, les choses seraient plus simples s'il
existait un concept de beau, lié à une règle ou à une
loi universelles. Pour convaincre autrui de partager
mon sentiment, il me suffirait de lui démontrer
rationnellement, par exemple, que ce poème ou cet
édifice sont beaux. Auquel cas, d'ailleurs, nous
n'aurions plus, ni lui, ni moi, besoin de juger ; il suffirait de se plier à des raisons objectives. Mais justement, il n'existe aucune preuve *a priori* capable
d'imposer le jugement de goût à quelqu'un : « Lorsque quelqu'un me lit un poème de sa composition
ou me conduit à un spectacle qui pour finir ne satisfait pas mon goût, il aura beau en appeler à Batteux
ou à Lessing, ou invoquer d'autres critiques du goût
encore plus célèbres et plus anciens [...] : je me bou-
cherai les oreilles, ne voudrai entendre ni raison ni
raisonnement et préférerai croire fausses toutes les

1. *Ibid.*

règles des critiques [...] plutôt que de laisser déterminer mon jugement par des arguments probants *a
priori*, puisqu'il s'agira d'un jugement de goût et non
de l'entendement ou de la raison[1]. » En fait, s'il existait un concept de beau, nous aurions affaire à une
logique, mais pas à une esthétique. Sans concept de
beau, une science du beau est impossible mais, en
revanche, on peut élaborer une esthétique du jugement de goût.

Admettons donc que le beau soit sans concept et
donc non universel, qu'il soit subjectif — c'est moi
qui trouve ces tulipes belles —, qu'est-ce qui m'autorise à penser qu'il puisse, en même temps, et malgré
tout, prétendre à l'universalité ? Certes, ces jugements n'ajoutent pas, semble-t-il, à la connaissance,
mais ils prétendent à l'adhésion de tous, comme les
jugements synthétiques. Le jugement de goût ne
repose pas, apparemment, sur un *a priori* résultant
de l'expérience d'autrui ou de raisons démonstrati-
ves, mais cependant ce jugement présuppose la possibilité d'un accord universel, comme si cette universalité jouait le rôle d'un *a priori*.

En somme, ce jugement subjectif, particulier a
toutes les apparences d'un jugement synthétique *a
priori*. Pour qu'il en soit un réellement, il me suffit
de définir un *a priori*. Or cet *a priori* existe : il réside
précisément dans l'hypothèse que tous les hommes
possèdent un « sens commun » esthétique. Puis-je le
démontrer ? Certes non, mais rien, non plus, ne me
permet de penser que tous les autres hommes n'en
sont pas pourvus. Ce sens commun, « simple norme
idéale », explique Kant, « ne dit pas que chacun
admettra notre jugement, mais que chacun *doit*

1. *Ibid.*, § 33.

l'admettre ». Cette nécessité : le beau est un devoir, est bien entendu théorique. Il n'a pas la valeur de l'impératif catégorique en morale. Mais tout me laisse présumer en chacun l'existence d'un sens commun esthétique. Je crée une chance de pouvoir transmettre à autrui la représentation que je me fais du sentiment de plaisir résultant du beau.

Comprenons bien : je ne communique pas mon goût — mes sens m'appartiennent en propre. Cela est vrai pour l'agréable : je peux juger bon le vin des Canaries (exemple de Kant !), mon voisin peut fort bien le trouver imbuvable. Cela vaut aussi pour le beau : je ne communique pas à autrui mon goût pour des tulipes jugées belles. Je ne transmets pas non plus le concept de beau puisqu'il n'existe pas de concept de beau pouvant donner lieu à une démonstration de la beauté. Quand je dis : « Ce poème, cet édifice sont beaux », je m'adresse simplement au sens commun, en supposant chez chacun la même aptitude à se représenter ce que je ressens : « C'est précisément la raison pour laquelle celui qui juge avec goût [...] est autorisé à attendre de chacun qu'il éprouve la finalité subjective, c'est-à-dire la même satisfaction à l'endroit de l'objet, et à considérer que son sentiment est universellement communicable, et ce, sans la médiation des concepts[1]. »

Et Kant parvient à la définition explicite de l'*a priori* tant cherché, c'est-à-dire au fondement de l'assentiment universel qu'il n'avait pas voulu dévoiler au début : « Le goût est donc la faculté de juger *a priori* de la communicabilité des sentiments liés à une représentation donnée (sans médiation d'un

---

1. *Ibid.*, § 39.

concept)[1]. » Contrairement donc aux apparences, le jugement de goût, jugement réfléchissant, subjectif, particulier, individuel est aussi un jugement esthétique, synthétique, *a priori*. Il est synthétique parce que du concept de rose, je ne peux déduire sa beauté : c'est bien mon jugement de goût qui fait la synthèse entre le sujet (rose) et le prédicat (belle). Il est *a priori*, parce qu'il repose sur l'hypothèse d'un sens commun, non démontrable empiriquement.

Beauté artistique et beauté naturelle

Nous avons jugé indispensable de situer le jugement de goût par rapport aux autres types de jugements. Trop souvent, les définitions kantiennes du beau surgissent, tels des *dei ex machina*, et s'imposent avec une tranquille évidence comme des mots de la fin : le beau est un « universel sans concept », une « satisfaction désintéressée », une « finalité sans fin ». Or ces définitions sont trompeuses : elles ne distinguent pas toujours entre ce qui revient au beau et ce qui s'applique au jugement de goût en général. Elles oublient la genèse des raisonnements de Kant. Elles risquent aussi de masquer les implications de la critique de la faculté de juger esthétique, non seulement au regard de l'ouvrage lui-même, mais également ment vis-à-vis de l'ensemble du système kantien.

Le jugement de goût est un jugement synthétique *a priori* ; le beau est une universalité non conceptuelle : une fois ces propositions comprises, les autres thèmes majeurs de l'esthétique kantienne :

---

1. *Ibid.*, § 40.

finalité sans fin, satisfaction désintéressée, s'éclairent assez facilement.

Le beau procure une satisfaction. Quelle est sa finalité ? Susciter le plaisir, la jouissance, nourrir un intérêt quelconque ? Ce serait lier le beau à des fins subjectives, et donc ce ne serait pas spécifique à la beauté. Le beau concerne-t-il l'objet ? Par exemple : je trouve cette tulipe belle parce que je décèle dans l'organisation des pétales une finalité destinée à me plaire. Ce serait lier la finalité à une fin spécifique. Ce serait même associer la beauté à un concept déterminé de beau : est beau ce qui est organisé en vue de me plaire. Or c'est impossible, puisque le beau est sans concept. Quand je déclare une tulipe belle, je conçois bien que tout cela répond à une finalité, mais j'ignore laquelle. En tous les cas, il m'est impossible de la percevoir. La seule finalité de la satisfaction par le beau n'est donc liée ni à mon intérêt, ni à l'objet. Ainsi, quand je déclare une chose, une œuvre « belle », le seul sentiment qui compte est la *ferveur*, et une seule finalité importe : celle qui autorise autrui à ressentir une satisfaction identique. Il y a donc une sorte de simultanéité : le beau me satisfait et, *en même temps*, je me représente que cette satisfaction est susceptible d'être communicable à autrui, peut-être même d'aboutir à un assentiment universel. Une seule finalité, en somme : le partage éventuel de la ferveur ressentie, à l'exclusion de toute autre fin, c'est-à-dire de tout autre intérêt.

On comprend mieux, dès lors, pourquoi Kant peut affirmer que « tout intérêt corrompt le jugement de goût », et pourquoi l'attrait, l'émotion ou une quelconque sensation ajoutés au beau lui portent

préjudice. Le beau se suffit à lui-même. Je n'ai pas à
vouloir l'embellir.

Kant cite l'exemple de la peinture, de la sculpture,
de l'architecture et de l'art des jardins. Ce qui prime,
dans ces beaux-arts, c'est le *dessin*, la *forme*, et non
pas la couleur ajoutée, qui flatte mes sensations. Si
je tolère l'attrait qu'elles exercent sur moi, c'est parce
qu'elles sont limitées par la forme qui, *dixit* Kant,
les « ennoblit ».

Il en va de même, nous dit-il, pour les ornements :
les cadres des tableaux, les vêtements des statues,
les colonnades des palais destinés à augmenter ma
satisfaction : si ces ornements (*parerga*) ont en eux-
mêmes une « belle forme », ils contribuent à la
beauté de l'objet ; ils sont de même nature. Si, au
contraire, ce ne sont que des prétextes décoratifs
pour nous forcer à trouver l'objet beau, ils deviennent de simples *parures*, agréables sans doute à
regarder, mais ils troublent la beauté authentique[1].

Hormis le domaine de la connaissance où l'on
recherche le vrai, que désire l'homme ? Principalement : l'agréable, le beau, le bon. L'homme nomme
agréable ce qui lui procure du plaisir, *bon* ce qu'il
estime ou approuve, *beau* ce qui lui plaît. Or, de
tous les genres de satisfaction, seule celle du goût
pour le beau est désintéressée et libre : aucun intérêt,
ni des sens, ni de la raison, ne contraint l'assentiment.

Admettons donc tous les paramètres qui, selon
Kant, conditionnent le beau : universel sans concept,
satisfaction désintéressée, finalité sans fin. Une question surgit : n'existe-t-il qu'une espèce de beauté ?
Compte tenu de la rigueur qui préside à la pureté du

1. *Ibid.*, § 14.

jugement de goût, on s'attend à une réponse affirmative. Pourtant, Kant distingue deux espèces de
beauté : la beauté libre et la beauté adhérente.

Exemples (kantiens) de beautés *libres* : les fleurs,
« beaucoup » d'oiseaux : le perroquet, le colibri,
l'oiseau de paradis, une « foule » de crustacés, les
dessins à la grecque, des rinceaux pour encadre-
ments ou papiers peints et la musique improvisée
en général.

Exemples de beautés *adhérentes* : l'homme, la
femme, l'enfant, le cheval, une église, un palais, un
arsenal, une villa.

Il est clair que cette distinction procède des conditions du beau : les beautés libres ne signifient rien,
ne représentent rien, ne se rapportent à aucun objet,
à aucun concept, du moins selon Kant. Je ne me
demande pas s'ils sont parfaits ou non. Lorsque je
les apprécie, mon jugement de goût est « pur » et
n'est entaché d'aucune idée de « fin » les concernant.

En revanche, lorsque j'apprécie un enfant, un cheval ou un palais, je fais intervenir un concept de fin,
l'idée qu'ils pourraient être *mieux*, en relation avec
un modèle idéal, une idée de perfection. Par exemple, cette femme, cet homme sont beaux mais ce
serait encore mieux pour eux s'ils étaient plus
grands. Mon jugement de goût est conditionné par
l'idée de ce qu'ils devraient ou doivent être. Ce sont
des beautés adhérentes, c'est-à-dire liées à une fin, à
un concept de perfection. Ce jugement est donc
impur. On voit ici que la perfection joue le rôle d'une
fin, d'un concept, incompatibles, en théorie, avec la
beauté : « la beauté n'ajoute rien à la perfection »,
« la perfection n'ajoute rien à la beauté[1] ».

1. *Ibid.*, § 16.

Kant ne tire pas de conclusion spectaculaire de cette distinction. Tout au plus permet-elle de savoir de quoi l'on parle et de faire la part entre le *jugement de goût pur*, qui concerne la beauté libre, et le *jugement de goût appliqué*, portant sur la beauté adhérente. Néanmoins, nous la mentionnons parce que ses conséquences sur les autres aspects de l'esthétique kantienne sont importantes, notamment en ce qui concerne une autre distinction — fondamentale celle-là — entre la beauté naturelle et la beauté artistique. Ses effets portent aussi sur la conception du sublime et du génie.

Les exemples cités par Kant ne comportent aucune référence à des œuvres précises relevant des beaux-arts, anciennes ou contemporaines. En outre, les ensembles qu'il nous propose paraissent pour le moins disparates : un colibri, un crustacé, un ornement de papier peint, une musique improvisée, ou bien, une femme, un cheval, un arsenal. Pour un peu, il ne manquerait plus à ce bric-à-brac assez cocasse et surréaliste que le parapluie et la machine à coudre posés fortuitement sur la table de dissection[1] !

On a déjà noté sa curieuse prédilection pour les fleurs, surtout pour les tulipes et les roses. Mais les restrictions également sont étranges : le choix des oiseaux ou des crustacés (« beaucoup » mais pas tous !). Kant dispose-t-il de critères particuliers orientant le jugement de goût, autres que ceux que l'on croyait acquis ? Il n'en dit mot. L'essentiel réside toutefois dans le caractère hétérogène des ensembles

---

1. Allusion à la fameuse définition de la beauté par Lautréamont dans *Les chants de Maldoror*, qui avait tant plu à André Breton : « Beau...comme la rencontre fortuite sur une table de dissection d'une machine à coudre et d'un parapluie. »

proposés. Kant en effet juxtapose, indistinctement, des êtres vivants (beauté naturelle) et des réalisations humaines (beauté artistique). Doit-on supposer que le jugement de goût s'applique à l'identique dans les deux cas ? Peut-on croire que le beau naturel et le beau artistique se confondent l'un et l'autre ? Assurément non, mais il faut attendre l'« Analytique du sublime » pour y voir clair.

Dans la première partie de la *Critique*, Kant se demande essentiellement comment le jugement sur le beau est possible. Peu importe l'objet : beaux-arts, art, création humaine. Le jugement de goût n'est pas un jugement sur un objet beau, mais sur le lien entre la *représentation* de cet objet et nos facultés, entendement et imagination. Il n'obéit pas à une règle formulable objectivement, puisqu'il repose au départ sur un sentiment subjectif. Il n'est possible que par l'hypothèse d'une communication universelle, s'étendant à tous les sujets détenteurs du sens commun esthétique. Ce que je communique est un sentiment désintéressé résultant d'une finalité sans fin spécifique.

En d'autres termes, il s'interroge sur la forme du jugement, et non pas sur son contenu. C'est pourquoi ses exemples ne distinguent pas entre les beautés naturelles et les beautés artistiques. Mais lorsqu'il compare le sentiment de beau et le sentiment de sublime, et qu'il cherche à les différencier, il est bien obligé de prendre en compte leurs points de divergences, ce à quoi s'appliquent l'un et l'autre. Sinon, ils seraient confondus.

La distinction explicite entre la nature et l'art intervient donc à la faveur d'une réflexion sur le sublime, et elle porte effectivement, d'une part, sur le beau et le sublime relatifs à la nature, d'autre part, sur le beau et le sublime artistiques[1]. La supériorité du beau naturel sur le beau artistique chez Kant ne nous surprend pas. La beauté dans la nature ne répond-elle pas mieux aux critères du jugement de goût : expression d'une finalité sans fin, objet d'une satisfaction désintéressée, susceptible immédiatement d'un assentiment universel ? Au contraire, dans une œuvre d'art, je peux toujours soupçonner une finalité ou un intérêt quelconques : n'est-elle pas faite *pour* me plaire, *pour* flatter mes sensations, *pour* m'être agréable ? L'artiste qui crée ne poursuit-il pas ce but ? Son œuvre elle-même, dans sa composition, ne vise-t-elle pas toujours plus ou moins la perfection ?

Le statut des beaux-arts dépend directement de cette supériorité du beau naturel. L'expression beaux-arts pose déjà problème en elle-même, et Kant s'attache à dissiper tout malentendu : « Il n'y a pas de science du beau, mais il n'en existe qu'une critique, et il n'y a pas de belle science, mais seulement des beaux-arts[2]. » La mise au point, plutôt catégorique, vise assurément Baumgarten et ceux qui persistent dans sa voie, notamment J.F. Riedel (1742-1785), auteur d'une *Théorie des beaux-arts et des belles sciences* (1767) qui n'a guère laissé de traces dans l'histoire de l'esthétique.

Mais il y a plus important : les beaux-arts ne sont de l'art que s'ils ont l'apparence de la nature : « Face à une production des beaux-arts, nous devons prendre conscience qu'il s'agit d'art et non d'un produit

1. Voir, notamment, le § 23 : « Passage de la faculté de juger du beau à la faculté de juger le sublime ».
2. *Ibid.*, § 44, « Des beaux-arts ».

de la nature ; mais, dans la forme de cette production, la finalité doit apparaître aussi libre de toute contrainte imposée par des arbitraires que s'il s'agissait d'un simple produit de la nature[1]. »

En clair, une belle œuvre d'art doit faire croire qu'elle est issue de la nature. Elle doit dissimuler tout ce qui s'apparente à une finalité ou à un intérêt et répondre aux conditions du beau naturel rappelées plus haut. Elle peut satisfaire, procurer du plaisir, si elle montre qu'elle résulte du libre jeu de l'imagination et de l'entendement, que sa seule fin est l'harmonie des facultés (sans toutefois faire état de cette finalité), et susciter un assentiment communicable et universel, sans toutefois se fonder sur des concepts. Et c'est presque lyriquement que Kant résume ainsi cette idée : « La nature était belle lorsqu'elle avait incontinent l'apparence de l'art ; et l'art ne peut être appelé beau que lorsque nous sommes conscients qu'il s'agit bien d'art, mais qu'il prend pour nous l'apparence de la nature[2]. »

Toutefois, gare au contresens ! Est-ce à dire, en effet, que l'artiste doit imiter la nature, et qu'une œuvre belle est celle qui imite le plus parfaitement la nature ? Certainement pas. En effet, si l'imitation devenait une règle du beau, elle s'imposerait à la fois comme concept et comme finalité. Comme concept, je pourrais démontrer à autrui que tel tableau en trompe l'œil, copie irréprochable de la nature, est nécessairement beau. Or il n'existe pas de concept de beau. Comme finalité, il suffirait aux artistes de s'assigner comme but l'imitation de la nature pour

1. *Ibid.*, § 45.
2. *Ibid.*

faire de beau tableau. Ce qui serait contradictoire avec la définition du beau.

En réalité, s'il y avait une règle — mais nous savons qu'il ne peut y en avoir — pouvant présider à la réalisation du beau artistique, ce serait celle qui respecterait le libre jeu de l'imagination et de l'entendement, et laisserait pressentir que l'harmonie entre eux est à l'image de l'harmonie de la nature. Il faut donc distinguer nettement le principe d'imitation de la nature, comme pouvait le concevoir encore un Charles Batteux, par exemple, et l'*apparence* de la nature que doit revêtir l'art, eu égard à la façon dont je me représente le *libre* jeu des facultés. Mais quel est donc celui qui peut réussir ce tour de force de faire de l'art en donnant l'apparence de la nature sans l'imiter ?

Ce ne peut être qu'un artiste répondant lui-même à tous les paramètres du beau : il doit avoir un don inné (naturel), un talent qui n'obéit à aucune règle déterminée et ne résulte d'aucun apprentissage. Son œuvre doit être originale (non imitée) et néanmoins servir de référence aux autres (pour éviter que l'absurdité, capable elle aussi d'être originale, ne passe pour une authentique originalité). Ce créateur ne doit pas pouvoir expliquer ni décrire comment il crée (d'ailleurs, il ne peut pas transmettre ce qu'il n'a pas eu à apprendre). Un tel homme porte un nom : le génie. « Les beaux-arts sont les arts du génie », déclare Kant[1]. Ce qui signifie : à travers le génie — tout entier « nature » — la nature prescrit ses règles à l'art, et à lui seul.

Cela ne vaut pas pour la science : Newton est un savant remarquable, mais il a appris, et tout le monde,

1. *Ibid.*, § 46.

en principe, peut acquérir son savoir. Il pouvait transmettre ses connaissances, les expliquer pour lui-même et pour autrui : Newton n'était pas un génie. En revanche, Homère était un génie, parce que personne, à commencer par lui-même, n'est en mesure d'expliquer la richesse de sa création poétique.

On perçoit mieux le rôle du génie dans l'esthétique kantienne. Tout, dans le génie, procède de la nature ; il concentre donc toutes les facultés de l'âme : imagination, entendement, esprit et âme, en une harmonie idéale. Lorsque son imagination, trop puissante, tend à déborder, le goût intervient et l'accorde avec l'entendement : « Le goût est la discipline du génie. » En outre, il sauve les beaux-arts de l'opprobre qui pourrait peser sur l'art en général du fait de sa liaison immédiate avec la sensibilité. Le génie permet de hausser le beau artistique à la dignité du beau naturel.

Enfin, parce qu'il incarne l'harmonie de toutes les facultés, y compris l'âme, le génie présente sans jamais les nommer, ni les conceptualiser, des Idées esthétiques : pressentiment d'une harmonie supra-sensible que je ne peux définir où s'unissent la nature et la liberté, la beauté et la moralité. En ce sens, grâce au génie, les Idées esthétiques rejoignent les Idées de la raison, l'art s'assimile à la liberté, et le beau, initialement distinct du bon, devient le *symbole* de la moralité[1]. L'interprétation du sublime

1. Il est clair que le beau n'est pas une condition du bon, ni l'inverse. Je ne peux pas dire : « c'est beau parce que c'est bon », ni « c'est bon puisque c'est beau ». Le beau est ce qui plaît absolument, le bon est ce qui satisfait purement à la loi morale. La relation entre le beau et le bon, entre l'art et la morale, entre le jugement esthétique et le jugement éthique, ne peut donc être que symbolique.

permet également à Kant de concevoir un lien possible entre l'art et la liberté.

Nous n'entrerons pas, ici, dans le détail des différentes définitions du sublime. Mieux vaut mettre en évidence, dans ce chapitre consacré à l'autonomie, les éléments qui concernent le sens de l'entreprise kantienne sur ce point, et insister sur sa signification actuelle.

Le sublime

En 1764, Kant publie des *Observations sur le beau et le sublime*. Il s'agit donc d'un ouvrage antérieur à sa période critique. Sans renier son texte, il admit plus tard qu'il convenait de passer de l'observation à des considérations plus philosophiques. Sa classification, il est vrai, peut paraître discutable. Quels objets suscitent le sentiment de beau ? Des prairies émaillées de fleurs — rien d'étonnant ! — les méandres d'un ruisseau dans un vallon où paissent de nombreux (!) troupeaux, la ceinture de Vénus décrite par Homère. Pour le sentiment de sublime : des montagnes au sommet enneigé surplombant les nuages, la peinture de l'Enfer par le poète anglais John Milton[1]. Kant précise : des chênes élevés et des ombrages solitaires dans un bois sacré sont sublimes ; des lits de fleurs (cela va de soi !), des petits buissons sont beaux. Suivent quelques lieux communs : la nuit est sublime, le jour est beau. Le sublime émeut, le

---

1. On notera l'absence de fleurs. Pourtant, Kant aurait certainement trouvé sublimes certaines plantes et fleurs carnivores.

beau charme[1]. Dans le même esprit, la femme est belle, l'homme est sublime ! On frémit[2].

Lorsque paraît la *Critique de la faculté de juger*, en 1790, Kant a lu et assimilé l'ouvrage d'Edmund Burke : *Recherche philosophique sur l'origine de nos idées du sublime et du beau* (1757). Finies les descriptions, et place à la critique des conditions qui rendent possibles le jugement de goût. Pour Burke, le sublime se distingue du beau en ce qu'il provoque des troubles physiologiques liés à un mélange de plaisir et de douleur. La satisfaction que procure le sublime résulte bien de l'association de l'imagination et de l'entendement, mais ce sentiment va de pair avec la sensation du danger, de quelque chose de terrible et d'horrible. Du moins, est-ce ainsi que Kant interprète Burke[3].

La critique du jugement de goût montre aisément, contre Burke, que le sentiment de sublime ne peut être associé à des sensations empiriques aussi particulières, individuelles. Kant les qualifie d'« égoïstes ». Comme le beau, le sublime doit pouvoir faire l'objet d'un assentiment universel. Or le beau et le

1. La phrase exacte enrichit ce petit florilège : « Les esprits qui ont le sentiment du sublime sont entraînés insensiblement vers les sentiments élevés de l'amitié, du mépris du monde, de l'éternité, par le calme et le silence d'une soirée d'été, alors que la lumière tremblante des étoiles perce les ombres de la nuit, et que la lune solitaire paraît à l'horizon. Le jour brillant inspire l'ardeur du travail et le sentiment de la joie. »
2. On peut être un grand philosophe et partager les préjugés de son temps ! La phrase exacte est : « N'entendez pas que la femme soit dépourvue de qualités nobles et l'homme de toute espèce de beauté. L'on s'attend, au contraire, à ce que chaque sexe réunisse ces deux qualités, mais de sorte que chez la femme tous les autres avantages concourent à exalter le caractère du beau, tandis que le *sublime* doit être le signe propre de l'homme. » Cf. *Observations sur le sentiment du beau et du sublime*, Paris, Vrin, 1992, p. 38.
3. *Critique de la faculté de juger, op. cit.*, p. 113.

sublime ont en commun le fait qu'ils « plaisent en eux-mêmes ». Chacun d'eux présuppose un jugement réfléchissant, donc particulier qui prétend cependant à l'universalité.

Les deux formes de sublime qu'il distingue, le sublime mathématique et le sublime dynamique, sont liées l'une et l'autre au conflit de nos facultés. On a vu que le plaisir provoqué par le beau repose sur l'harmonie de nos facultés : imagination et entendement. Il exprime une sorte d'équilibre. On pourrait dire que le beau engendre calme et sérénité. Un spectacle horrible, angoissant n'est jamais jugé beau. En revanche, même un paysage terrifiant : abîme, crevasses, rochers montagneux sans forme, entassés de façon chaotique, mer en furie, peuvent paraître sublimes. Ce qui prouve bien que le sublime n'est pas dans l'objet mais uniquement dans l'esprit de celui qui juge. Normalement, je ne devrais pas trouver sublime un tel spectacle naturel, car la nature en elle-même est objective, neutre. Si je persiste à trouver sublime un spectacle qui, en soi, ne le mérite pas, c'est que je me sens dépendant d'une destinée qui me dépasse, pressentiment d'une finalité suprasensible : « La nature est donc sublime dans ceux de ses phénomènes dont l'intuition implique l'Idée de son infinité[1]. »

L'exemple de Kant est ici celui du sublime mathématique, de l'« absolument grand », non mesurable, devant lequel l'imagination capitule. La raison prend, en quelque sorte, le relais de l'entendement : elle juge du sublime en dépit de la faillite de l'imagination. Certes, prendre conscience de cette impuissance engendre un sentiment de peine mais, au bout

1. *Ibid.*, § 26.

du compte, la joie résulte de la prise de conscience de la supériorité de l'intellect sur les sens. La même disproportion dans le jeu des facultés se retrouve dans le sublime dynamique, celui où la puissance de la nature nous fait prendre conscience de notre insignifiance. Le déchaînement des forces naturelles, le tonnerre, les éclairs, les cyclones, les tremblements de terre, etc., suscitent la crainte, mais « leur spectacle n'en devient que plus attirant dès qu'il est plus effrayant, à la seule condition que nous soyons en sécurité ; et c'est volontiers que nous appelons sublimes ces phénomènes, car ils élèvent les forces de l'âme au-delà de leur niveau habituel et nous font découvrir en nous la faculté de résistance d'une tout autre sorte qui nous donne le courage de nous mesurer à l'apparente toute-puissance de la nature[1] ».

Comprenons bien ce passage : l'effroi, la crainte, la peur n'ont rien, en soi, de sublimes. Ni la soumission, ni l'accablement provoqués par le sentiment de notre impuissance. En revanche, juger la nature « sublime » en ces circonstances, c'est prendre conscience qu'elle constitue un appel à la force que nous possédons de la juger même dans cette situation. La raison intervient ici : c'est elle qui règle le conflit entre l'imagination et l'entendement. Elle permet de découvrir en notre esprit une supériorité sur la nature, du fait même de la disproportion entre sa toute-puissance et notre petitesse, ou plutôt *grâce* à cette disproportion.

Comment, en effet, pouvons-nous juger de notre petitesse, du fait que nous sommes « peu de chose » — louable modestie — si ce n'est par référence implicite à une grandeur ou une puissance qui

1. *Ibid.*, § 28.

nous dépasse ? Le sentiment de sublime témoigne donc du respect que nous éprouvons pour notre propre destination. Ce respect pour une finalité littéralement « imperceptible », pour un monde transcendant auquel la connaissance, la science n'a pas accès, présente une analogie avec le respect pour la loi morale. Dans un cas comme dans l'autre, ce que nous respectons, ce n'est pas nous, pris individuellement, mais l'humanité présente en nous comme sujet.

Kant ne consacre aucun développement au sublime dans les arts. Il se contente de déclarer que le sublime dans l'art est « toujours soumis aux conditions d'un accord avec la nature ». Si l'on se souvient de sa définition du génie, celui par lequel la nature dicte ses règles à l'art, on peut aisément en conclure que les œuvres d'art susceptibles d'être jugées sublimes ne peuvent être réalisées que par des génies (Homère, Milton), aussi rares et exceptionnelles que ces hommes d'exception[1].

Goethe, poète du *Sturm und Drang*, peu sensible à l'aridité du système kantien et rebuté par sa terminologie plutôt épineuse, perçut l'importance de la *Critique de la faculté de juger*. Il célébra la parution de l'ouvrage avec enthousiasme : « Le vieux Kant a rendu un immense service au monde, et je puis ajouter à moi-même, en plaçant dans sa *Critique de la faculté de juger* l'art et la nature côte à côte, et accordant à l'une et à l'autre le droit d'agir en accord avec de grands principes sans finalité particulière [...]. La nature et l'art sont trop grands pour viser des fins

---

1. Kant cite également les pyramides d'Égypte et l'église Saint-Pierre de Rome, déjà citées dans les *Observations sur le sentiment du beau et du sublime*.

particulières. Il n'est pas nécessaire qu'ils le fassent. Il y a des corrélations partout et les corrélations sont la vie[1]. » Si la nature et l'art ne visent pas de fins particulières, cela veut dire que l'homme face à eux est libre, et que l'expérience de l'art, si subjective soit-elle, est aussi une expérience de la liberté. Cela veut dire que cette expérience est accessible à chacun et valable universellement.

L'ouvrage de Kant clôt à sa manière les débats incessants et insolubles autour des modifications du beau et des catégories esthétiques des siècles et des décennies qui l'ont précédé. Il lui a fallu synthétiser l'apport des théories et doctrines antérieures et leur influence est perceptible dans son œuvre. Qu'il s'agisse de Hume, de Shaftesbury, de Hutcheson, de Burke et de Home[2], tous représentants de l'empirisme, qui l'ont libéré du rationalisme et du dogmatisme. Mais l'influence de Du Bos aussi fut considérable, de même celle de Johann Georg Sulzer (1720-1779), philosophe suisse, pour qui le goût désigne la faculté de reconnaître le beau intuitivement. Quant à Moses Mendelssohn (1729-1786), c'est en termes presque kantiens qu'il définissait la faculté de juger comme la capacité d'approuver et d'apprécier sans désir, sans finalité et sans intérêt. Ne peut-on contempler la beauté pour elle-même, disait-il, et se satisfaire de la beauté d'un objet sans le posséder, et même sans aucune envie de le posséder ?

1. Ernst Cassirer, *Rousseau, Kant, Goethe. Deux essais*, Paris, Belin, 1991, trad. Jean Lacoste, p. 102-103.
2. Henry Home (1696-1782), auteur de *Elements of Criticism* (1762), défendit l'idée, non partagée par ses contemporains, empiristes et sensualistes, que le devoir authentique consistait à obéir inconditionnellement à la loi morale.

De toutes ces influences, une seule domine toute-fois, parce qu'elle est la moins compréhensible et fut pourtant la plus durable : celle de Jean-Jacques Rousseau. Rousseau, promeneur sans montre et sans pendule, musicien errant, capricieux, incons-tant, séducteur, catholique par conversion, anti-Lumières par conviction, que Kant hausse au niveau de Newton pour avoir découvert la nature profonde de l'homme et la « loi secrète en vertu de laquelle la Providence est justifiée par ses observations ». Rous-seau encore, envers qui Kant reconnaît sa dette en termes émouvants et inhabituels : « Il y eut une épo-que où je pensais même que la connaissance et son avancement constituaient seuls l'honneur de l'huma-nité et où je méprisais l'homme ordinaire qui ne sait rien. Rousseau m'a remis sur le droit chemin. Ce préjugé aveugle a disparu : j'ai appris à respecter les hommes[1]. »

On n'en finirait sans doute pas de relever les insuf-fisances, les contradictions et les préjugés des conceptions kantiennes. Et il est presque prodigieux, pour un homme de sa culture, d'ignorer à ce point les œuvres et les artistes de son temps, d'oublier que Königsberg fut, comme Dantzig, un foyer particu-lièrement actif de la vie artistique de la Prusse-Orientale.

Un jugement de goût de type rigoureusement kan-tien n'a sans doute jamais été formulé ; de même, aucun acte moral conforme à l'impératif catégorique n'a probablement jamais été accompli. Ce problème n'est pas celui de Kant, soucieux avant tout de défi-nir les principes absolus, universels sous lesquels pouvait se concevoir la liberté de l'homme. Il pousse

1. Ernst Cassirer, *op. cit.*, p. 31-32.

dans ses conséquences extrêmes l'autonomie du sujet, celle de ses pensées et de ses productions, et définit la façon dont on peut concevoir l'autonomie esthétique et celle de l'art, du moins en théorie.

Mais cet excès même conduit la position kantienne à une ambiguïté : l'autonomie de la sphère esthétique n'est affirmée et garantie que pour mieux montrer comment l'art, à son tour, une fois séparé de la connaissance et de la morale, réagit sur la sphère cognitive et sur la sphère éthique. En effet, on a bien vu que le beau est le symbole de la moralité, tout comme le sublime nous donne une idée de l'infini. Certes, ce dernier lien avec la connaissance est indirect puisque l'art se contente de réaliser, ou mieux, de laisser appréhender ce que la science ne peut connaître, à savoir le monde des choses en soi, des noumènes.

Néanmoins, cette relation *négative* est suffisante pour préparer l'émergence d'un concept d'art, comme porte ouverte sur l'absolu, au même titre que la religion et la philosophie. Les romantiques s'en souviendront.

Question classique : quelle place l'esthétique de Kant occupe-t-elle dans la réflexion contemporaine ?

La réponse court le risque d'une extrême banalité : une place considérable sans aucun doute, mais cela peut se dire de toute philosophie marquante des époques passées. Il semble plus pertinent de se demander si la situation actuelle de l'art et de l'esthétique correspond d'une manière ou d'une autre aux thèses de la *Critique de la faculté de juger*. La réponse, en ce cas, est décevante : l'attitude contemporaine vis-à-vis de la nature, de l'art et de la raison semble en tout point diamétralement opposée aux exigences et aux

espoirs de Kant. Le concept de nature est largement
déterminé par le traitement que notre civilisation
techno-scientifique, puissamment industrialisée, fait
subir à la « nature » extérieure et humaine. Une
nature inviolée, originellement bonne, à la manière
rousseauiste, n'alimente désormais que les rêves
nostalgiques. L'art, aussi bien dans sa réalisation que
dans sa réception, répond à des intérêts multiples :
distraction, quête hédoniste, autocélébration, promotion d'une politique culturelle et, bien entendu, le
profit et la rentabilité ; autant de buts, souvent ina-
voués, qui relèguent les notions de « satisfaction
désintéressée » et de « finalité sans fin » au rang
d'utopies naïves. À l'ère des médias, la communication de l'expérience artistique, même lorsqu'elle
porte sur le sentiment subjectif de la beauté, ne se
prive pas de concepts, ni de modèles qu'elle tente
d'imposer universellement, sans prendre en considération la diversité culturelle. On est loin du libre
assentiment reposant sur l'*a priori* d'un sens
commun esthétique, présent en chacun. Quant au
tribunal d'une Raison unitaire, il s'est scindé, pourrait-on dire, en deux jurys : l'un persiste à croire en
la réalisation, pourtant hautement improbable,
d'idéaux de justice, de liberté et d'égalité. Ce sont
souvent des alibis pour donner bonne conscience.
L'autre juge les progrès du monde à l'aune d'une raison positiviste, organisatrice, calculatrice et, comme
l'on dit parfois, instrumentalisée.

Deux cents ans après, les concepts kantiens semblent défier toute référence à des contenus réels et
concrets. On pourrait les dire vides. Kant traite bien
du plaisir et de la satisfaction octroyés par les sens,
mais il restreint immédiatement la portée de l'expérience sensible telle que peut la vivre l'individu. La

satisfaction apparaît désincarnée, comme si un tabou (moral, culturel, social ?) pesait *a priori* sur l'épanouissement sensuel et la jouissance physique, à tel point que l'esthétique de Kant ne semble ne prôner qu'un « hédonisme émasculé[1] ».

Ce jugement sévère met toutefois le doigt sur l'un des paradoxes de la conception kantienne : le beau, sans concept, n'est défini que par la satisfaction, mais cette satisfaction est amputée. Ne peut-on penser que la satisfaction n'est qu'un élément parmi d'autres dans le jugement sur la beauté ? Le regard porté sur une belle œuvre d'art n'obéit-il pas à toutes sortes de sollicitations et de raisons, plus ou moins conscientes, partiellement analysables en termes de concepts, qui n'entachent en rien l'authenticité du jugement ?

Il est vrai que les concepts kantiens s'intéressent à la forme au détriment du contenu. Ils ne sont pas vides pour autant : ils sont creux, ce qui est tout différent. Leur richesse réside dans cette vacuité même. La critique du jugement de goût ne nous enseigne rien. Peut-être ! Mais elle nous apprend beaucoup sur nous-mêmes et sur cette liberté à laquelle, d'une certaine manière, nous condamne Kant.

Rien n'est dit sur les qualités intrinsèques que devrait posséder un objet « beau » ou « sublime ». C'est là, pourtant, l'une des grandes préoccupations de l'esthétique contemporaine.

En revanche, l'expérience kantienne du beau nous incite à percevoir lucidement les motivations de nos jugements, à distinguer entre les choix sincères

---

1. Cf. T.W. Adorno, *Théorie esthétique*, Paris, Klincksieck, 1996, nouvelle traduction, p. 29 : « Assez paradoxalement, l'esthétique apparaît à Kant comme un hédonisme émasculé, un plaisir sans plaisir... »

et les préférences hypocrites. Il nous évite, par exemple, de confondre le beau et le délectable, le jugement esthétique et le jugement de goût culinaire[1]. On se souvient de la fâcheuse comparaison de Du Bos entre le ragoût du cuisinier et les œuvres de l'esprit.

L'expérience du sublime est plus troublante cependant. Le beau n'est que le symbole du bien. Le sublime, quant à lui, nous laisse entrevoir l'idée d'infini, et donc celle de liberté. La liberté, en effet, est totale ou elle n'est pas. Le beau est lié à l'accord de nos facultés, le sublime à leur conflit. Le beau est harmonie, le sublime peut être difforme, informe, chaotique. Plaisir pour l'un, douleur *et* plaisir pour l'autre.

Kant aurait-il perçu, avant Freud, que sublime est *sublimation* d'une souffrance cachée, refoulée, transfigurée par la conscience (la raison), et qui permet à l'« imprésentable » de devenir momentanément « présentable » ? De fait, rien de plus fugitif que le sentiment de sublime... Sur le plan artistique, cela signifie que la liberté d'invention formelle est elle aussi infinie, sans règles, sans prescriptions. Il ne dépend que de nous d'user de cette liberté et d'en fixer les limites. Nous sommes, en quelque sorte, seuls maîtres du jeu.

Le système kantien représente la phase d'achèvement des idées mises en œuvre par l'*Aufklärung*. « Achèvement » ne signifie pas ici « couronnement » mais plutôt dépassement de la philosophie des Lumières. En 1804, à la mort du « Chinois de

1. Adorno reconnaît à Kant le mérite d'avoir « arraché l'art à l'ignorance vorace qui ne cesse de le palper et de le goûter » (*ibid.*, p. 28).

Königsberg[1] », au moment où s'éteignent une à une les lumières de la raison, la « flambée » romantique brûle déjà, née des désillusions et du désenchantement postrévolutionnaires.

Friedrich von Schiller rédige ses *Lettres sur l'éducation esthétique de l'homme* dans un esprit kantien. Mais déjà s'annonce la critique des thèses kantiennes, et des Lumières en général. Elle donne un autre sens à l'autonomie de l'esthétique tout en assignant à l'art des tâches à vocation morale et politique.

Une autre « grande esthétique » est en germe, celle de Hegel. Elle témoignera de l'autonomie de l'esthétique comme discipline à part entière, et partagera en même temps l'équivoque d'une liberté conçue comme un idéal, mais jamais réalisée. Elle ignore encore le sort qui l'attend : celle de voir son objet — l'art — périr, ou du moins perdre sa « vérité et sa vie ».

AUTONOMIE ESTHÉTIQUE
ET HÉTÉRONOMIE DE L'ART

De Kant à Hegel

Kant affirme avec force l'autonomie de la sphère esthétique et l'irréductible subjectivité du sentiment de goût. Certes, il dit bien que le beau est lié à la

1. L'expression est de Friedrich Nietzsche. Sévère mais lucide, celui-ci disait de Kant que sa pensée était l'« histoire d'une tête » ; il constatait qu'il avait « peu vécu » parce que sa façon de travailler lui avait pris le temps de vivre quoi que ce soit.

moralité, mais il n'en est que le symbole ; il est vrai aussi que l'énoncé d'un jugement suppose une possible adhésion de tous, mais il est clair que le jugement esthétique, privilège du sujet, est libre de toute fin subjective ou objective.

Un tel désintérêt vis-à-vis de la réalité concrète et matérielle pose un problème : quel avantage l'esthétique peut-elle tirer d'une autonomie qui la sépare aussi radicalement de toutes les autres sphères d'activités humaines, qu'il s'agisse de la science, de la morale, ou simplement de la vie quotidienne ?

Kant accorde une préférence au beau naturel sur le beau artistique, hormis les cas rarissimes où intervient un génie créateur d'un chef-d'œuvre : est-ce à dire que l'art, en général, et les beaux-arts, en particulier, ne jouent qu'un rôle mineur dans l'attitude de l'homme face au monde, face aussi à la société ? La place quasi inexistante que Kant accorde à la création artistique et aux œuvres d'art semble, en tous les cas, le prouver. En fait, la constitution d'une autonomie esthétique joue un rôle primordial chez les successeurs de Kant.

Plus haut, nous faisions remarquer que l'esthétique, dès sa naissance comme discipline, disparaissait presque aussitôt en tant que « science du beau[1] ». Cet argument nous a permis de montrer comment cette esthétique renaissait en tant que discours philosophique spécifique. Chez Kant, ce discours se tient à distance respectueuse de la pratique concrète des arts. Un peu trop sans doute ! Mais l'esthétique kantienne présente l'avantage de clarifier de façon magistrale les questions confuses des

1. Cf. ci-dessus, première partie : « Déliaisons et autonomie », chap. III.

époques antérieures. On est donc en présence d'un remodelage complet de la problématique esthétique, concernant notamment les rapports entre le sujet et la réalité, les relations entre l'art et la nature, le rôle de l'imitation dans les beaux-arts, le rôle intermédiaire de l'art entre la connaissance et la morale.

L'importance de Kant n'échappe pas à ses contemporains. En 1801 — trois ans avant la mort du philosophe de Königsberg — Friedrich von Schelling (1775-1854) déclare : « Avant Kant, toute doctrine de l'art, en Allemagne, était pur rejeton de l'Esthétique de Baumgarten — puisque cette expression fut employée pour la première fois par Baumgarten. Pour apprécier celle-ci, il suffit de signaler qu'elle est elle-même à son tour un surgeon de la philosophie wolffienne. Dans la période qui précédait immédiatement Kant, et où régnaient en philosophie la plate popularité et l'empirisme, s'installèrent les bien connues théories des beaux-arts et des belles sciences, dont les principes étaient les propositions fondamentales de la psychologie des Anglais et des Français. »

On ne peut manquer, là aussi, d'être surpris par l'étonnante distance critique dont font preuve ces penseurs à l'égard de leurs contemporains. Schelling, qui élabore, à cette époque, sa propre « philosophie de l'art », n'hésite pas à critiquer vertement ceux qui expliquent le beau par la psychologie empirique et qui parlent de la « merveille de l'art » de façon aussi « éclairante et obscurcissante » que ceux qui racontent des « histoires de fantômes et autres superstitions ». Ironique et acerbe, il vilipende les esthéticiens « culinaires » qui composent des « recettes ou des livres de cuisine », et prétendent soupeser les ingrédients nécessaires, par exemple, à la tragédie :

« beaucoup de terreur, mais pas trop ; autant de pitié que possible, et des larmes sans compter » ! De même, il se montre féroce avec les pseudo-kantiens, pour la plupart professeurs et collègues comme lui, qui apprennent par cœur la *Critique de la faculté de juger esthétique* et la transportent à titre d'esthétique dans leurs chaires et dans leurs écrits.

Personne, selon lui, n'a encore été capable, après Kant, d'élaborer une véritable science philosophique de l'art avec une « validité universelle et dans une forme rigoureuse ». Or telle est l'intention de Friedrich von Schelling : construire un système esthétique en tenant compte de l'évolution historique de l'art. Ce système marquerait la différence entre l'art antique et l'art moderne mais considérerait cette opposition comme secondaire : celle-ci ne serait que la manifestation d'un Art unitaire originel, d'un Absolu. Et, bien entendu, chacun des arts, la peinture, la musique, les arts plastiques, et chacune des œuvres d'art isolées, seraient autant de manifestations temporelles, particulières, de cet Absolu : « Selon toute ma vision de l'art, l'art est lui-même un épanchement de l'Absolu [...] Ce n'est que dans l'histoire de l'art que se révèle l'unité essentielle et intérieure de toutes les œuvres d'art, et le fait que tous les poèmes proviennent d'un seul et même Génie, qui dans l'opposition de l'art ancien et de l'art moderne ne se montre aussi que sous deux figures différentes. »

Ces extraits du « Cours de philosophie de l'art » de Friedrich von Schelling montrent que les héritiers directs de Kant, formés à son école, ne sont pas des adeptes inconditionnels de sa philosophie. Le contexte historique joue assurément un rôle considérable. Les lendemains de la Révolution ne chantent plus l'idylle, nouée depuis Descartes, entre l'homme et la raison triomphante. Il y a eu la chute de Robespierre (9 thermidor), le Tribunal révolutionnaire et la Grande Terreur de 1794. La foi en la Raison elle-même, censée guider l'humanité sur la voie d'un progrès continu et infini dans tous les domaines, science, morale, droit, politique, est ébranlée.

Schelling, ami du poète Hölderlin et de Hegel, a raison de relever la concomitance de l'événement historique de 1789 — la « révolution dans les faits » — et du bouleversement intellectuel dû à Kant — la « révolution dans les idées ». Mais cette simultanéité implique aussi que le reflux des idéaux révolutionnaires s'accompagne d'un repli de la philosophie kantienne.

Kant s'était efforcé de limiter strictement les pouvoirs de la raison au monde des phénomènes. Il avait barré, pour ainsi dire, la question de l'Être : l'Absolu, la Vérité, les choses en soi, les noumènes, ne sont pas l'affaire de la raison. La connaissance est possible parce qu'un sujet, doté de principes *a priori*, transcendantaux, « informe » la réalité empirique. Une telle priorité accordée à l'esprit relève donc d'un idéalisme, mais d'un idéalisme transcendantal.

En revanche, Schelling — on vient de le voir —, Fichte et Hegel brouillent les frontières établies par Kant. À la raison kantienne, et à ses ambitions somme toute modestes, ils substituent l'esprit orgueilleux, avide de connaître l'absolu, capable de percevoir les pouvoirs et les pensées mêmes de Dieu. Le raisonnement est remplacé par la spéculation. La raison, selon Kant, supposait une méthode exigeante, rigoureuse, rebelle aux fantaisies de l'imagination, aux intuitions, au sentiment. Chez Fichte et Schelling, l'esprit prend, si l'on peut dire, le relais de la

raison. Cet esprit est au service d'un moi, d'une subjectivité, d'un « génie » incarnant, individuellement,
toutes les facultés dont la nature a doté l'homme, y
compris les plus contraires en apparence : la raison
et l'intuition, l'intellect et la sensibilité.

Chez Fichte (1762-1814), cet idéalisme est *subjectif* : il repose sur l'unité de l'esprit, du moi. Ce moi
est libre et indépendant : c'est lui qui pose le monde
en dehors de lui. Mais, dans le même temps, ce moi
ressent douloureusement son impuissance à accéder
à la connaissance absolue des choses. Souffrance
ambiguë d'un moi qui se sait fini, limité, mais qui
aspire à l'infini, à l'illimité, et à se fondre dans l'unité
du monde, du cosmos. Fichte retient de Kant l'idée
d'intersubjectivité, d'universalité, en leur donnant
toutefois un contenu concret. Il pense à la constitution d'un État qui réglerait de façon rationnelle la
vie de l'individu à l'intérieur de la communauté,
aussi bien sur le plan économique et politique que
moral et culturel.

Schelling représente le versant objectif de cet idéalisme. L'esprit ne se confond pas avec le moi. Il existe
aussi à l'extérieur de lui, dans la nature : il s'objective
en elle. Que fait l'artiste qui crée ? Il objective
concrètement l'idée qu'il a en lui. L'art est d'ailleurs
le lieu par excellence où l'esprit et la nature se
réconcilient, où le moi et le monde s'unissent, et où
se fondent l'individu et l'universel. Il devient donc
manifestation d'un Absolu.

Nous verrons comment Hegel dépasse ces deux
conceptions idéalistes, comment l'art, inséré dans
l'histoire, est la révélation, l'apparition de l'absolu
sous une forme sensible.

Il est clair que ces philosophies postkantiennes
attribuent à l'art un tout autre statut que celui qu'il

possédait dans la *Critique de la faculté de juger* et, à plus forte raison, dans les conceptions antérieures. De toutes les activités humaines, il représente désormais celle qui répond le mieux à des aspirations essentielles, d'ordre métaphysique ou théologique. Les conceptions romantiques, issues de la réaction anti-Lumières des écrivains et poètes du *Sturm und Drang*, sont à l'unisson de ces thèses philosophiques.

Le mouvement préromantique *Sturm und Drang* (« Tempête et assaut ») est né avant la Révolution française, vers 1770, sous l'empereur Frédéric II, en pleine période *Aufklärung*. Animé par quelques jeunes contestataires hostiles au rationalisme confortable et bourgeois, il disparaît en 1780. Il n'aurait guère laissé de traces dans l'histoire littéraire si des écrivains et philosophes célèbres, Schiller, Goethe et Herder notamment, ne l'avaient soutenu.

Le *Sturm und Drang*, moment d'exaltation, rebelle au conformisme, est éphémère, mais vu sous l'angle de ces trois représentants illustres, il constitue un prélude au romantisme. « Romantisme », un mot difficile à définir : Friedrich von Schlegel exige deux mille pages pour tenter l'opération. Une façon comme une autre de dire que c'est impossible. Contentons-nous de quelques repères.

Goethe, auteur des *Souffrances du jeune Werther* (1774), est déjà romantique. Schiller, l'auteur des *Brigands*, également. Mais ces « préromantiques » évoluent vers le classicisme, surtout vers la fin du siècle. On voit que la périodisation classique-romantique en Allemagne ne correspond pas au classicisme français du XVIIᵉ siècle, ni au romantisme qui lui succède à la fin du XVIIIᵉ siècle.

Les auteurs de la génération du *Sturm und Drang* sont « classiques » parce qu'ils considèrent que l'art grec, né — selon les mots mêmes de Goethe — sur la « terre classique », représente la « perfection inaccessible », la beauté idéale et intemporelle. Cette conception goethéenne et schillérienne de l'art grec, jugée régressive par certains des contemporains, s'interpénètre à l'autre source importante du romantisme allemand : le Moyen Âge. Goethe lui-même, avant le Parthénon, avait « découvert » la cathédrale de Strasbourg et s'était enthousiasmé pour le style gothique. Novalis (1772-1801) célèbre la chrétienté à l'époque du Moyen Âge.

Au début du XIXᵉ siècle, un curieux syncrétisme apparaît dès lors en philosophie, en poésie, dans les arts en général : on peut être à la fois héritier des Lumières, progressiste et romantique conservateur, classique et romantique, mystique et païen, métaphysicien et préoccupé par l'organisation du droit ou de l'État, universaliste et (bientôt) nationaliste. Goethe publie *Les Propylées* (1798), véritable manifeste classique, tandis qu'à la même période, Novalis, mystique et platonicien, écrit dans la revue des frères Schlegel l'*Athenaeum*, premier organe officiel du romantisme. Il est même l'un des animateurs de cette publication éphémère (1798-1800).

Comment expliquer ce mélange de sources et d'inspirations diverses et contradictoires sinon par l'existence d'un même enjeu : sauver l'Europe grâce à la culture, à l'art, à la poésie. Donner conscience à chacun qu'il peut devenir « citoyen du monde » et que toutes les nations voisines, alors en guerre — France, Italie, Autriche, Allemagne, Angleterre — forment un « corps artistique idéal » (ces expressions sont de Goethe).

Mais la réalité déçoit toute espérance. L'Idée européenne est encore loin, et l'on ne compte pas ici les

Pays-Bas, l'Espagne et la Russie qui finiront par se coaliser contre la France. Le Premier consul est devenu consul à vie (1802). En 1804, Bonaparte devient Napoléon et ses troupes s'apprêtent à déferler sur l'Allemagne : défaites durement ressenties (notamment à Iéna en 1806) pour la Prusse, et pour une Allemagne qui rêve, sans trop y croire, de devenir une nation.

On ne comprend guère la réaction romantique, en art et philosophie, si l'on fait abstraction du désarroi de toute une génération d'intellectuels devant la situation extérieure périlleuse, et une situation intérieure de crises économiques, sociales, politiques et idéologiques particulièrement préoccupantes.

La réhabilitation du Moyen Âge, le retour à l'Antiquité grecque et latine contribuent à la restauration culturelle d'un pays qui cherche à se préserver du chaos. Peu de temps avant l'invasion des troupes françaises, Novalis définit parfaitement l'état d'esprit de l'époque : « En Allemagne, on peut déjà discerner en toute certitude les prodromes d'un monde nouveau. L'Allemagne précède d'une marche lente mais sûre tous les autres pays européens. Tandis que ceux-ci sont préoccupés de guerres, de spéculations et d'affaires de parti, l'Allemagne s'applique de tout son effort à devenir digne de participer à une époque de culture supérieure, et cette avance doit lui assurer, avec le temps, une grande prépondérance sur tous les autres[1]. »

Quel que soit le rôle du Moyen Âge, du sentiment religieux, du christianisme dans la pensée romantique, aussi bien allemande que française (Chateau-

_____

1. Friedrich Novalis, *Petits écrits*, Paris, Aubier, 1947, trad. G. Bianquis, p. 161 *sq.*

briand, Victor Hugo), la Grèce antique, plus encore que l'Italie, hante l'esprit des philosophes et des poètes.

Mais nous pouvons d'ores et déjà apporter une précision à ce que nous disions plus haut : la Grèce romantique n'est pas celle du siècle classique ni celle des scolastiques du Moyen Âge. Ce n'est même plus celle de Winckelmann, amoureux de la « noble simplicité et de la grandeur sereine » des statues grecques. La Grèce désormais rentre dans l'histoire grâce aux fouilles archéologiques et, du même coup, installe l'art dans sa propre histoire. Elle livre le point de vue d'où l'on peut contempler la civilisation occidentale depuis ses origines, et comprendre la culture comme processus, évolution, vie et donc mort.

Mieux encore : le modèle grec permet de penser la modernité naissante et d'anticiper, comme chez Baudelaire, mais déjà chez Hegel, le caractère éphémère d'un art qui tente de rompre avec la beauté éternelle. Et le paradoxe de la seconde moitié du XIXe siècle est bien que l'art grec continue d'apparaître comme un modèle au moment même où les modèles s'effondrent.

Résumons : au début du XIXe siècle, dans le cadre même de l'autonomie de l'esthétique, l'art voit son rôle et son statut modifiés. Deux tendances apparaissent. Il y a ceux, philosophes (Schelling) ou poètes (Hölderlin), qui lui assignent une vocation métaphysique ou théologique : l'art donne accès à l'Absolu, à la Vérité, à l'Être, à Dieu. On peut parler d'une *sacralisation* de l'art. Mais il y a ceux, aussi, qui lui attribuent des tâches temporelles, pédagogiques, sociales ou politiques. Il s'agit, en ce cas, d'une *sécularisation* de l'art.

Sacralisation et sécularisation ne sont pas toujours antagonistes et peuvent aller de pair au sein d'une même esthétique, par exemple chez Schiller ou chez Nietzsche. Mais l'important réside surtout en ceci : l'esthétique a acquis son autonomie sur la base d'un affranchissement progressif de l'art vis-à-vis des tutelles métaphysique, théologique, religieuse et morale ; ces déliaisons s'accompagnent d'une émancipation vis-à-vis des contraintes sociales et institutionnelles : reconnaissance du statut d'artiste, mise en cause des conventions académiques.

L'esthétique kantienne représente le moment où l'autonomie de l'esthétique coïncide avec l'autonomie de l'art. De façon abstraite cependant : la position formaliste de Kant condamne l'art à l'impuissance et à l'inutilité. En revanche, dès que l'art est envisagé concrètement dans son rapport avec la société comme pratique effective, créatrice d'œuvres, les liaisons réapparaissent.

D'où la question : n'est-ce pas l'autonomie esthétique qui permet de penser que l'art, de tout temps, n'a jamais été autonome ?

Les liens entre l'art et la religion, la métaphysique, les mythologies, les divers systèmes de représentation du monde ont toujours existé, que ce soit en Grèce, au Moyen Âge ou au XVIIIᵉ siècle. À toute époque, philosophes, penseurs ou artistes eux-mêmes ont tenté de lui attribuer un rôle dans la société et de l'astreindre à des tâches pédagogiques, par exemple. Mais ces liaisons n'étaient pas pensées dans le cadre d'un discours spécifique. Seule la constitution de l'esthétique comme domaine autonome permet de prendre en charge, sur le plan théorique, cette *hétéronomie*.

Peut-être pour aboutir à cette constatation que cette hétéronomie n'a jamais été totale et que la création artistique s'est toujours rebellée contre les ordres qui lui étaient imposés[1]. En effet, l'art a toujours été là où les doctrines et les systèmes conventionnels ne l'attendaient pas : dans la cité athénienne du Vᵉ siècle avant J.-C., il se joue des admonestations de Platon ; à la Renaissance, il ruse avec les conventions de la perspective ; au début du XIXᵉ siècle, il défie les normes de la représentation picturale et les lois de l'harmonie traditionnelle. Les doctrines, les systèmes, les théories de l'art interviennent avec retard : l'art, dans son évolution, les a toujours, jusqu'à présent, soit devancés, soit rapidement démentis.

Même la sacralisation de l'art affirmée par les philosophes postkantiens et les poètes romantiques, de Schiller à Hegel, n'échappe pas à ce sort. Novalis, Friedrich von Schlegel, Schelling, Hölderlin considèrent que l'Art devient le rival de la philosophie et de la religion : il est révélation de l'Être. Cette conception théologico-métaphysique atteint son apogée dans la philosophie de l'art de Hegel. Mais la « théorie spéculative de l'art[2] » se développe dans le contexte d'un art qui ne connaît pas encore les révolutions formelles. Elle représente, probablement avec Hegel, la dernière tentative pour penser l'Art dans sa liaison majeure avec l'Absolu, avant que les arts n'entrent dans la phase « absolument moderne »

---

1. Cf. ci-dessous, deuxième partie : « L'hétéronomie de l'art ».
2. Nom donné par Jean-Marie Schaeffer à cette tradition romantique, occidentale, née en Allemagne après les Lumières, qui prétend révéler la nature de l'Art, comme théorie de l'Être. L'Art, sacralisé à l'excès, se transforme en savoir « extatique » et tient lieu de religion. L'influence de système spéculatif s'étendrait, selon Jean-Marie Schaeffer, jusqu'aux théories et aux pratiques de l'art moderne et contemporain. Cf. *L'art de l'âge moderne. L'esthétique et la philosophie de l'art du XVIIIᵉ siècle à nos jours*, Paris, Gallimard, 1992.

des avant-gardes. (Voir la troisième partie : « Les ruptures ».) Nous terminerons donc ce grand chapitre consacré à l'autonomie de l'art par l'esthétique de Hegel.

Cette œuvre considérable représente une synthèse des conceptions postkantiennes, idéalistes et romantiques du premier tiers du XIXe siècle. En outre, elle constitue, avec celle de Kant, l'une des références obligées de l'esthétique moderne et contemporaine. Nous dirons pourquoi.

Mais une histoire de l'esthétique se doit aussi de rendre justice à des conceptions plus modestes, et pourtant caractéristiques des tensions, voire des crises traversées par cette période ; tensions et crises que le système hégélien tente précisément de surmonter.

L'éducation esthétique selon Schiller

Friedrich von Schiller a eu conscience, sans doute plus tôt que quiconque, du danger d'abstraction de l'esthétique kantienne. Moins optimiste que Kant, il constate, en 1795, que le « cours des événements » ne permet plus de se satisfaire de l'art idéaliste. L'époque est livrée à l'utilitarisme, à l'accroissement du marché — y compris du marché de l'art — et le progrès scientifique et technique avance à grands pas. La science élargit ses limites, dit Schiller, et rétrécit celles de l'art.

Mais les événements, ce sont aussi les conflits politiques et la menace d'une guerre qui met en péril le destin de l'humanité. Notons la clairvoyance de Schiller : « [...] c'est maintenant le besoin qui règne en maître et qui courbe l'humanité déchue sous son joug tyrannique. L'utilité est la grande idole de l'époque ; elle demande que toutes les forces lui soient asservies et que tous les talents lui rendent hommage[1]. » De quel poids peut peser le mérite spirituel de l'art, activité dérisoire au milieu de la « kermesse bruyante du siècle » ?

Mais constater le rôle minime de l'art, c'est déjà sous-entendre qu'il pourrait, sous certaines conditions, remplir des fonctions plus essentielles. Et les vingt-sept *Lettres sur l'éducation esthétique de l'homme* (*Briefe über die ästhetische Erziehung des Menschen*) que Schiller publie entre septembre 1794 et juin 1795 ont précisément pour but de définir ces fonctions. C'est en cela qu'il infléchit considérablement la théorie de Kant.

Certes, les *Lettres*, de l'aveu même de Schiller, sont d'inspiration kantienne. On se souvient que Kant, tout en affirmant l'indépendance de l'esthétique par rapport à la morale, maintenait néanmoins un lien symbolique entre le beau et la moralité. Schiller adhère pleinement à cette conception mais il tente de lui trouver un sens concret. Artiste, écrivain, auteur dramatique et poète, il tient à l'idée que son art et l'art en général ne sont pas inutiles. Ils peuvent servir les desseins de l'humanité, à savoir une vie harmonieuse et libre, conforme à la fois à la nature et à la vertu. Cet idéal satisfait l'intérêt aussi bien de l'individu que de l'homme au sens générique du terme. Reconnaître cet intérêt en quelque sorte supérieur n'affecte en rien l'idée de satisfaction ou de jouissance désintéressées. Il s'agit simplement de

---

1. Friedrich von Schiller, *Lettres sur l'éducation esthétique de l'homme*, Paris, Aubier, éditions Montaigne, 1943, traduites et préfacées par Robert Leroux, deuxième lettre, p. 73.

désintellectualiser l'esthétique de Kant et de déplacer les exigences kantiennes de l'individu à la collectivité. Par exemple, d'assigner à l'État politique les
mêmes fins — ou plutôt les mêmes absences de fins –
qu'à la subjectivité.

Schiller dissipe l'équivoque que Kant maintenait
au cœur de sa doctrine : le beau, selon celui-ci,
dépend exclusivement de la façon dont le sujet se
représente la forme de l'objet et le sentiment ressenti
est lié à l'harmonie de nos facultés, entendement et
imagination. D'une part, Kant reconnaît que nos
facultés sont sollicitées par l'objet jugé beau (une
rose, une tulipe) mais, d'autre part, le sujet doit pour
ainsi dire « oublier » cette sollicitation pour ne
s'intéresser qu'à la forme du jugement pur. Il y a là
une énigme que nous pouvons exposer en simpli-
fiant : le beau me fait plaisir mais je ne dois pas avoir
conscience de ce plaisir sinon le beau n'est pas beau.

Ne serait-il pas plus simple de reconnaître que le
beau produit sur moi un effet qui n'entache en rien
la pureté de mon jugement ? Un effet moral, parfaitement respectable si cet objet présente des qualités
intrinsèques dans lesquelles je reconnais un produit
de la nature et de la liberté : la régularité d'un objet,
d'une œuvre, et l'harmonie entre les parties qui les
composent donnent l'impression qu'ils n'obéissent
qu'à leurs propres lois et cela leur confère une sorte
de « naturalité ». Ils traduisent une parfaite adéquation de la forme à la matière comme si la forme était
produite librement par cette matière même, sans
contrainte ni artifice.

On est proche de la définition kantienne des
beaux-arts qui doivent « revêtir l'apparence de la
nature » bien que l'on ait conscience qu'il s'agit d'art.
De même, on reconnaît l'idée kantienne selon

laquelle le génie est celui grâce à qui la nature prescrit ses règles à l'art. Mais Schiller, à l'inverse de Kant, ne se contente pas de préciser que l'objet beau doit posséder certaines qualités. Il reste à déterminer la nature de l'effet que cet objet suscite en nous, et pourquoi l'objet beau, régulier, harmonieux rencontre un écho dans la nature même de l'homme.

Kant parlait de facultés, d'entendement, d'imagination et de raison. Schiller s'exprime, quant à lui, en termes d'instincts propres à la nature humaine : pourquoi la beauté, l'harmonie de la forme et de la matière, plaît-elle ? Parce qu'elle engendre l'harmonie des deux aspects de la nature humaine, la raison et la sensibilité. Parce qu'elle est un appel à la conciliation entre l'instinct formel (*Formtrieb*) et l'instinct sensible (*sinnlicher Trieb*).

En réalité, la traduction communément admise du mot allemand *Trieb* par instinct est inadéquate. Mieux vaudrait parler de pulsion, de poussée dynamique, plutôt que d'instinct (*Instinkt*), tendance innée, impérative. Schiller, d'ailleurs, définit ces pulsions comme étant des énergies. L'instinct n'est pas perfectible, en revanche, les pulsions peuvent être orientées sous l'influence de l'éducation. Pour un héritier des Lumières comme Schiller, il n'y a pas de projet éducatif sans la croyance en un progrès de l'individu et de l'humanité. Si un tel progrès est possible, c'est parce que la nature humaine ne se réduit pas à l'antagonisme entre la pulsion sensible et la pulsion formelle, entre les sensations et la raison. À ses yeux, la conception sensualiste — celle de Burke, par exemple — et la théorie intellectualiste — celle de Kant — ont le tort de privilégier l'un des aspects de la nature humaine au détriment de l'autre. En fait, l'homme ne se réalise pleinement et ne s'épanouit que dans l'harmonie de ces pulsions, autrement dit lorsqu'il limite l'une et l'autre grâce à l'intervention d'une troisième pulsion à laquelle Schiller donne le nom de pulsion de jeu (*Spieltrieb*). Livré à la pulsion sensible, l'homme est prisonnier de sa nature, de ses besoins physiques ; placé sous le joug exclusif de la pulsion formelle, il est contraint par sa raison, victime de sa puissance législatrice, abstraite et désincarnée. Seul le jeu des facultés — entre raison et sensibilité — lui permet d'échapper à ces deux types de servitude. Or quelle activité autre que l'art — action réciproque de la forme et de la matière — représente le mieux cette liberté qui règne dans l'État esthétique ?

Ainsi l'éducation par la beauté permet de dépasser l'État sensible, d'accéder à l'État esthétique grâce à la maîtrise « raisonnable » des pulsions et de parvenir à l'État politique garant de l'autonomie ainsi acquise. Dans ce passage d'un État à l'autre, l'expérience du beau est fondamentale : le beau ennoblit moralement et ce progrès de la moralité signifie un progrès de la raison. Au terme du processus, c'est-à-dire de l'éducation esthétique de l'homme, se profile l'État idéal dans lequel État de la raison, État moral et État esthétique se confondent.

Il est remarquable que Schiller entende ainsi, sans la trahir, dépasser l'esthétique kantienne en la transposant dans l'ordre des phénomènes, sur le plan de la réalité empirique, sociale, économique et politique. L'autonomie esthétique joue donc un rôle essentiel. Grâce à elle, il devient possible de concevoir un État où la liberté, tout d'abord reconnue dans le domaine de l'art, s'étendrait à tous les autres domaines, celui des relations sociales et des relations morales.

Schiller sait bien qu'il est impossible de retrouver la Grèce antique, tout comme il est évident qu'on ne peut accéder à la perfection absolue. Mais, si l'on admire l'art grec à l'époque de l'apogée d'Athènes, c'est qu'on imagine que les Grecs ont pu s'approcher de cette perfection. L'initiation aux arts, à la musique, à la peinture, à la poésie favorise l'épanouissement de l'individu. Le rôle de l'État moderne est de développer les conditions qui permettent à tous de bénéficier du même privilège.

Mais Schiller, à la fin du XVIIIᵉ siècle, ne se berce pas d'illusions : le développement de la société, sous l'effet conjugué de la science et de la technique, n'est guère favorable à l'émergence de l'État esthétique. Sa critique de l'État moderne nous semble aujourd'hui étrangement familière : « L'homme qui n'est plus lié par son activité professionnelle qu'à un petit fragment isolé du Tout ne se donne qu'une formation fragmentaire ; n'ayant éternellement dans l'oreille que le bruit monotone de la roue qu'il fait tourner, il ne développe jamais l'harmonie de son être, et au lieu d'imprimer à sa nature la marque de l'humanité, il n'est plus qu'un reflet de sa profession, de sa science[1]. »

Ce n'est plus seulement l'utilitarisme de l'époque qu'il dénonce ici, mais le mécanisme froid d'une organisation sociale qui soumet les individus à un principe de rendement économique, avec ses conséquences : activité en miettes, luttes des groupes d'intérêts, vie mutilée, ressentiment des exclus de la culture envers l'élite. Or seule la beauté, dont nous pouvons jouir à la fois « en tant qu'individu et en tant qu'espèce », a le pouvoir d'abolir les privilèges

---

1. *Ibid.*, sixième lettre, p. 108-109.

et la dictature : « Dans l'État esthétique, tout le monde, le manœuvre lui-même qui n'est qu'un instrument, est un libre citoyen dont les droits sont égaux à ceux du plus noble[1]. »

Nous faisions remarquer, plus haut, que sacralisation et sécularisation de l'art n'étaient pas contradictoires ; nous nous demandions également si la constitution d'une autonomie esthétique n'était pas une condition nécessaire pour percevoir que l'art n'est jamais autonome, et qu'il est toujours en rapport avec la réalité empirique. Les *Lettres sur l'éducation esthétique de l'homme* nous semblent illustrer parfaitement ces deux idées.

L'art a-t-il un rôle à jouer dans l'évolution de l'homme et de l'humanité ? L'esthétique doit-elle assumer une fonction politique ? Kant répondait négativement à ces deux questions, conformément aux principes mêmes de sa philosophie. Schiller répond résolument de façon positive. Il considère, de façon très moderne, que la création artistique autonome est aussi un facteur de transformation de la société.

Paradoxalement, les thèses de Schiller n'occupent pas dans la réflexion esthétique contemporaine la place qui leur revient. Pourtant, sa conception des pulsions énergétiques, sensibles, formelles et ludiques n'est pas sans présenter quelque similitude avec l'opposition nietzschéenne entre l'apollinien et le dionysiaque. De même, la sublimation esthétique des pulsions libidinales inconscientes, à laquelle Sigmund Freud attribue le pouvoir de structurer « formellement » l'œuvre d'art pour permettre sa

---

1. *Ibid.*, vingt-septième lettre, p. 355.

reconnaissance sociale, rappelle, sur plusieurs points, la théorie schillérienne de la beauté.

Parmi les contemporains, le philosophe Herbert Marcuse est l'un des rares à avoir attiré l'attention sur le caractère explosif des *Lettres*. Dans son ouvrage *Éros et civilisation* (1955), il considère que la théorie de Schiller anticipe les formes modernes de contestation dirigées contre le principe de rendement et la tyrannie de la raison qui règnent dans les sociétés postindustrielles.

Actualiser une théorie historiquement datée et la transposer à la société moderne est certainement une opération à risque. Il serait facile d'objecter à Marcuse que Schiller n'anticipe rien, qu'il est parfaitement de son temps et aucunement du nôtre. Mais il est vrai que la « crise » de l'esthétique et la question des rapports entre l'art et la politique, telles que les envisage Schiller, ne peuvent, aujourd'hui encore, nous laisser indifférents.

L'initiation à l'esthétique selon Jean-Paul

Johann Paul Friedrich Richter (1763-1825), dit Jean-Paul, ne bénéficie guère, à l'instar de Schiller, de la place qui devrait lui revenir en esthétique. Nietzsche le considère pourtant, à juste titre, comme l'un des hommes « les plus caractéristiques de son époque ». Cet hommage ne nous semble pas exagéré. Nous n'entrerons pas, toutefois, dans le détail du *Cours préparatoire d'esthétique* qu'il publie en 1804[1]. Un tel ouvrage défie au demeurant un exposé systé-

---

1. Jean-Paul, *Cours préparatoire d'esthétique*, Lausanne, L'Âge d'Homme, trad. A.-M. Lang et J.-L. Nancy, 1979.

matique : foisonnant d'exemples et de références érudites, allusif à chaque ligne, alternant le sérieux, le comique, l'ironie, l'humour, et parfois le grotesque, il est l'œuvre d'un romancier plus que d'un théoricien.

Jean-Paul se félicite de ne pas écrire un traité scientifique sur le beau, ni un sérieux discours sur l'art. Ne s'agit-il pas alors plus d'une *poétique* que d'une *esthétique* ? Certains lui en font le reproche. Il les prend à contre-pied : « elle n'est même pas cela » ! Et il avoue l'avoir écrite par manière de « plaisanterie parodique ». Les moments d'autocritique sont d'ailleurs assez surprenants : Jean-Paul justifie le titre « cours préparatoire » (*Vorschule*) par analogie avec les premières classes de l'enseignement primaire, où les enfants se réunissent dans le préau pour apprendre leur leçon.

Quant à l'esthétique proprement dite, il n'a d'autre ambition que d'en énoncer les rudiments : « La véritable esthétique, écrit-il, ne sera donc écrite que par un homme capable d'être à la fois poète et philosophe. » Or Jean-Paul se sait poète, pas philosophe. Ironiquement, il note : « De la présente esthétique je n'ai rien à dire, sinon qu'elle a du moins été faite par moi plus que par d'autres, et qu'elle est mienne dans la mesure où, à l'ère de l'imprimé, alors que l'écritoire est si proche de la bibliothèque, quelqu'un peut dire "sienne" une pensée. » Cette esthétique a-t-elle néanmoins quelque qualité ? Oui, répond-il dans un excès de modestie, si on l'évalue au nombre de jours passés pour la rédiger, à savoir dix mille !

Si l'esthétique reste à écrire, cela signifie qu'aucun de ses prédécesseurs et très peu de ses contemporains y sont parvenus. Quelques Français méritent attention : Fontenelle, Voltaire (!), certains Anglais, tel Henry Home, fort peu d'Allemands, pas même Schiller. Quant aux « modernes esthéticiens transcendants », ceux qui ajustent leur théorie sur le « patron » kantien — comme l'on parle du patron-modèle d'une couturière — mieux vaut ne rien en dire !

Pourquoi cette esthétique excessive, exubérante, romantique sans l'être vraiment, suscite-t-elle notre intérêt ? Les raisons sont multiples.

Le *Cours préparatoire d'esthétique*, on l'a dit, n'est pas un traité mais un ensemble de paragraphes : deux grandes divisions comprenant, l'une huit, l'autre quinze programmes. Les thèmes sont d'une extrême diversité : le comique, l'humour, le grotesque, le burlesque, le trait d'esprit (*Witz*), l'allégorie, l'épopée, le drame, le roman, l'ode, l'élégie, la fable, l'épigramme, la peinture de paysage, la musicalité de la prose, etc.

Jean-Paul n'invente pas un style ni un mode d'expression. Il fait bien plus : il met en pratique le genre littéraire promu par le groupe de l'*Athenaeum* : une succession de paragraphes, d'aphorismes plus ou moins longs, des « fragments » dans l'esprit de Friedrich von Schlegel et de Novalis. Dans le premier numéro de la revue, en 1798, Schlegel publie plus de cent fragments attribués à Novalis sous le titre *Grains de pollen*. Il en reste plus de trois mille à éditer ! Ce style convient à Jean-Paul.

Mais cette écriture fragmentaire n'est pas simplement affaire de style, ni pour les romantiques, ni pour Jean-Paul : le fragment est un défi à la pensée systématique, à l'impérialisme de la raison déductive et organisatrice. Le fragment est effectivement comme un grain de pollen chargé de semer la vérité. On pourrait dire, paradoxalement, que le fragment n'est pas fragmentaire : c'est un microcosme, parfait en soi : « Pareil à une petite œuvre d'art, un fragment doit être totalement détaché du monde environnant, et clos sur lui-même comme un hérisson », déclare Schlegel dans l'*Athenaeum*. Pour Jean-Paul, réceptif aux crises de son époque malade, et notamment à la profonde crise culturelle dont le romantisme est le symptôme flagrant, le fragment, sous sa forme mutilée, constitue l'écriture adéquate à ces temps enfiévrés.

Mais le fragment, grâce à sa concision, est aussi le mode d'expression idéal du *Witz*, du trait d'esprit. La plaisanterie humoristique n'est-elle pas apte, comme le montrera Freud, à conjurer le malaise, la névrose et, en même temps, à les révéler ? Concentré d'humour et d'ironie, le *Witz*, dans sa fulgurance ironique, ne traduit-il pas le désenchantement, voire le nihilisme qui hantent cette période ?

Comme Schelling, Jean-Paul ressent intensément la séparation douloureuse entre l'aspiration du moi à l'Absolu et l'impossibilité d'y accéder. Se remémorer la Grèce antique, modèle impérissable de délicatesse artistique et éthique, représente dès lors le seul remède. L'un des plus longs fragments du *Cours* est un hymne aux Grecs, à la « fraîche jeunesse du monde », en réponse à l'aridité de l'existence en ce début de XIXe siècle : « Quelle vive et délicate lumière ce soleil et cette lune d'Homère, l'*Iliade* et l'*Odyssée* ! »

Jean-Paul voit la Grèce avec les yeux de Winckelmann ; le rêve devient fantasme : « Les Grecs donnent aux dieux le bonheur, aux hommes la vertu [...] La philosophie n'était pas apprentissage d'un gagne-pain, mais de la vie, et le disciple vieillissait dans les jardins du maître [...] L'art et la poésie n'étaient pas emprisonnés, ensevelis derrière les murs d'une capitale, ils planaient au contraire et flottaient sur la Grèce entière », etc.

« Rien ne pullule à notre époque comme les esthéticiens », note-t-il en 1804. Mais il compte parmi les premiers à bénéficier de l'autonomie esthétique. Il en profite pour créer un langage inédit, un discours spécifique unique en son genre, dont se souviendront plus tard Schopenhauer et Nietzsche et, au XXᵉ siècle, Walter Benjamin et Theodor Adorno.

Mais entre Jean-Paul et ceux qui retiendront les leçons de son *Cours préparatoire d'esthétique*, il y a Hegel : une pensée systématique, cohérente, l'une des plus stupéfiantes synthèses des diverses doctrines et théories sur l'art. Entre l'extravagance poétique de Jean-Paul et le système philosophique hégélien, il n'y a guère, en apparence, de dénominateur commun, sinon la Grèce, ce miroir antique devant lequel, pour quelques décennies encore, la modernité restera figée, fascinée par les traits de sa propre imperfection.

HEGEL ET LA PHILOSOPHIE DE L'ART

Peut-on enseigner à l'université une discipline qui n'existe pas ? Cette question, G.W.F. Hegel la pose dès 1805. L'université envisagée est l'une des plus prestigieuses d'Allemagne : Heidelberg. Hegel n'y devient professeur qu'en 1816. La discipline qui n'existe pas — elle ne bénéficie pas de chaire académique attitrée — c'est l'esthétique ! Hegel ne l'enseigne épisodiquement qu'à partir de 1818, à l'université de Berlin, puis de façon continue entre 1827 et 1830.

On ne résume pas mille deux cents pages d'un cours d'esthétique, reconstitué assez fidèlement à partir de notes d'étudiants. Mieux vaut, ici, souligner les principaux enjeux de cette monumentale entreprise. Précisons tout d'abord en quoi l'esthétique de Hegel diffère en tout point de l'esthétique kantienne.

Contrairement au philosophe de Königsberg, Hegel voue une véritable passion à tous les arts. Au séminaire protestant de Tübingen (1788-1793), où il se lie d'amitié avec Hölderlin et Schelling, il lit les tragiques grecs, Shakespeare, et les poètes allemands contemporains, Schiller et Goethe. À Heidelberg puis à Berlin, il fréquente les théâtres et les concerts, visite les expositions, admire Bach, Haendel, Gluck, Mozart, Rossini. Critique, il se montre sévère, voire injuste, envers les peintres et les musiciens contemporains : pas un mot sur Beethoven ni sur Caspar David Friedrich. Il ignore le sculpteur Christian Rauch et l'école de Berlin. Rietschel, pourtant auteur des statues de Gluck, Mozart, Goethe et Schiller, n'est pas mentionné. Étrange indifférence à l'art du temps qui contraste avec son intérêt pour l'art du passé : la peinture hollandaise notamment, Van Eyck, Memling, Rembrandt ; les vitraux des cathédrales, Cologne, Bruxelles ; les villes, Vienne, Paris ! Kant, sédentaire, s'était épris des beautés de la nature. Hegel, nomade dans l'Europe du début du XIXᵉ siècle, n'a d'yeux que pour le beau artistique.

On a évoqué, précédemment, les réserves de Hegel concernant l'emploi du mot « esthétique ». S'il l'adopte, c'est faute de mieux et parce que le terme est désormais passé dans l'usage. L'expression

« philosophie de l'art » est en réalité plus adéquate à son propos.

Le beau : un « génie amical »

Dès l'introduction à l'*Esthétique*, Hegel précise son intention : il s'agit de montrer que la philosophie de l'art « forme un anneau nécessaire dans l'ensemble de la philosophie ». Il n'est donc pas question d'élaborer une quelconque métaphysique de l'art, mais de partir du « royaume du beau », du « domaine de l'art ». Et il convient d'inclure cette philosophie du beau dans l'ensemble du système philosophique.

De quoi parle-t-on ? Des beautés diverses propres aux différents arts, spécifiques aux œuvres particulières ? Mais face à une telle diversité, il serait impossible de constituer une science ayant quelque validité universelle. Il faut donc partir de l'Idée de beau. C'est d'elle que l'on déduit les beautés particulières, et non pas des beautés particulières que l'on déduit le concept. Hegel approuve Aristote : il n'y a de science que du général !

Curieusement, il invoque Platon et cite son dialogue *Hippias majeur* : « On doit considérer, non les objets particuliers, qualifiés de beaux, mais le Beau. » C'est toutefois l'une des très rares concessions au platonisme. Platon n'hésitait pas à critiquer l'art et son caractère illusoire, apparent, piètre copie d'un monde idéal. Pour Hegel aussi, l'art est apparence, mais cette « apparence » est réelle. Elle est la manifestation sensible, perceptible de ce que les hommes, les peuples, les civilisations ont conçu grâce à leur esprit et ont exprimé grâce à la création d'œuvres d'art concrètes. Le beau existe, là, partout, autour de nous. Il intervient, dit Hegel, « dans toutes les circonstances de vie » comme ce « génie amical que nous rencontrons partout ».

Et — ce n'est guère pour nous étonner — le seul beau qui l'intéresse est le beau artistique, celui des productions humaines, à l'exclusion du beau naturel. Pourquoi ? Tout simplement parce que le beau artistique est toujours supérieur au beau de la nature. C'est une production de l'esprit, et l'esprit « étant supérieur à la nature, sa supériorité se communique également à ses produits, et par conséquent, à l'art[1] ».

Hegel peut difficilement être plus clair lorsqu'il déclare : « La plus mauvaise idée qui traverse l'esprit d'un homme est meilleure et plus élevée que la plus grande production de la nature, et cela justement parce qu'elle participe de l'esprit et que le spirituel est supérieur au naturel[2]. »

L'une des conséquences de cette supériorité incontestable de l'esprit est que l'art ne saurait avoir pour but d'imiter la nature. Hegel prend ici radicalement le contre-pied de la tradition aristotélicienne en vigueur dans l'art occidental : « En prétendant que l'imitation constitue le but de l'art, que l'art consiste par conséquent dans une fidèle imitation de ce qui existe déjà, on met en somme le souvenir à la base de la production artistique. C'est priver l'art de sa liberté, de son pouvoir d'exprimer le beau[3]. » Or le but de l'art n'est pas de satisfaire le souvenir, mais de satisfaire l'âme, l'esprit.

Il suffit de remonter le cours du temps pour s'aper-

---

1. G.W.F. Hegel, *Esthétique, op. cit.*, t. I, p. 8.
2. *Ibid.*
3. *Ibid.*, t. I, p. 34.

cevoir que le « génie amical » a toujours entretenu
des relations privilégiées avec la religion et avec la
philosophie. De tout temps, l'art a symbolisé, représenté, figuré le sentiment religieux de l'homme ou
son aspiration à la sagesse. C'est grâce aux vestiges
artistiques des civilisations et des cultures anciennes, aux statues, aux monuments, aux mosaïques,
etc., que nous pouvons reconstituer ce que furent,
alors, les idées et les croyances qui animaient les
hommes des époques antérieures. Si l'art intéresse à
ce point Hegel, c'est donc parce qu'il exprime la vie
de l'esprit et qu'il permet à cette vie d'être sentie,
perçue grâce aux œuvres.

L'idée de beau et l'Esprit absolu

Or il y a chez Hegel cette inébranlable certitude —
ou cette « croyance » — que l'esprit humain est lui-
même une parcelle d'un esprit qui le dépasse : un
Esprit absolu régit l'ensemble de la pensée et de
l'activité humaines et se déploie au cours de l'histoire. Cet Esprit absolu pousse à la réalisation du
Vrai et de la Liberté, quels que soient les obstacles et
les vicissitudes qui contrarient l'action des hommes.

Bien entendu, avec un peu de pragmatisme, on
pourrait lui objecter que l'histoire abonde en contre-
exemples qui démentent cet « optimisme ». L'histoire n'est-elle pas faite d'une succession de guerres,
d'injustices, de ravages causés par la folie des hommes, autant de désastres qui conduisent à l'anéantis-
sement total des civilisations les plus riches, considérées comme immortelles ?

Cette objection est sans valeur. Le système hégélien, par sa cohérence, surmonte les contradictions,

et notamment les événements qui paraissent contraires à la réalisation de l'esprit objectif. Il ne s'agit pas,
chez lui, d'optimisme mais de conviction. Le langage
déjà et à son plus haut niveau le Concept sont les
signes de l'Absolu : le simple fait que je puisse nommer — « donner nom » — à l'Esprit, à l'Idée, à l'Âme,
à Dieu est l'indice d'une existence que je ne puis nier,
même si je ne peux me représenter cette existence.
Autrement dit, quelles que soient les contradictions
dans le monde ou dans l'individu, entre le bien et le
mal, le vrai et le faux, le beau et le laid, la justice et
l'injustice, la forme et la matière, le sensible et le
spirituel, la liberté et la nécessité, le subjectif et
l'objectif, rien ne m'interdit de penser que l'Esprit
parviendra à les surmonter ou, pour parler comme
Hegel, à les *dépasser* dialectiquement.

Et quels que soient les contingences matérielles,
les accidents de l'histoire, j'aurai affaire, *en fin de
compte*, à trois formes de l'absolu : l'art, la religion
et la philosophie. Certes, je rencontrerai ces formes
sous des aspects divers et à des stades d'évolution
différents selon les cultures, en Inde, en Orient, en
Occident, dans l'Égypte ou dans la Grèce antique,
mais toujours je devrai les considérer comme des
expressions ou des manifestations de l'Esprit absolu,
indices de cette quête infinie de la Liberté qui se
confond avec celle de Dieu.

On perçoit mieux, au-delà même de la préférence
de Hegel pour le beau artistique, ce qui le sépare
de Kant. Celui-ci limite le pouvoir de la Raison à
la connaissance des phénomènes. La Raison, l'esprit
humain n'ont pas accès aux choses en soi, à l'Absolu.
Pour Hegel, au contraire, l'Esprit, l'Absolu s'incarnent en quelque sorte dans les choses mêmes. Il n'y
a rien dans la réalité qui ne soit, à des degrés divers,

la manifestation de l'Esprit absolu, et rien, par conséquent, que l'esprit humain, du moins en théorie, ne puisse connaître : tout ce qui est réel est donc rationnel, et accessible à la raison. La réciproque aussi est vraie : tout ce qui est rationnel est susceptible de se concrétiser dans la réalité.

Pour Hegel, il va de soi que la prise de conscience des manifestations de l'Esprit absolu est un processus historique. Il n'en a pas toujours été ainsi : ce processus a eu un début, il peut donc avoir une fin. Nous verrons que ce point a une importance capitale pour l'avenir de l'esthétique. La philosophie de l'histoire hégélienne affirme que l'histoire a un sens, une signification précise : celle du progrès de l'Esprit qui parvient à la connaissance de soi, de ce qu'il est réellement en tant qu'Esprit.

L'art est inclus dans cette histoire : il exprime, comme la religion et la philosophie, la façon dont l'esprit parvient à surmonter l'opposition ou la contradiction entre la matière et la forme, entre le sensible et le spirituel. Il est ainsi la manifestation concrète de l'Esprit, du Vrai dans l'histoire de l'humanité : « Si l'on veut assigner à l'art un but final, ce ne peut être que celui de révéler la vérité, de représenter de façon concrète et figurée ce qui s'agite dans l'âme humaine. Ce but lui est commun avec l'histoire, la religion, etc.[1] »

On perçoit clairement, à nouveau, combien l'Idée hégélienne du beau diffère de l'Idée platonicienne. Pour Platon, l'idée du Beau, comme celle du Vrai et du Bien, est abstraite, intemporelle, anhistorique. Chez Hegel, le beau est la réalité concrète elle-même saisie dans son déploiement historique. Lorsque

1. *Ibid.*, p. 77.

cette réalité prend la forme sensible du beau artistique, elle détermine l'*Idéal* du beau artistique. Et cet
Idéal du beau apparaît dans l'histoire sous trois formes fondamentales : l'art symbolique, l'art classique
et l'art romantique.

Le système des arts

Nous nous contenterons de rappeler les grandes
lignes de la classification des arts proposée par
Hegel, en insistant surtout sur ses implications dans
le domaine de la philosophie de l'art. Si l'*Esthétique*
est de loin son ouvrage le plus facile d'accès, cette
classification et le système auquel elle aboutit présentent quelques difficultés qui ne sont pas seulement dues à un défaut de compréhension du lecteur.

Nous venons de préciser que l'Idéal du beau désigne la façon dont l'Idée de beau se réalise historiquement dans des formes particulières de l'art. Chacune
de ces formes correspond ainsi à une période déterminée de l'histoire :

– l'art symbolique : l'art hindou étant, pour Hegel,
une forme rudimentaire d'art symbolique, l'exemple
le plus parfait est l'art égyptien,

– l'art classique : l'art grec,

– l'art romantique : l'art de l'Occident chrétien du
Moyen Âge au XIXᵉ siècle.

Chacun de ces arts traduit la façon dont l'imagination tente d'échapper à la nature, de donner forme à
un contenu. Le degré d'adéquation forme-contenu
est donc différent pour chacun. Il est lié à la manière
dont les hommes pensent pouvoir traduire la religion, leurs croyances ou leur foi grâce à l'art.

Dans l'art symbolique, égyptien, l'Idée — le

contenu — n'a pas encore trouvé sa véritable expression. Elle est prisonnière de la nature extérieure et de la nature humaine. Il s'agit là d'une forme « pré-artistique » qui ne s'est pas dégagée de l'intuition sensible et dont le mode d'expression repose sur des symboles énigmatiques. À propos des Égyptiens, Hegel écrit : « [...] leurs œuvres d'art restent mystérieuses et muettes, sans écho et immobiles, car l'esprit n'a pas encore trouvé son incarnation véritable et ne sait pas encore la langue claire et nette de l'esprit[1]. »

Rien d'étonnant à ce que les pyramides offrent dès lors — selon Hegel — le tableau de l'art symbolique lui-même. La description qu'il en fait est presque naïve : « Les souterrains sont creusés de labyrinthes, de profondes excavations, de passages longs d'une demi-heure de marche, le tout d'un travail soigné et fini[2]. » Le symbolisme égyptien devient total dans la représentation des dieux — Osiris et Isis, ou le sphinx, énigme absolue — où l'on sent bien que le spirituel n'a pas encore atteint sa pleine et entière liberté.

L'art grec représente, en revanche, l'adéquation parfaite de la forme et du contenu. C'est en lui, dit Hegel, qu'il faut « chercher la réalisation historique de l'idéal classique ». Les artistes ne s'épuisent pas à vouloir figurer de façon symbolique, souvent énigmatique, des aspirations plus ou moins confuses au divin. Il leur suffit de puiser librement le contenu de leurs œuvres dans les croyances populaires déjà établies ou dans la mythologie. Par exemple, le sculpteur Phidias (490-431) a « emprunté son Zeus à Homère ». Tandis que l'art symbolique est « ballotté

---

1. *Ibid.*, t. II, p. 65.
2. *Ibid.*, p. 67.

entre mille formes », l'art grec « détermine librement
sa forme » en fonction de l'idée, du concept, des
intentions qui animent l'artiste. La technique est si
parfaite qu'elle maîtrise pleinement la matière sensible et la plie aux ordres du créateur.

Cet équilibre entre la forme et le contenu est toutefois fragile. Hegel explique que, dès la fin du IVe siècle, lorsque la démagogie succède à la démocratie
athénienne et que l'affairisme et les intrigues pertver-
tissent la cité, l'harmonie entre le naturel et le spirituel se dégrade. Un abîme se creuse entre les anciennes aspirations à la vertu, le respect envers les
divinités et la réalité extérieure : dès l'époque de Platon et de Xénophon, commence la dissolution de
l'art classique avant que ne renaissent, plus tard,
d'autres aspirations à la spiritualité.

C'est dans l'art romantique — la dernière forme
particulière de l'art — que la spiritualité atteint son
maximum. L'art romantique est un art de l'intériorité absolue et de la subjectivité consciente de son
autonomie et de sa liberté. La représentation du
divin, du « royaume de Dieu » abandonne toute référence à la nature, à la réalité sensible. L'art classique
grec puisait son contenu dans les dieux ; l'art romantique le trouve dans l'histoire du Christ, de la
Rédemption, de la Vierge, des disciples ; il exprime
ainsi l'universalité à son plus haut degré.

Cet art « romantique » — Hegel donne un sens
particulier au mot — couvre la période la plus longue de l'histoire connue puisqu'il part des débuts de
la chrétienté pour culminer à l'époque de Hegel, à
celle où la signification philosophique dépasse le
conflit entre la forme et le contenu. Cet art romantique produit des œuvres puissantes, en peinture,
en musique, mais surtout dans le domaine de la

création littéraire et poétique : Dante, Cervantès, Shakespeare, jusqu'à Goethe et Schiller.

« Modestement », Hegel considère que la spiritualité atteint son apogée avec sa propre philosophie. Son système, où s'exprime au plus haut point la signification philosophique par excellence, coïncide avec la fin de l'art romantique.

Nous verrons plus tard, à propos du thème de la fin de l'art, quelles conséquences nous devons en tirer. Mais signalons d'emblée quelques anomalies dans la classification de Hegel.

Les difficultés du système

Deux choses sont à remarquer dans cette périodisation :
– si tous les arts sont, à l'évidence, présents simultanément à toute époque, chaque moment possède son art privilégié : architecture (art symbolique), sculpture (art classique), peinture, musique, poésie (art romantique) ;
– chronologiquement, toutes ces *formes particulières* traduisent une spiritualisation progressive : au départ, la forme brute, la matière (architecture) ; à l'arrivée, l'esprit pur, intériorisé, et la domination absolue de la matière (poésie).

Question : ces cinq arts, architecture, sculpture, peinture, musique, poésie — *formes individuelles*[1] et différenciées de l'Idéal qui se réalise en chaque œuvre —, sont-ils soumis au même progrès de

1. Ne pas confondre les formes *particulières* correspondant aux âges symbolique, classique et romantique, et les formes *individuelles* désignant les cinq arts, architecture, sculpture, peinture, musique, poésie.

l'esprit sur la matière ? Assurément : « De même que les formes d'art particulières, considérées comme une totalité, présentent une progression, une évolution du symbolique vers le classique et le romantique, chaque art, considéré à part, présente une évolution analogue, car c'est aux arts particuliers que les formes d'art doivent leur existence. »

Une première difficulté concerne l'agencement de l'*Esthétique* ; tout lecteur de l'ouvrage a pu la percevoir. En effet, l'étude des formes individuelles, c'est-à-dire des cinq arts qui constituent le « monde réel de l'art », intervient dans la première partie du troisième et dernier tome du cours. Mais chaque art est présent à titre d'exemple dans le tome II consacré aux formes particulières. Pour savoir ce que dit vraiment Hegel à propos d'un art spécifique, par exemple sur l'architecture ou la poésie, il faut donc « naviguer » d'un tome à l'autre pour reconstituer la totalité du propos.

Une deuxième difficulté saute aux yeux : elle consiste à vouloir établir une correspondance entre trois âges et cinq arts, dont trois pour le seul âge romantique. La question semble secondaire. Mais une telle imbrication trouble quelque peu la notion d'art privilégié, représentatif de chaque âge.

Exemple : la sculpture grecque incarne l'idéal classique au plus haut point ; elle constitue un modèle inimitable et inégalable. Parmi les sculpteurs grecs, on peut compter Phidias. Mais c'est au même Phidias, assisté d'Ictinos et de Callicratès, qu'Athènes a confié les plans du Parthénon, donc d'un monument architectural. Or l'architecture, notamment la pyramide, est l'art représentatif de l'art symbolique. Phidias, sculpteur génial, serait-il médiocre architecte ? Ce n'est évidemment pas ce que veut dire Hegel. Au reste, l'architecture, art symbolique par excellence, atteint son point culminant, selon Hegel, probablement sensible ici à l'émerveillement de Goethe, dans la cathédrale gothique. On voit donc que l'évolution de chaque art vers une plus grande spiritualité déborde le cadre temporel initial.

La dernière difficulté que nous évoquerons concerne la poésie et la musique.

Rappelons le principe du système des arts : architecture = matière inerte, opaque ; sculpture = matière et forme, apparence de la vie organique ; peinture = apparence visuelle en deux dimensions ; musique = intériorité subjective, liée au temps, éphémère ; poésie = subjectivité extériorisée dans les mots.

Dans cette « hiérarchie spirituelle », la poésie occupe le plus haut degré. Ne pourrait-on objecter qu'elle conserve pourtant un lien tenace à la matière du langage, aux mots, au travail de la langue, beaucoup plus que la musique, art temporel, fugitif, plus proche des « anges », du divin ?

Mais la cohérence d'un système fondé sur la nécessité, pour l'Idée, de parvenir au Concept, à l'Universel, oblige à accorder un privilège à l'art qui surmonte sa subjectivité pour s'extérioriser dans le monde : d'où le choix, très romantique, de la poésie. Pour Hegel, c'est la poésie qui n'a pas de patrie, et non pas la musique. Ce statut attribué à la poésie n'est pourtant pas sans équivoque. Et il est assez significatif qu'il hésite à son sujet, au point de se contredire.

On avait cru comprendre que la poésie était, après la peinture et la musique, le troisième art romantique. « Troisième », au sens de la dialectique hégélienne, signifie que la poésie est la synthèse des arts plastiques (thèse) et de la musique (antithèse) ou, si l'on préfère, la synthèse entre l'objectivité et la subjectivité : « On peut caractériser la poésie d'une façon plus précise, en disant qu'elle constitue, après la peinture et la musique, le troisième art romantique[1]. » Mais, quelques pages plus loin, il déclare que la poésie est l'« art en général ». Elle n'est plus liée à une forme d'art particulière (art romantique), elle les concerne toutes : « Aussi ne se rattache-t-elle à aucune forme d'art, à l'exclusion des autres, mais elle est un art *général*, capable de façonner et d'exprimer sous n'importe quelle forme tout contenu susceptible de trouver accès dans l'imagination[2]. »

Ainsi la poésie serait une forme d'art idéal, universel, présent à toute époque, transhistorique, si l'on peut dire, dans la mesure où il s'impose avec la même force à travers les trois formes particulières, symbolique, classique, romantique. Hegel s'abstient de résoudre cette contradiction.

Mais s'agit-il véritablement d'une contradiction ? Ne s'agit-il pas, pour Hegel, ami de Goethe, d'Hölderlin et de Schiller, de montrer que même l'art auquel il voue la plus grande admiration, la poésie, est lui aussi capable de disparaître. Comme tout art, il naît, s'épanouit et décline. Et puisqu'il incarne à la fois l'art romantique *et* l'art universel, cela signifie que l'art romantique, qui avait contribué à la dissolution de l'art classique, est lui-même condamné à périr. Mais c'est aussi le sort qui guette l'art en général.

---

1. *Esthétique, op. cit.*, t. III, 2ᵉ partie, p. 9.
2. *Ibid.*, p. 15-16.

La fin de l'art

Le passage de l'*Esthétique* consacré à la fin de l'art romantique est de loin le plus inattendu, même si l'« Introduction » nous avait quelque peu alertés. Ce thème intervient, dès le tome II, en conclusion de l'étude des formes particulières, symbolique, classique, romantique, au moment où l'on s'attend, de la part de Hegel, à une célébration de la période contemporaine.

Hegel vient de rappeler que le monde romantique n'a eu à réaliser qu'« une seule œuvre absolue » : la propagation du christianisme. Mais, au début du XIXᵉ siècle, cette tâche est achevée : « Nul Homère, nul Sophocle, nul Dante, nul Arioste, nul Shakespeare ne peuvent être produits par notre époque ; ce qui a été chanté aussi magnifiquement, ce qui a été exprimé aussi librement que l'ont fait ces grands poètes l'a été une fois pour toutes[1]. »

Le monde a changé et l'élévation des sentiments prônée par le romantisme dégénère en des formes affadies. Le romanesque, l'humour, le manque de sérieux dans le traitement des thèmes correspondent à l'irruption d'une subjectivité parfois brillante mais qui, désormais, se soucie exclusivement de soi et non plus du monde extérieur. L'art, selon Hegel, « tombe sous l'empire du caprice et de l'humour ».

Il est assez étrange de constater, à ce moment de l'*Esthétique*, que Hegel prend pour cible un contemporain direct. En effet, le représentant typique de cette dégénérescence de l'esprit romantique n'est autre que Jean-Paul, l'auteur du *Cours préparatoire*

---

1. *Ibid.*, t. II, p. 340.

d'esthétique, dont l'œuvre est riche de ces « traits d'esprit, de ces saillies et facéties » qui finissent, à la longue, par « fatiguer le lecteur ».

La déclaration de dissolution de l'art romantique intervient quelques lignes plus loin : « Nous sommes arrivés au terme de l'art romantique, *au seuil de l'art moderne* dont nous pouvons définir la tendance générale par le fait que la subjectivité de l'artiste cesse d'être dominée par les conditions données de tel ou tel contenu ou de telle ou telle forme, mais domine l'un et l'autre et *garde toute sa liberté de choix et de production*[1]. » Pour bien comprendre le sens de cette réflexion, souvent objet de malentendus, il importe de la situer dans le projet d'ensemble de l'esthétique et de la philosophie hégéliennes.

L'emploi de termes péjoratifs pour caractériser la situation de l'époque ne doit pas tromper sur l'intention du philosophe. Hegel parle effectivement de « décadence », de « dégénérescence » et de « dissolution » de l'art à son époque. Une certaine nostalgie est donc indéniable. Mais ce n'est pas le sentiment dominant. Il précise en effet : « Seul le présent existe dans toute sa fraîcheur, le reste est fané et flétri. »

En réalité, Hegel nous conduit là où il entendait nous mener dès l'« Introduction » : la fin de l'art romantique coïncide avec la fin de l'art et on ne peut saisir le sens de ces disparitions qu'en faisant retour au fameux thème énoncé dès les premières pages, celui de la « mort » de l'art. Que dit-il au juste ? Rien d'autre que ceci :

« Dans la hiérarchie des moyens servant à exprimer l'absolu, la religion et la culture issue de la

---

1. *Ibid.*, p. 335. Souligné par nous.

raison occupent le degré le plus élevé, bien supérieur à celui de l'art.

« L'œuvre d'art est donc incapable de satisfaire notre ultime besoin d'Absolu. De nos jours, on ne vénère plus une œuvre d'art, et notre attitude à l'égard des créations de l'art est beaucoup plus froide et réfléchie [...] Nous respectons l'art, nous l'admirons ; seulement nous ne voyons plus en lui quelque chose qui ne saurait être dépassé, la manifestation intime de l'Absolu ; nous le soumettons à l'analyse de notre pensée, et cela, non dans l'intention de provoquer la création d'œuvres d'art nouvelles, mais bien plutôt dans le but de reconnaître la fonction de l'art et sa place dans l'ensemble de notre vie.

« Les beaux jours de l'art grec et l'âge d'or du Moyen Âge avancé sont révolus. Les conditions générales du temps présent ne sont guère favorables à l'art [...] Sous tous ces rapports, l'art reste pour nous, quant à sa suprême destination, une chose du passé. De ce fait, il a perdu pour nous ce qu'il avait d'authentiquement vrai et vivant, sa réalité et sa nécessité de jadis, et se trouve désormais relégué dans notre représentation. Ce qu'une œuvre d'art suscite aujourd'hui en nous, c'est, en même temps qu'une jouissance directe, un jugement portant aussi bien sur le contenu que sur les moyens d'expression et sur le degré d'adéquation de l'expression au contenu. »

Nous nous autorisons, de façon inhabituelle, cette longue citation — aujourd'hui encore la plus commentée — afin de dissiper tout risque d'interprétation erronée, fantaisiste et parfois franchement caricaturale.

Plusieurs remarques s'imposent.

1) Hegel rappelle que l'art sert à exprimer l'absolu.

Mais la connaissance qu'il nous livre est de loin inférieure à celle de la religion et de la philosophie. Lors
qu'il atteint son degré suprême de spiritualisation et
de subjectivisation — dans l'art romantique notamment — il disparaît en tant qu'art, créateur d'œuvres,
pour céder la place à la philosophie. Cette philosophie (de l'art) a pour tâche de réfléchir sur le rôle
que l'art joue désormais dans notre vie quotidienne
et dans la société. Hegel ne dit pas que l'art est mort,
ni que les artistes ont disparu, mais qu'il a cessé de
représenter ce qu'il signifiait pour les civilisations
antérieures. Il faut lire ainsi : l'art reste pour nous —
dans l'image que nous en ont transmise les Grecs,
par exemple — quelque chose du passé.

2) On notera les « conditions générales du temps
présent », le monde « agité », allusions au contexte
politique, social et économique, peu favorable à un
climat culturel et artistique serein, aussi bien à
l'extérieur de l'Allemagne que dans l'État prussien,
autoritaire et bureaucratique. Cette époque est cré-
pusculaire, opaque, marquée par l'industrialisation,
la naissance de l'économie capitaliste, l'assujettissement de l'individu aux institutions. Le sujet lui-
même n'est plus qu'un individu déchiré par la division du travail, soumis à la paupérisation et à la
mécanisation des tâches. Les descriptions de l'univers déshumanisé — que nous citons ici à partir
d'autres ouvrages — sont encore plus réalistes et
sinistres que celles de Schiller.

3) La fin de l'art et la dissolution de l'art romantique coïncident avec l'achèvement du système philosophique hégélien que son auteur assimile à la philosophie elle-même. Tout ce qui est dit de l'esthétique,
et qui figure dans le cours, concerne l'art du passé, à
l'instar de la philosophie qui se trouve tout entière,

depuis ses origines jusqu'au XIXᵉ siècle, contenue dans la philosophie hégélienne. Mais ne retenir que cette ambition démesurée de Hegel, maintes fois dénoncée, est un contresens. Le vrai sens de la philosophie et de l'esthétique hégéliennes est contenu dans la dialectique qui est au cœur même de son système.

La naissance de l'esthétique moderne

La plupart des malentendus concernant Hegel résultent d'une lecture partielle ou partiale de ses écrits.

Lisons la préface aux *Principes de la philosophie du droit* (1821) : « Pour dire encore un mot de cette manière de donner des recettes indiquant comment le monde doit être, la philosophie, en tout cas, arrive toujours trop tard. Pensée du monde, elle n'apparaît qu'à l'époque où la réalité a achevé le procès de sa formation et s'est parfaite [...] Quand la philosophie peint gris sur gris, une forme de la vie a vieilli et elle ne se laisse pas rajeunir avec du gris sur gris ; elle se laisse seulement connaître ; la chouette de Minerve ne prend son vol qu'à la tombée de la nuit. » Sa philosophie s'achève dans son propre dépassement. Une forme de la philosophie et de la vie a vieilli : une autre commence, et l'Esprit a encore fort à faire...

Nous pourrions transposer presque mot pour mot cet extrait des *Principes de la philosophie du droit* à *l'Esthétique*. L'esthétique, elle aussi, arrive trop tard : le rêve grec s'est fané et flétri, mais il reste la fraîcheur du présent ; l'art romantique n'est plus, mais l'art moderne pointe, et avec lui la liberté infinie de choisir selon sa subjectivité et de faire table rase du passé : « L'attachement à un contenu particulier et à un mode d'expression en rapport avec ce contenu est devenu pour l'artiste moderne une chose du passé, et l'art lui-même est devenu un instrument libre qu'il peut appliquer dans la mesure de ses dons techniques, à n'importe quel contenu de quelque nature qu'il soit[1]. »

L'ambition de Hegel réside dans sa volonté d'avoir voulu clore en un système — celui du Savoir absolu — toute action et toute pensée humaines. Sa modestie, conforme aux principes mêmes de sa pensée, est d'avoir maintenu l'horizon ouvert, soupçonnant que sa philosophie, dès lors qu'elle atteignait sa cohérence, appartenait déjà au passé.

Hegel ignore ce qu'il adviendra de l'art moderne ; il n'esquisse qu'une « tendance », celle d'une affirmation croissante de la liberté de l'artiste et donc de l'autonomie de l'esthétique : « C'est ainsi que tout sujet et toute forme sont aujourd'hui à la disposition de l'artiste qui a su, grâce à son talent et à son génie, s'affranchir de la fixation d'une forme d'art déterminée à laquelle il avait été condamné jusqu'alors[2]. »

Cette autonomie est inconditionnelle. L'art a rempli une fonction métaphysique et religieuse. Sacralisé, il fut l'un des modes d'expression les plus élevés de la vérité. Du moins, dit Hegel, « on l'avait cru pendant longtemps, et on y croit encore ». « On » désigne probablement les poètes et les philosophes du premier romantisme allemand, et ceux qui suivent les traces de Novalis et de Friedrich von Schlegel. Mais ce « on » indéfini, c'est peut-être aussi Hegel

1. *Ibid.*, t.II, p. 338.
2. *Ibid.*, p. 339.

lui-même, à l'époque de sa jeunesse, au lendemain de la Révolution française lorsque, pensionnaire à Tübingen, il lisait Homère et Platon en compagnie de Hölderlin et de Schelling.

Combien furent étranges ce retour du platonisme en plein rationalisme « éclairé » et cette croyance en une révélation de l'Être grâce à la beauté et à l'art ! Toutefois, c'est là une « erreur », déclare Hegel, quelque trente ans plus tard. Il n'est donc pas le fidèle héritier des conceptions romantiques qui attribuent à l'art une fonction ontologique, théologique et métaphysique. Il n'est pas non plus le responsable officiel d'une religion de l'art qui affecterait l'art moderne et contemporain. Il est encore moins celui qui, aux environs de 1830, aurait privilégié le discours théorique sur l'art, l'esthétique réflexive et abstraite, au détriment du plaisir sensible et sensuel que procure le contact avec les œuvres.

Depuis cette date jusqu'à nos jours, l'art et les artistes ont largement profité, et parfois abusé, de cette liberté entrevue par Hegel. Partisans des ruptures, les artistes d'avant-garde se sont affranchis des formes et des contenus traditionnels. Ils se sont dégagés du principe mimétique, n'hésitant pas à briser des conventions séculaires ; ils se sont risqués à utiliser les matériaux les plus divers, à disloquer les formes habituelles, allant parfois jusqu'à dissoudre l'objet d'art lui-même pour le réduire au pur concept. Bref, ils ont fait, comme le dit Hegel, table rase du passé, dans l'espoir que l'art puisse à nouveau être en phase avec le cours du monde, pour le meilleur et pour le pire.

Le mérite de Hegel est d'avoir pensé que la fin de l'art romantique marquait, en son temps, le seuil de l'art *et* de l'esthétique modernes. La réflexion hégélienne sur l'art est certainement celle qui a eu et a toujours le plus de retentissement dans l'esthétique contemporaine. Plus encore que celle de Kant, dans la mesure où elle témoigne de la passion de Hegel pour les œuvres particulières et d'une connaissance remarquable de chaque art en particulier. L'affirmation de l'historicité du beau, contre le platonisme, et la critique de l'imitation de la nature, contre Aristote, constituent en outre des points de non-retour pour toute réflexion esthétique ultérieure.

Il est, de ce point de vue, l'un des précurseurs du nominalisme en art. Nominalisme, en esthétique, signifie s'intéresser à chaque œuvre indépendamment des genres, des règles, des formes et des conventions qui la déterminent. L'œuvre est dès lors analysée ou jugée en fonction de ses propres critères et selon le moment où elle apparaît dans l'histoire. En ce domaine, Hegel retient la leçon des romantiques allemands, notamment de Friedrich von Schlegel, pour qui l'œuvre d'art, notamment la poésie, devait faire l'objet d'une critique esthétique spécifique, centrée sur sa forme et sur son contenu.

Hegel élargit cette critique aux œuvres relevant de tous les arts. C'est ainsi qu'en musique, il explique clairement pourquoi, par exemple, la musique de *La Flûte enchantée* de Mozart le ravit malgré l'absurdité apparente du *libretto* de Schikaneder. De même, analyse-t-il, presque en technicien de la musique, les opéras de Rossini ou de Gluck.

La postérité considère comme « hégélienne » toute démarche esthétique qui s'intéresse de façon privilégiée à l'idée, au contenu exprimés par l'œuvre, et leur accorde une priorité sur la forme. On l'oppose ainsi à l'esthétique de Kant pour laquelle — on s'en souvient — la forme, le dessin sont prépondérants parce qu'ils procurent, à l'inverse de la couleur, un plaisir désintéressé.

Cette opposition entre forme et contenu, entre kantisme et hégélianisme est longtemps restée un des lieux communs de la réflexion esthétique. Au début du XXᵉ siècle, certains esthéticiens « marxistes », soucieux de montrer que l'art était le reflet de la réalité sociale et politique, n'hésitèrent pas à se montrer plus hégéliens que Hegel pour justifier leur condamnation des révolutions formelles dans l'art moderne ou avant-gardiste. Mais il n'est pas besoin d'être hégélien orthodoxe ou dogmatique pour établir des relations entre l'ordre social et idéologique et les conventions qui régissent l'art à un moment donné de son histoire. L'historien d'art Pierre Francastel, non marxiste, adopte une démarche de type hégélien lorsqu'il montre, dans *Peinture et société*, que le système de la perspective adopté à la Renaissance résulte des transformations sociales, politiques, économiques et idéologiques qui marquent la période du Quattrocento.

En fait, cet antagonisme entre forme et contenu s'effectue au prix d'une simplification et d'une schématisation abusives des conceptions de Kant et de Hegel. La réflexion esthétique sur l'art moderne et, à plus forte raison sur l'art contemporain, se désintéresse totalement de cette question. Elle a appris, à la suite de Theodor Adorno, que la forme artistique a valeur de contenu, que briser ou disloquer des structures formelles exprime une idée au moins aussi forte et prégnante qu'une représentation figurative, mimétique au sens traditionnel.

Cette idée n'est pas assimilable à l'Idée ni à l'Esprit

mais plutôt à un contenu social et historique. Quant
à la forme, elle n'est plus déterminée par un idéal de
beauté, de régularité, d'harmonie, de symétrie, mais
elle dépend de la diversité des matériaux, des procédés techniques livrés au libre choix de l'artiste.

L'aspect le plus actuel de la théorie hégélienne
réside certainement dans sa façon de concevoir l'avenir de l'esthétique et l'autonomie du discours sur
l'art. De fait, l'emprise croissante de la réflexion,
ou — comme le dit Hegel — de la « pensée, des
représentations abstraites et générales », est devenue
un trait caractéristique de la modernité artistique et
culturelle.

Aujourd'hui aussi, il nous semble que les difficultés de la vie se sont aggravées. Il nous apparaît
également que cette aggravation résulte de la
« complexité accrue de notre vie sociale et politique », et s'interroger sur la « fonction de l'art et sa
place dans l'ensemble de notre vie » est une question
au programme de la réflexion esthétique contemporaine.

Ce sont ces similitudes qui incitent parfois à pro-
longer le parallèle entre le début du XIXᵉ siècle et
notre époque et à voir en Hegel un précurseur, quasi
visionnaire, de l'ère contemporaine. Mais il ne faut
pas oublier qu'il esquisse son portrait de la modernité sur l'arrière-plan d'une image mythique : celle
d'une Grèce idéale qui continue d'obséder les philosophes et les penseurs, même s'ils sont parfaitement
conscients que ces temps sont révolus.

En somme, on est tenté de dire qu'à l'âge d'or de
l'art succède l'âge d'or de l'esthétique. Sans doute.
Mais on peut aussi voir les choses un peu différemment. Nous disions, plus haut, que le paradoxe de
la seconde moitié du XIXᵉ siècle réside dans le fait

que l'art grec continue d'apparaître comme un modèle au moment même où les modèles s'effondrent.

Précisons : cet effondrement n'est pas brutal ; le déclin est progressif. La réflexion de Hegel marque un tournant parce que, pour la première fois depuis qu'elle s'est constituée en discipline, l'esthétique autonome commence à porter un regard critique sur l'art du passé. Ce regard, toutefois, est encore trouble. Il ne déchire pas le voile qui préserve le modèle grec, l'harmonie antique « inimitable » et insurpassable. Il ne perçoit pas non plus le statut toujours ambigu de la création artistique. Célébré, encensé, l'art suscite aussi la méfiance. Platon honore les poètes, mais exige leur exil hors d'Athènes. L'opprobre ne frappe que la poésie, dira-t-on. Mais seulement parce ce qu'elle est la moins docile, la plus subtile et la plus spirituelle, aurait dit Hegel : difficile, en ce cas, de lui assigner un lieu, un espace, une fonction, comme il est possible de le faire pour les autres arts, architecture, peinture, poésie et même la musique. Potentiellement, l'art représente un danger dès lors qu'il tente d'échapper à l'emprise du discours philosophique et scientifique qui lui assigne une place déterminée dans la cité, et s'oppose à l'ordre du *logos*, qui est vérité et raison confondues.

Au « seuil de l'art moderne », vers 1830, Hegel pressent la prochaine rébellion de l'art contre la mimésis, contre les illusions naturalistes en peinture et en musique. Mais ce n'est qu'un pressentiment, à peine un soupçon. Le tournant est juste amorcé. Plus le mythe grec s'éloigne, plus il fascine. Et les romantiques allemands, dont Hegel, sont tombés sous le charme. Mais vient un temps où la distance est trop grande. L'esthétique percevra vraiment les enjeux de la modernité artistique lorsque toute trace de fascination aura disparu. Lorsque le regard des artistes et des philosophes renoncera à scruter le passé et se tournera, enfin, résolument vers l'avenir.

DEUXIÈME PARTIE

L'HÉTÉRONOMIE
DE L'ART

I

L'HÉTÉRONOMIE
ET SES AMBIGUÏTÉS

Au début du XIXᵉ siècle, l'esthétique philosophique présente un bilan plutôt honorable au regard des anciennes théories de l'art qui se sont succédé depuis la Renaissance : déclin du principe d'imitation, historicité du beau, affirmation de la subjectivité, reconnaissance du génie et du sublime, statut de l'œuvre d'art, rôle prédominant de la critique, mise en cause du dogmatisme et de l'académisme et déliaisons vis-à-vis des anciennes tutelles, métaphysique et théologique.

Certes, tous ces acquis ne sont pas le seul fait de la récente discipline appelée esthétique. Elle-même est le résultat d'un long processus d'autonomisation lié aux transformations économiques, politiques et idéologiques qui préludent à ce que nous appelons la modernité.

Il n'empêche que ce qui est créé, au milieu du XVIIIᵉ siècle, c'est — comme nous le disions à propos de Baumgarten — beaucoup plus qu'un vocable. C'est un regard sur l'art du passé, mais aussi sur l'art présent et sur l'art à venir. L'esthétique hégélienne reste, à cet égard, l'un des exemples les plus convaincants de discours sur l'art qui tente de légitimer, dans l'histoire, le statut philosophique de la création artistique.

Mais l'esthétique autonome a-t-elle pour objet un art autonome ?

Nous avons souligné, à plusieurs reprises, l'ambiguïté de la notion d'autonomie esthétique : l'esthétique se constitue en sphère particulière, séparée des autres domaines de la connaissance mais, dans le même temps, « autonomie » signifie aussi prise de conscience des rapports qui lient l'esthétique aux autres disciplines.

De la même manière, il convient de distinguer l'art comme activité jouissant d'une autonomie spécifique chèrement acquise par les artistes depuis la Renaissance et l'art comme phénomène lié à l'histoire économique, politique et idéologique d'une société. L'esthétique a donc pour objet une création artistique à la fois libre et irrémédiablement impliquée dans la vie des individus et des sociétés.

Diderot, Schiller, Jean-Paul et Hegel — pour ne citer qu'eux — traduisent, dans leurs écrits, une étonnante perception des enjeux du discours sur l'art et de l'art lui-même. Diderot sait que la critique des salons participe à la sensibilisation du public pour la chose artistique. Schiller inscrit son éducation esthétique dans un projet à la fois moral et politique. Jean-Paul conçoit son *Cours préparatoire d'esthétique* comme une réponse à une époque « malade ». Quant à Hegel, il reconnaît explicitement que l'art ne peut plus désormais « s'abstraire du monde qui s'agite autour de lui et des conditions où il se trouve engagé ».

En ce sens, nous pouvons dire que l'autonomie de l'esthétique permet de penser l'hétéronomie de l'art, sous-entendu : de réfléchir à ce que représente, ou représentait dans le passé, le phénomène « art ». Parce qu'elle est autonome, l'esthétique peut analyser les rapports que l'art entretient avec d'autres aspects de la culture propre à une société déterminée en un moment donné de son histoire.

Indépendamment des critères d'excellence et de perfection qui s'attachent à l'art grec, celui-ci assume, notamment selon Platon, un rôle politique et pédagogique éminent dans la civilisation athénienne. Aristote assigne à l'imitation et à la catharsis poétique une fonction d'éducation civique. Certes, leurs considérations « esthétiques » sont dépendantes d'une théorie de la vérité et de l'absolu, mais il serait tout à fait insuffisant d'exposer la conception platonicienne du beau ou la théorie aristotélicienne de la mimésis du seul point de vue philosophique ou métaphysique. Ce serait faire peu de cas de l'influence considérable que ces principes esthétique et artistique, nés dans la Grèce antique, ont exercée sur la conception de l'art en Occident, depuis la pensée médiévale jusqu'aux révolutions industrielle, scientifique et technique de la seconde moitié du XIXᵉ siècle.

À ce propos aussi, Hegel marque un tournant. Son esthétique saisit un moment clé de la conscience historique qui se tourne vers le passé, respecte une tradition, mais elle s'apprête déjà à la trahir, voire à la rejeter dans une totale inactualité. Il s'abstient d'aller aussi loin. Mais Nietzsche (1844-1900), philologue, tout aussi passionné que Hegel par la civilisation et la culture grecques, franchit le pas : sa philosophie esthétique, contemporaine des premières ruptures avant-gardistes, est aussi une rupture radicale avec un héritage antique plus de deux fois millénaire et un christianisme de près de deux mille ans.

Lorsque des bribes de cet héritage subsistent, par exemple chez Marx (1818-1883) ou chez Freud (1856-1939), elles engendrent de curieuses distorsions dans la pensée de ces auteurs, entre la modernité de leurs conceptions scientifiques et leur naïveté ou leur cécité vis-à-vis de l'art de leur temps.

Marx, philosophe et théoricien du capital, et Freud, fondateur de la psychanalyse, ne sont pas des esthéticiens professionnels. Leur place dans une histoire de l'esthétique tient au moins à deux raisons de nature fort différente, voire contradictoire : d'une part, ils incarnent l'un et l'autre une forme étrange d'incompréhension aux ruptures artistiques et à la modernité ; d'autre part, des pans entiers de la réflexion esthétique au XXe siècle demeurent incompréhensibles sans faire référence à leur théorie.

Pour résumer : l'hétéronomie de l'art — son rôle social ou politique — est ambiguë. La création artistique se rebelle en permanence contre les ordres venus de l'extérieur. De tout temps, l'art a dû résister contre les tentatives visant à lui dicter des lois, à lui imposer des conventions, des règles, des critères, des canons, et à lui assigner des finalités. Cette résistance se manifeste aussi bien en Grèce qu'à tous les autres « âges » de l'art.

Toutefois, l'histoire tend à oublier cette résistance de l'art et à minimiser sa capacité de révolte. En effet, chaque époque se plaît à transfigurer le passé en une sorte d'âge d'or, même si, paradoxalement, elle s'estime *en progrès* par rapport aux périodes précédentes. Ainsi, le modèle grec, vu à travers ses vestiges, s'est trouvé lié dans la conscience occidentale à des philosophies aussi éminentes et fondatrices que celles de Platon et d'Aristote. La théorie du Beau, associé au Bien et au Vrai, et le principe d'imitation ont pu dès lors s'ériger en véritables traditions et s'imposer pendant des siècles.

Mais il faut savoir que ces systèmes dissimulent en réalité une brisure profonde : d'une part, ils valorisent de façon excessive la beauté et sa fonction ontologique (le beau donne accès à l'Être et il émane de lui) ; d'autre part, ils dévalorisent l'art, à la fois comme pratique et comme phénomène. L'esthétique de Platon et celle d'Aristote reposent sur ce divorce entre une doctrine métaphysique du beau et une théorie des arts. Elles ne parviennent pas véritablement à effacer la frontière entre le monde intelligible et le monde sensible, entre la Raison, la Connaissance, le Logos, d'une part, et la sensibilité, le plaisir, la jouissance, d'autre part.

En ce sens, ce sont des philosophies de la « séparation » qui recherchent toutes les voies possibles d'une réconciliation. Mais, lorsqu'elles y parviennent, c'est toujours au profit du monde intelligible et au détriment du monde sensible : toujours les valeurs de l'esprit, de l'intelligence, de la raison, l'emportent sur les valeurs sensibles.

On pourrait, sans exagérer, dire que toute l'esthétique occidentale, depuis l'Antiquité jusqu'à la modernité, ne cesse de raconter l'histoire de cette séparation. Sans doute en garde-t-elle aujourd'hui encore les séquelles.

Il nous faut donc revenir momentanément sur le lieu de naissance de la philosophie. Ce retour est nécessaire pour comprendre les ruptures et les mutations qui accompagnent la prise de conscience de la modernité au XIXᵉ siècle. Hegel se contente de noter la dissolution d'époques révolues. Baudelaire va plus loin : il rejette le culte de la beauté platonicienne, éternelle, abstraite et indéfinissable, afin de promouvoir la beauté éphémère, fugace de la vie moderne. Quant à Nietzsche, il n'hésite pas à instruire le procès de toute l'histoire antérieure de la culture, depuis Socrate jusqu'aux prémices d'un nihilisme que sa philosophie annonce pour les deux siècles à venir.

Pour tous, il s'agit bien d'en finir avec la philosophie de la séparation platonicienne ou aristotélicienne, mais aussi de renoncer à l'héritage transmis par la tradition. Plus encore : la modernité ne reconnaît plus la conception métaphysique du beau. À l'époque des révolutions artistique, culturelle, sociale, politique et industrielle, elle cesse de privilégier le statut ontologique de l'art. Elle met l'accent sur l'implication concrète de l'activité artistique et de l'expérience esthétique de l'individu dans l'histoire et dans la société.

Dès lors, le regard que l'esthétique de la modernité porte sur le passé n'est plus le même. Le voile mythique se déchire. Derrière le masque de la statuaire antique, drapée dans « sa noble simplicité et sa calme grandeur », il y a cette lutte permanente de la création artistique pour préserver sa liberté.

PLATON : L'ART DANS LA CITÉ

Que seraient devenues la philosophie et l'esthétique occidentales si Platon n'avait pas existé ? Une telle question n'a, assurément, aucune pertinence philosophique. Sans gros risque, nous pourrions répondre : certainement quelque chose de tout différent. Cette fausse interrogation n'a pour but que de souligner l'influence considérable du fondateur de l'Académie sur toute la pensée occidentale. Influence si grande qu'on peut la déceler, bien plus tard, même chez ceux qui se défendent de tout platonisme : il y a du Platon chez Descartes, chez Kant, chez Hegel, et même encore — ne serait-ce que négativement — chez Nietzsche.

Mais de quel Platon parlons-nous ? S'agit-il du poète et du musicien qui, dans sa jeunesse, compose dithyrambes et tragédies pour se consacrer ensuite à la philosophie, ou bien du « législateur » assagi qui, dans *Les Lois* — ouvrage laissé inachevé — finit par tolérer les arts et leurs bienfaits ? Parle-t-on du chantre de l'érotisme et de l'amour absolu, célébré avec passion et ferveur dans *Le Banquet* ou du pythagoricien, géomètre et mathématicien du *Timée* ? Du théoricien des Idées qui confond la trinité du Vrai, du Beau et du Bien en un seul ensemble d'essences immuables et éternelles, ou du théoricien de *La République* qui couvre d'opprobre les artistes en général et bannit les poètes hors de la cité ?

La diversité et les apparentes contradictions d'une œuvre et d'une pensée que Platon développe durant sa longue vie (427/28-347/46) posent en effet un problème, notamment dans notre domaine. N'est-il pas étonnant que tant de théoriciens de l'art, d'artistes, de poètes et d'esthéticiens ont adhéré avec autant de zèle et de dévotion à une philosophie aussi méfiante, voire dédaigneuse envers l'art ?

Comme s'il avait fallu concéder — une fois pour toutes ! — à ce premier grand système de la pensée occidentale que l'art, à jamais, devait se soumettre à la philosophie et au politique ! Comme si l'on avait définitivement accepté la déchéance du monde sensible et la dépréciation de tous les plaisirs et de toutes les jouissances sensuelles qui se rencontrent ici-bas !

Nous nous abstiendrons d'exposer, pour la énième fois, la fameuse théorie des Idées et nous ne relèverons pas ici tous les passages traitant de la beauté et de l'amour dans les dialogues de Platon ; nous n'ajouterons pas non plus un chapitre supplémentaire à la liste fort longue, et certainement inépuisable, des interprétations de la philosophie platonicienne. Nous suggérerons simplement quelques pistes de lectures afin de mieux comprendre pourquoi le XIXe siècle inaugure des décennies de crises artistiques qui ne relèvent plus de l'horizon platonicien.

Cependant, et pour le dire sommairement, Platon vit aussi une époque de crise politique et culturelle intense. Le projet d'une cité idéale exposé dans *La République* est conçu pour apporter une réponse à la décadence de la démocratie athénienne. Est-ce une utopie ou un plan de réforme applicable à la société du IVe siècle ? Nul ne sait vraiment. En revanche, on connaît les préoccupations dominantes d'un philosophe d'une quarantaine d'années qui décide de prendre en charge, sur le plan théorique, les problèmes de la cité : l'éducation et la politique, la *paideia* — pédagogie par l'art et la culture — et la *politeia* — constitution ou gouvernement de la cité, de la *polis*. Plus précisément, il s'agit de savoir quel rôle assigner à la formation artistique pour permettre à tous les citoyens de vivre harmonieusement dans un État libéré de la tyrannie, de l'oligarchie et d'une démocratie toujours menacée par la corruption.

Ainsi, parallèlement à la théorie de l'idée de beau — elle-même élément de la théorie des

Idées —, il existe, chez Platon, une pratique du beau, à usage pédagogique et politique, à travers les arts et les œuvres censées incarner la beauté. Et sur ce point, le succès — terme faible — remporté par les conceptions de Platon tient à la façon dont celui-ci formule les questions essentielles relatives aux définitions de la beauté et à la pratique artistique. Formulations si importantes et décisives qu'on peut se demander si toute l'histoire de la théorie de l'art et de l'esthétique jusqu'à Nietzsche inclus ne consiste pas en une suite interminable de variations sur un thème platonicien.

Échec d'une définition du beau

Hippias majeur, l'un des premiers dialogues « socratiques », témoigne de cet art de l'essentiel : la question « qu'est-ce que le beau ? » y est posée sans ambages. Moyennant un habile stratagème, Socrate s'invente un double de lui-même, un second Socrate tatillon et harceleur chargé de confesser le prétentieux Hippias. Mieux vaut, grâce à ce truchement, pouvoir dire sa vérité à ce dernier, indirectement, sans craindre son courroux au cas où, d'aventure, ce vaniteux prendrait à la fois conscience et ombrage de sa propre sottise. Le piège fonctionne. Des huit définitions du beau que Socrate extorque sans peine à Hippias, aucune ne convient. Non, la beauté n'est pas une belle vierge. Pourquoi pas, en ce cas, une belle jument ou une belle marmite ? Ce n'est ni l'or, ni la richesse, ni ce qui convient, ni l'utilité, ni le plaisir de la vue et de l'ouïe, ni l'avantageux, ni le bien.

Qu'est-ce alors que le beau ? Le dialogue ne le dit

pas. Socrate s'avoue si ignorant du beau qu'il ne sait ce qu'est le beau en lui-même. Et il conclut par un proverbe en forme de pirouette : « Les belles choses sont difficiles[1]. »

La discussion s'achève donc sur un constat d'échec, comme la plupart des dialogues en quête de définitions, qu'il s'agisse du courage (*Lachès*), de la piété (*Euthyphron*), de la sagesse (*Charmide*). Mais le bilan n'est cependant pas entièrement négatif. Les faux problèmes sont éliminés et les solutions erronées sont réfutées : le beau n'est pas le simple attribut d'un objet que je puisse repérer dans la réalité, quand bien même je passerais en revue toutes les choses existant dans le monde.

En fait, la feinte humilité de Socrate — qui n'est autre que celle de Platon — anticipe déjà la seule vraie réponse. Celle-ci intervient au détour d'une réplique : « Il existe un beau en soi qui orne toutes les autres choses et les fait paraître belles quand cette forme s'y est ajoutée[2]. » Le mot employé par Platon pour forme est *eidos*, l'idée, qui n'est autre, dans la phrase, que le beau en soi.

En quoi consiste cette « idée » ? Puisque aucune chose existante n'est belle de façon satisfaisante, s'agit-il de l'abstraction du beau ? En ce cas, seule l'idée de beau est réelle. Mais si cette idée est la seule réalité, autant la dire vivante. Si elle ne dépend pas de la diversité des objets concrets et n'est pas relative, autant la dire absolue. Et dès lors qu'elle survit à toute chose périssable, autant la dire éternelle.

Hippias majeur annonce donc, bien timidement il est vrai, et comme en filigrane, la théorie des Idées

1. Platon, *Hippias majeur*, 304e.
2. *Ibid.*, 289d.

que *La République* expose en détail dans l'allégorie de la Caverne. Il prépare aussi à cette apothéose de l'union de la beauté et de l'amour célébrée dans *Le Banquet*. Dans ce dialogue, l'un des plus célèbres de Platon, Socrate a le dernier mot, comme toujours. Mais il parle cette fois au nom d'une étrangère de Mantinée[1], Diotime. Cette prêtresse de Zeus livre la solution à la question restée en suspens dans *Hippias majeur* : comment reconnaître et connaître ce beau dont la réalité ne livre que des fragments ou de fragiles indices ? Comment percevoir cette beauté qui « existe en elle-même et par elle-même, simple et éternelle, de laquelle participent toutes les autres belles choses, de telle manière que leur naissance ou leur mort ne lui apporte ni augmentation, ni amoindrissement, ni altération d'aucune sorte[2] ».

Au cours des agapes masculines du *Banquet*, annonciatrices de suites orgiaques, il n'est jamais question de poésie, ni d'art en général. Le propos porte sur la manière de parvenir à la reconnaissance du lien indissociable de la beauté, de l'amour et du savoir : « Quand on s'est élevé des choses sensibles par un amour bien entendu des jeunes gens jusqu'à cette beauté et qu'on commence à l'apercevoir, on est bien prêt de toucher au but ; car la vraie voie de l'amour [...] c'est de partir des beautés sensibles et de monter sans cesse vers cette beauté surnaturelle en passant comme par échelons d'un beau corps à deux, de deux à tous, puis des beaux corps aux belles actions, puis des belles actions aux belles sciences, pour aboutir à cette science qui n'est autre chose que

---

1. Ville d'Arcadie, au centre du Péloponnèse.
2. Platon, *Le Banquet*, 211b.

la science de la beauté absolue et pour connaître enfin le beau tel qu'il est en soi[1]. »

Nulle part, *Le Banquet* ne contient une quelconque théorie de l'art, ni la moindre conception de la beauté appliquée aux œuvres, puisqu'il est bien dit que le beau ne se déduit d'aucune chose existante. Mais, indirectement, il est possible de percevoir les éléments d'une théorie de l'art à laquelle *La République* tente de trouver une application concrète.

Le discours de Diotime, par la bouche de Socrate, semble énoncer, dès le début, un paradoxe : pour gravir les degrés qui conduisent à la beauté absolue, il faut partir, dit-elle, de la beauté sensible. Mais comment puis-je savoir que cette beauté sensible est une beauté puisque je ne connais pas encore la beauté absolue dont elle participe ? Il y a là une énigme. Sa solution se trouve dans le *Phèdre*, un autre dialogue contemporain du *Banquet* et de *La République*[2].

Phèdre est probablement le texte le plus magnifique et le plus fascinant de Platon, notamment par sa profondeur allégorique. Il donne la clé de la théorie de la réminiscence et de la participation aux Idées. Il faut d'abord savoir que les âmes ont des ailes qui leur permettent d'accompagner le cortège des dieux dans le ciel. Là, elles contemplent le monde des Idées, les essences de toutes choses, par exemple, le vrai, le bien, le beau, ou bien les vertus : la justice,

---

1. *Ibid.*
2. On ne discutera pas ici de la chronologie, très controversée, des *Dialogues* de Platon. Certains placent *Le Banquet* après *La République*, d'autres avant. De même pour le *Phèdre*. L'entrecroisement des thèmes traités par Platon dans l'un et l'autre et leur cohérence permettent toutefois de penser qu'ils ont été rédigés au cours d'une même période (385-370).

la sagesse, la tempérance. Toutes sont avides de s'élever ainsi pour jouir de la vue de l'absolu. Mais toutes n'y parviennent pas. Certaines sont comme engluées dans leurs passions charnelles, leurs désirs ou leurs vices ; alourdies par cette pesanteur, elles retombent alors sur terre. Toutefois, elles gardent le souvenir des Idées entrevues fugitivement, un souvenir ravivé par les pâles images des Idées rencontrées ici-bas. Certes, précise Socrate, « il n'est pas également facile à toutes les âmes de se ressouvenir des choses du ciel à la vue des choses de la terre » : contemplation trop rapide des essences, ou manque d'éclat pour certaines. Une Idée cependant brille plus que les autres, telle une étoile resplendissante : la beauté ; elle seule « jouit du privilège d'être la plus visible et la plus charmante ».

Voilà pourquoi l'homme la reconnaît aussi facilement dans les choses terrestres. Dès qu'il en perçoit le reflet dans les objets ou dans les êtres, il se remémore la splendeur de l'Idée entrevue naguère et en tombe amoureux. Bien sûr, il n'est pas question, pour lui, de se jeter de façon bestiale sur sa proie. Aveuglé par son désir et sa passion frénétique, il perdrait toute chance de voir la beauté absolue qui se cache derrière la beauté sensible. Cela arrive malheureusement à ceux dont l'initiation est trop ancienne. Socrate décrit, non sans verdeur, ce qui advient en pareil cas : « [...] loin de sentir du respect à sa vue, il cède à l'aiguillon du plaisir, et, comme une bête, il cherche à la saillir et à lui jeter sa semence, et dans la frénésie de ses approches il ne craint ni ne rougit de poursuivre une volupté contre nature. » Voilà pourquoi, selon la Diotime du *Banquet*, l'accès à la beauté éternelle et à l'amour absolu

s'effectue par degrés, comme par une sorte de sublimation progressive du désir initial.

Tout périple dans le monde des Idées est un
voyage à risque, et il arrive que les âmes en fassent
les frais. Dans le *Phèdre*, Socrate expose un autre cas
de figure relatif à la navigation des âmes. Des accidents peuvent se produire en cours de route. Il
s'ensuit des conséquences en rapport direct avec le
rôle et le statut peu glorieux que Platon attribue à
l'art et aux artistes dans la cité. Représentons-nous
l'empressement des âmes à vouloir monter dans les
cieux : bousculades, tumulte, précipitation, ailes bri-
sées ou arrachées ! Résultat : la chute. Certaines s'en
tirent sans dommage. Si, en outre, elles ont eu le
temps et la chance d'apercevoir le plus grand nombre de vérités, elles peuvent sans difficulté investir
et animer un corps. Elles occupent le premier rang.
L'homme qu'elles produisent n'aura alors de passion
que pour la sagesse, la beauté, l'amour et les muses.
Pour les autres, réparties en huit rangs, la situation
va se dégradant. Le second rang donne un roi juste
ou un chef guerrier ; le troisième, un politique, un
économe ou un financier ; le quatrième, un gym-
naste ou un médecin ; le cinquième, un devin ou un
initié.

Après les choses se gâtent : le sixième rang engendre un poète ou quelque artiste imitateur ; le sep-
tième, un artisan ou un laboureur ; le huitième, un
sophiste ou un démagogue ; enfin, le neuvième, un
tyran, c'est-à-dire le contraire absolu d'un philosophe, ou mieux, d'un roi-philosophe.

Si jamais l'on cherchait un rapport entre la théorie
des Idées et une théorie de l'art, le voilà clairement
exposé. Le poète et l'artiste imitateur occupent le
bas, ou presque, de l'échelle sociale, un peu plus

haut que l'ouvrier ou le paysan, mais très en dessous du philosophe.

La critique de l'imitation

Platon attribue à l'art un rôle pédagogique primordial à l'intérieur de la cité idéale. Mais, en raison de son extrême méfiance envers l'art et les artistes en général, ses critères de sélection sont extrêmement rigoureux. Cette rigueur en soi est légitime. Platon élabore un projet d'État harmonieux ; il est parfaitement légitime qu'il fixe ses exigences en fonction de ce qu'il croit être bénéfique pour tous les citoyens d'une cité juste et vertueuse. Le seul problème est que tous les critères vont dans le même sens et relèvent d'exigences morales plutôt qu'artistiques ou esthétiques.

Les arts, comme la musique, qui se constituent à partir de relations arithmétiques et se fondent sur une harmonie définissable à l'aide de rapports numériques, méritent tous les honneurs. Platon invoque Pythagore : les pythagoriciens ne prétendent-ils pas que les oreilles ont été formées pour le mouvement harmonique comme les yeux l'ont été pour l'astronomie ? En revanche, le ridicule frappe les musiciens qui s'évertuent à créer des harmonies nouvelles, qui fragmentent ou multiplient les intervalles, « persécutent et torturent » les cordes de leur instrument, donnent des coups d'archet avec l'espoir d'en tirer des sons inédits. Pauvres musiciens, selon Platon, qui préfèrent l'oreille à l'esprit !

Pour la poésie, les critères de choix sont clairs : seuls sont admis les hymnes en l'honneur des dieux et les éloges de gens de biens, mais tous ceux qui chantent la volupté, le plaisir et la douleur doivent être exclus de la cité.

L'intransigeance de Platon concerne principalement les arts qui s'adonnent à l'imitation, autrement dit les arts de l'apparence. Le premier art visé est la poésie. Sa condamnation intervient dès le livre III de *La République*. Au nom de l'éducation des jeunes enfants, des futurs hommes qui devront « honorer les dieux et leurs parents », et qui deviendront les gardiens de la cité, Platon demande tout simplement qu'on censure leurs lectures. Et quelle lecture en particulier ? Celle d'Homère, coupable d'employer des mots effrayants (« habitants des enfers », « spectres », « Styx »), de montrer des dieux éplorés, en lamentations, ou bien franchement lâches. Effaçons ces vers, demande Platon, et remplaçons les termes négatifs par des expressions positives.

Cette poésie se propose d'imiter des comportements humains, des passions, des émotions. Si elle se contentait d'imiter les qualités et les vertus comme le courage, la tempérance, la sainteté, passe encore ! Mais l'imitation devient une habitude qui pousse à tout imiter, y compris les défauts et les vices.

La forme dramatique de la tragédie et de la comédie suppose l'imitation des héros par des personnages, tentés eux aussi de les copier fidèlement, jusque dans leurs travers. Il faut donc exclure la forme dramatique et la remplacer par la forme narrative pure.

Cette condamnation de la poésie imitative, débilitante et démoralisante, s'applique aussi tout naturellement, et pour les mêmes motifs, à la musique. Point de mélodies lamentatives, de chants plaintifs, d'harmonies voluptueuses et de rythmes mous ou trop variés qui conduisent à l'ivresse ou à l'indolence. Point d'instruments à cordes trop nombreuses qui multiplient les possibilités harmoniques. Surtout pas la flûte, instrument dangereux qui émet trop de sons, mais seulement la lyre et la cithare. Si la musique doit mimer quelque chose, c'est la virilité des valeureux guerriers, ou bien la sérénité de la vie champêtre.

Au fil de l'ouvrage, la critique de l'imitation se précise et se durcit. Dans le livre X, elle reçoit sa justification philosophique. Jusqu'alors, l'imitation avait un sens assez vague et général. Elle puisait sa signification dans l'art du mime, du simulateur. L'art du simulateur consiste à produire des faux-semblants, des simulacres qui détournent l'attention aussi bien de la réalité concrète que des essences, qui sont en fait la seule réalité.

Désormais, Platon approfondit ces distinctions et hiérarchise les degrés de la mimésis. Prenons l'exemple d'un lit. Dieu produit l'essence du lit. Cette essence est, comme il se doit chez Platon, la seule réalité. Survient un artisan menuisier : il fabrique un lit, plus exactement une forme de lit inspirée de la Forme créée par Dieu. Il copie. Arrive un peintre : il peint le lit de l'artisan. Il copie donc une copie. Imitation d'une imitation d'imitation, la peinture est ainsi la forme la plus dégradée de la mimésis ; copie du vrai au « troisième degré », elle est l'apparence, voire la tromperie la moins admissible qui soit.

La poésie, notamment celle d'Homère, ne vaut guère mieux. Non seulement, il propose aux enfants le spectacle des turpitudes qui agrémentent le séjour des dieux sur l'Olympe ; non seulement il crée des fantômes et non des réalités, mais il n'a rien fait pour aider les hommes à être vertueux. Sa vie de poète nomade, errant de ville en ville en récitant des vers, incapable d'attirer à lui des disciples, prouve bien l'absence de vertu éducative de sa poésie et de son enseignement.

On notera combien on est loin — paradoxalement — de la folle et inextinguible passion de Hölderlin pour Homère et Hésiode ; et à quel point la sévérité de Platon contraste avec l'admiration de Hegel envers l'auteur de l'*Illiade* et de l'*Odyssée* ! Décidément, nul n'est prophète en son pays. Pas même Homère dans la Grèce de Platon...

On peut trouver excessives la condamnation de l'imitation, l'exclusion des poètes — même couronnés de lauriers — hors de la cité, ainsi que la sévérité à l'égard d'Homère. L'intention de Platon apparaît clairement : il s'agit de soumettre l'art à l'autorité de la philosophie ou, plus exactement, à la compétence et à la vigilance du philosophe. Lui seul est garant de la cité juste et harmonieuse ; lui seul sait ce qui est bon et bien pour les citoyens ; lui seul, enfin, connaît les moyens qui prémunissent contre la décadence de la plupart des gouvernements. Au regard d'un tel projet, la rigueur du système éducatif préconisé par Platon est cohérente. On ne saurait en effet oublier le contexte historique et politique dans lequel Platon compose *La République*.

Regardons les dates : Platon naît en 428/427, deux ans après le déclenchement de la guerre du Péloponnèse qui oppose Athènes et Sparte. Une guerre longue, près de trente ans, qui se termine par la défaite d'Athènes. La naissance du philosophe coïncide avec la mort de Périclès (429). La disparition du stratège signifie la fin de l'âge d'or, celui de la paix, de la maîtrise d'Athènes, sur terre et sur mer, du foisonnement artistique et culturel d'un peuple qui s'identifie à son héraut, Homère. Le chaos succède à l'harmonie. L'ambition et les intrigues personnelles accélèrent la décadence de la démocratie et la dégradation des mœurs politiques. À peine restaurée, en 403, la démocratie condamne Socrate à mort (399). Ce « suicide » imposé est un choc pour Platon. Affectivement d'abord, mais aussi symboliquement : c'est l'incarnation de la sagesse qui disparaît. Philosophiquement, cette mort signifie aussi la victoire des sophistes, ennemis irréductibles. Politiquement et institutionnellement, c'est une catastrophe qui n'augure rien de bon pour l'avenir d'une cité qui sombre dans la démagogie.

La République — le titre grec est *Politeia* — est donc un ouvrage de philosophie politique dont la volonté de remise en ordre et de restauration de la justice s'inscrit dans le programme de l'Académie. Ce programme est d'esprit pythagoricien. Il privilégie l'apprentissage des mathématiques, de l'arithmétique, de la géométrie et de l'astronomie afin de lutter contre l'attrait du sensible et ses mensonges. Voilà pourquoi l'éducation artistique doit aller de pair avec l'éducation « musclée » par la gymnastique sur rythme de musique « militaire ». Le prix que doit payer l'art dans ce combat contre la corruption et l'immoralisme nous paraît exorbitant : censure, comité de sélection des œuvres d'art, contrôle, réglementation et, au besoin, exclusion.

En somme, la théorie des Idées, de la primauté de l'intelligible sur le sensible, possède son versant pragmatique et assez « réaliste », conformiste, antimoderne et — avouons-le — plutôt réactionnaire. Ce conservatisme opiniâtre, maintes fois reproché à Platon, ne nous intéresse pas vraiment ici ; des siècles d'interprétation et de commentaires ont, en effet, faussé quelque peu ce que furent véritablement les enjeux de l'époque. Dans *La République* même, Socrate hésite à préciser son programme. Il est le premier à douter qu'on puisse le réaliser !

Il est sans doute plus fructueux, pour la réflexion contemporaine, de lire Platon autrement, et de rendre hommage à une perspicacité que n'auront pas ses successeurs ni ses exégètes.

Pour Platon, philosophie et art sont séparés. L'activité « poétique » en général est liée au sensible, et à ce qui s'y rattache, les sens, la sensualité, les passions, les émotions, les affects. La philosophie concerne l'intelligible, la connaissance, l'esprit. Le rapport entre les deux est nécessairement un rapport de sujétion : l'art est au service de la philosophie et, dans la mesure où la philosophie s'identifie au politique, l'art est aussi soumis à l'organisation de l'État. Il s'agit bien d'affranchir la raison, le *logos* de l'univers du sensible et d'assurer ainsi la liberté de l'individu, au prix, il est vrai, d'une ascèse contraignante.

Inversons maintenant le sens traditionnel des lectures de Platon. Demandons-nous s'il n'est pas l'un des premiers à dire la vérité de l'art. Il décrit dans le détail toutes les perversions auxquelles donne lieu l'activité artistique. Il recense les formes de séduction qu'elle suscite et les vices qu'elle engendre, en montrant par quel moyen elle agit sur l'âme. Pour condamner le mal, il faut en décrire les symptômes et les effets. C'est bien ce que fait Platon. Il diagnostique l'énergie érotique corrosive, subversive, dérangeante contenue en puissance dans l'art, dans la *poïesis*, comme disent les Grecs. Il croit nous mettre en garde ; en fait, il attire notre attention sur l'essentiel, à savoir sur la capacité de rupture de la création. Mieux que quiconque, et déjà à son époque, il sait là où l'art fait mal et ce qui blesse : l'absence d'harmonie, les dissonances, les sons nouveaux, les chorégraphies lascives, la poésie voluptueuse, la gymnastique trop sensuelle ou trop acrobatique, la peinture virtuose, colorée et chatoyante, les sculptures aux formes mouvantes.

Il est vrai que la théorie des Idées, des Formes immuables, éternelles et fixes, oblige à refuser l'évolution des formes artistiques et le dynamisme de l'innovation. Mais, négativement, Platon pourrait bien apparaître à son insu comme l'apologiste le plus convaincant de l'art moderne et anticonformiste. Non seulement il dresse le catalogue des poètes et artistes interdits : Homère, Aristophane, tous les musiciens disciples du satyre Marsyas[1], etc., mais il établit soigneusement la liste des plaisirs qu'on peut tirer de leur fréquentation.

Pour parler de façon anachronique, on pourrait dire que Platon développe, parallèlement à une esthétique idéaliste, une esthétique de la réception, de l'effet, et que sa réflexion sur l'art tient à la fois de la sociologie et de la psychologie de l'art. À côté du monde de la beauté idéale, qui aspire vers la transcendance et le divin, il y a le monde de l'expérience concrète de l'art, vécue par l'individu et la société. D'une part, la perfection absolue, une sphère du sublime, d'autre part, le monde sensible, imparfait, mais perfectible grâce à la philosophie.

Platon respecte la beauté, mais se méfie de l'art ; en fait, cette méfiance, pour des raisons morales et politiques, est à la mesure de l'importance qu'il lui reconnaît : l'art est loin d'être une affaire mineure. Il

---

1. Dans la mythologie, Marsyas, habile joueur de flûte, osa défier Apollon. Mal lui en prit ! Il perdit et périt écorché vif.

devient même une affaire majeure lorsque la philosophie le prend en charge.

Ces deux aspects déterminent l'ambiguïté de l'hétéronomie artistique. Empruntant les expressions de la fameuse allégorie de la Caverne, on pourrait opposer la face solaire, lumineuse, du beau, à la face cachée, ténébreuse, du désir qui anime l'art.

Cette face cachée du platonisme n'est pas ce que la postérité a cru devoir retenir de l'auteur de *La République*. La tradition occidentale s'est constituée sur ce fonds de défiance platonicienne vis-à-vis de l'éros contenu — réprimé selon Freud — au cœur de la création artistique. Vingt-trois siècles seront nécessaires pour que Nietzsche, l'anti-Platon, inverse les paramètres, dénonce le caractère illusoire des Idées et assimile l'art à la seule réalité et à la vie.

LA TRADITION ARISTOTÉLICIENNE

L'histoire de la réflexion sur l'art en Occident se présente, jusqu'au romantisme du XIXe siècle, comme un long commentaire contradictoire et controversé des théories platoniciennes, et comme une interprétation sans cesse renouvelée de la théorie du beau et de la mimésis. Nous avons vu comment l'autonomie esthétique ne s'est imposée que par une libération progressive vis-à-vis des conceptions métaphysique et théologique attachées à l'idée de beau idéal ou de soumission de la beauté à la morale et à la philosophie. Les déliaisons qui se manifestent dès la Renaissance sont des réactions à la dévalorisation des arts de l'apparence, notamment de la peinture ; réactions également à la dépréciation de l'activité artistique en général et à la sous-estimation du statut de l'artiste en particulier.

En bonne logique, une théorie comme celle d'Aristote (384-322), élève rebelle de Platon, qui prend le contre-pied de la théorie des Idées et se prononce résolument en faveur de l'imitation, aurait pu s'imposer, tout au long de la tradition, comme un heureux contrepoids à la rigueur ascétique de la doctrine platonicienne. Non seulement Aristote refuse la séparation entre le monde intelligible et le monde sensible, mais il associe le plaisir à l'imitation artistique de la nature. Loin de soumettre l'art à l'autorité de la philosophie et du politique, il ne souhaite pas exclure de la cité les artistes inconvenants ; au contraire, il rend aux arts leurs lettres de noblesse et il attribue à la poésie, à la musique, à la peinture et à la sculpture des vertus bénéfiques, aussi bien pour l'individu que pour la société.

Est-il pour autant en situation de penser l'autonomie de l'art ? Certes non. Nous verrons, au contraire, comment l'art reste, chez Aristote, lié de multiples manières au projet d'organisation politique, dans un sens tout différent, il est vrai, de Platon. Mais nous nous interrogerons aussi sur l'influence prodigieuse qu'il a exercée, lui aussi, pendant des siècles. En dépit des différences notables qui l'opposent à Platon, ses conceptions ont largement contribué, au moins autant que celles de son maître, à la dévalorisation séculaire de la création artistique et à la minoration du rôle social de l'artiste.

Précisons rapidement notre point de vue : loin de nous l'idée de rendre Platon et Aristote responsables de quoi que ce soit ; surtout pas des transformations que les époques ultérieures, depuis la pensée médiévale jusqu'à l'âge classique et à l'époque romantique, ont fait subir à leur théorie. Platon et Aristote ont engendré une multitude d'exégètes et d'interprètes qui, chacun, ont imposé leur vision « néo », platonicienne ou aristotélicienne. Certains sont à prendre au sérieux, tel Pline l'Ancien (23-79), Philostrate l'Ancien (170-245), Plotin (205-270), saint Augustin (354-430), ou, plus tard, Marsile Ficin, dont nous avons déjà signalé l'importance sur la pensée médiévale. Mais d'autres lectures, moins scrupuleuses, s'effectuent davantage au nom d'un respect global pour la philosophie et la culture antiques plutôt qu'en vertu de ce que disent véritablement les textes, du moins ceux qui nous sont parvenus. Cette remarque vaut surtout pour la *Poétique*.

Aristote devient une référence majeure au XVIᵉ et au XVIIᵉ siècle, mais on en appelle surtout au principe d'autorité scolastique pour imposer des conceptions particulières parfois fort éloignées de la pensée du philosophe. Par exemple : Corneille et Racine s'autorisent l'un et l'autre d'Aristote pour légitimer des règles dramatiques qui toutes ne se trouvent pas chez le philosophe et, en outre, servent des choix esthétiques et poétiques très différents. La fameuse règle des trois unités : temps, lieu, action, n'est nulle part énoncée par Aristote sous la forme d'un impératif absolu. Seule importe pour lui l'unité de l'action. La vraisemblance, dont Boileau fait grand cas dans son *Art poétique*, est importante mais elle n'est pas la règle prédominante.

Paradoxalement, Aristote devient le garant d'une doctrine classique déjà solidement constituée lorsque paraissent, d'une part, les *Réflexions sur la Poétique d'Aristote* du père Rapin (1674) et, d'autre part, la traduction française de la *Poétique* par André Dacier (1692).

Ce paradoxe s'explique aisément. La tradition platonicienne est continue ; celle d'Aristote est tardive et sporadique. Les notes recueillies par Théophraste (372-327), son successeur à la tête du Lycée[1], de l'école péripatéticienne, ne donnèrent lieu à une édition complète des œuvres qu'au Iᵉʳ siècle après J.-C., plus de trois siècles après la mort d'Aristote. Platon séduit l'Occident judéo-chrétien pour qui la conception de l'immortalité de l'âme et de la réminiscence apparaît compatible avec son propre dogme. Saint Augustin, au Vᵉ siècle, tente l'une des plus prodigieuses synthèses entre une philosophie païenne et sa propre théologie. Aristote n'est pas ignoré mais sa pensée ne donne pas lieu à discussion. Le premier commentaire connu de la *Poétique*, texte mutilé, lacunaire, laissé inachevé, date du XIIᵉ siècle. On le doit au philosophe arabe Averroès (1126-1198) qui consacre sa vie à l'ensemble des textes aristotéliciens. Commence dès lors, au XIIIᵉ siècle, une ère aristotélicienne, avec Albert le Grand et saint Thomas d'Aquin ; elle se prolonge jusqu'au début de la Renaissance, pour décliner avec le cartésianisme. Mais cela n'empêche pas Lessing, August Wilhelm von Schlegel et Goethe d'effectuer, à leur tour, une lecture critique de la *Poétique*.

La destinée de la *Poétique* est un peu particulière. Sa version latine date seulement de la fin du XVᵉ siècle ; elle n'est vraiment diffusée qu'au XVIᵉ siècle, en Italie. Son succès est immense. Mais que s'est-il passé entre le XIIᵉ et le XVIᵉ siècle ? Vraisemblable-

---

1. Disciple d'Aristote, Théophraste écrivit les *Caractères*, ouvrage que traduisit Boileau et dont il s'inspira pour son propre livre.

ment la perte du livre II, consacré à la comédie. Le livre I ne traite que de la tragédie et de l'épopée.

On sait quel bénéfice l'écrivain et philosophe contemporain Umberto Eco a tiré de cette disparition du livre II, consacré au rire, dans *Le nom de la rose*. L'incertitude qui plane sur la lecture qu'ont pu en faire les gens du Moyen Âge constitue effectivement une énigme troublante. Mais la plus grande énigme réside assurément dans l'influence que ce texte, court et incomplet, exerce pendant près de quatre siècles.

La défense de l'imitation

L'ouvrage de Charles Batteux *Les beaux-arts réduits à un même principe* (1746) est, comme on l'a vu, l'un des derniers hommages à Aristote et à la doctrine de l'imitation. Batteux dit avoir été frappé par la perspicacité du philosophe grec. Il va même plus loin : non seulement, la peinture est une poésie muette, mais le même principe s'applique à la musique et l'art de geste. Si Batteux demeure sous la dépendance de la tradition, il prend ses distances vis-à-vis de l'orthodoxie classique : imiter la nature ne signifie pas la copier servilement ; cela veut dire imiter la nature transfigurée par le génie.

Hommage en forme d'adieu, à une époque où Montesquieu, dans l'*Essai sur le goût* (1757), vilipende avec une étonnante virulence la philosophie antique, un « véritable fléau » : [...] ces dialogues où Platon fait raisonner Socrate, ces dialogues si admirés des Anciens, sont aujourd'hui insoutenables, parce qu'ils sont fondés sur une philosophie fausse :

car tous ces raisonnements sur le bon, le beau, le parfait, le sage, le fou, le dur, le mou, le sec, l'humide, traités comme des choses positives ne signifient plus rien. » Il est grand temps, pour Montesquieu, de déchirer une fois pour toutes ce « tissu de sophismes » et de mettre au rancart l'idéalisme platonicien, la physique et la métaphysique d'Aristote ; sans doute aussi, même s'il ne le précise pas, la *Poétique*.

L'irritation de Montesquieu, quelque peu exagérée, a au moins le mérite de souligner l'influence exorbitante des deux philosophes grecs et la focalisation de tous les débats, depuis des siècles, autour de leur théorie. Ne disait-on pas, au xviie siècle, que si la Raison règne, Aristote gouverne ? Aristote n'est même plus le nom d'un philosophe né à Stagire, ville de Macédoine, en 384 avant J.-C., c'est purement et simplement une règle.

La remarque de Montesquieu est toutefois injuste au moins sur deux points : d'une part, elle impute à Aristote ce qui est certainement à mettre au compte des multiples exégètes, commentateurs et interprètes plus ou moins fiables de son œuvre ; d'autre part, elle ne dit rien des raisons qui ont permis à cette philosophie de s'imposer de façon aussi durable. Sans doute y a-t-il des intérêts autres que poétiques et esthétiques, et des motifs plus politiques et idéologiques pour expliquer la survivance du sacro-saint principe d'autorité et la soumission à un ordre déclaré établi depuis des lustres. Le débat esthétique séculaire autour des notions d'imitation et de catharsis dissimulerait alors un autre enjeu : celui du défi que l'art lance en permanence aux diverses tutelles qui tentent de l'asservir afin de pouvoir fonder son ordre propre, affranchi de la religion, de la métaphysique, de la morale et de la politique.

On se souvient que Platon condamne l'imitation au nom de principes ontologiques, moraux et politiques : l'imitation, au deuxième ou au troisième degré, éloigne de la Forme, de l'Idée ; c'est un simulacre trompeur utilisé pour séduire et corrompre, dont les effets sont néfastes sur l'éducation ; les poètes, musiciens, peintres, dramaturges imitateurs n'ont pas leur place dans la cité idéale.

Or ces principes jouent également un rôle essentiel dans la défense de l'imitation par Aristote, mais dans un sens diamétralement opposé. Il n'admet pas la séparation entre le monde des Idées et le monde sensible. Si l'Idée existe dans un univers auquel nous n'avons pas accès, elle est inconnaissable et, par conséquent, nous ignorons même qu'elle est une Idée. Certes, Platon admet la possibilité d'une « participation » au monde idéal grâce à la réminiscence. Mais saisir les essences suppose qu'on se détourne du monde sensible, pâle copie du monde intelligible, qu'on renonce aux passions et qu'on refuse les plaisirs d'ici-bas.

Pour Aristote, les Idées ne sont pas au-delà, elles existent dans la réalité. Il admet, comme Platon, la nécessité d'accéder au vrai, au bien et au juste, mais à partir d'une réalité sensible qu'il est dans le pouvoir de l'homme de connaître grâce à la science, au discours, au *logos*. Autrement dit, l'Être existe, mais au lieu de se réfugier dans un monde difficilement accessible, de briller en quelque sorte par son absence, il est présent de diverses façons dans l'individu et dans la nature. L'« Être se dit de manières multiples », selon l'expression d'Aristote. Les Idées ne sont donc pas la seule réalité ; le monde sensible est tout aussi réel, et l'individu est la première et la plus haute réalité ou substance.

Aristote juge sévèrement la conception des Idées immuables et exemplaires qui ne rendent pas compte de la diversité et de la mobilité du réel. Platon, dit-il, se paye de mots vides et se complaît dans des métaphores poétiques. Sa doctrine est arbitraire, contraire à l'expérience concrète. Il est certain que la critique de la théorie des Idées sape les fondements philosophiques de la condamnation platonicienne de l'imitation. Imiter, copier, représenter ne constituent pas des dégradations d'un monde idéal puisque, selon Aristote, ce monde n'existe pas.

Mais les tabous moraux qui discréditaient ou interdisaient cette imitation tombent également : l'action de l'homme cesse d'être orientée par l'aspiration à la connaissance de vérités éternelles, par l'aspiration à se conformer au modèle du bien. Le bonheur et le plaisir sont réhabilités ici-bas, dans le monde sensible, d'autant qu'il est dans la nature de l'homme de chercher à être heureux. Le rôle du philosophe n'est donc pas de faire miroiter à l'individu un bien suprême qu'il n'atteindra jamais ; l'éducation consiste à indiquer quelques préceptes en vue de la quête du bonheur, du « souverain bien », un bonheur de toute façon différent pour chacun. Et, le plus sûr moyen de connaître le bonheur est d'adopter une vie soumise à la raison. La vie rationnelle, à la différence de la vie végétative ou animale, est spécifique à l'être humain. Elle répond à la fois à sa fonction et à sa nature d'homme. Pour peu que l'homme applique sa pensée à la forme la plus noble de la vie raisonnable, il s'apercevra vite que le bonheur réside dans l'équilibre des passions et des émotions. Il percevra aussi les mérites de la tempérance, de la prudence et du juste milieu qui définissent la conduite vertueuse.

Les conceptions politiques d'Aristote sont liées étroitement, comme chez Platon, à ses positions philosophiques et morales, mais elles aboutissent à des résultats sensiblement différents. On devine sans peine que la critique du platonisme s'étend à l'organisation de la cité telle que son prédécesseur l'avait imaginée dans *La République*. De fait, dans la *Politique*, Aristote se montre sévère envers la constitution de la *callipolis*, de la cité idéale conçue par Platon. On a vu que peu de régimes politiques trouvent grâce aux yeux de celui-ci, surtout pas la démocratie toujours menacée par la corruption et la démagogie. S'il propose une forme de vie communautaire — un « communisme » fondé sur la communauté des femmes, des enfants et des biens —, il ne fait pas vraiment bon vivre dans cette cité. N'oublions pas que règne une censure « culturelle » vigilante ; les artistes sont pourchassés ; les spectacles, les concerts, le théâtre et la musique sont sélectionnés par le philosophe-roi en fonction de leurs vertus éducatives.

Aristote conçoit une autre organisation sociale. Il part du principe que l'homme, par nature, est un animal politique et sociable. Il aspire fondamentalement à vivre en famille, dans un village et dans une société civile. Ces diverses communautés permettent à sa nature de se réaliser, d'exister non seulement en puissance mais en acte. Qu'importe le régime politique proprement dit ! L'aristocratie, la monarchie, l'oligarchie, la démocratie ne sont pas bonnes ni mauvaises en soi. Elles ne sont que ce qu'en font les gouvernants : soit des dictatures, des tyrannies, des démagogies, soit des systèmes libéraux. Toutes recelant des germes de perversion, l'essentiel réside dans l'observance des lois voulues par les citoyens. Ces lois, fondées sur la modération et l'équilibre, doivent permettre à chacun, selon sa nature, d'agir selon la vertu et d'accéder au bonheur.

Ce détour par la philosophie d'Aristote — évoquée dans ses grandes lignes — est indispensable pour comprendre son « esthétique ». Il permet de saisir comment la critique de Platon, la réfutation des Idées immuables, la défense de l'imitation forment un ensemble cohérent, en liaison avec les positions morales et politiques d'Aristote. Défense de l'imitation, apologie de la mimésis, la *Poétique* en est aussi l'illustration. C'est un traité inclus vraisemblablement dans le programme d'enseignement destiné à la formation intellectuelle d'Alexandre le Grand[1].

Imiter est d'emblée défini comme un acte légitime : c'est une tendance naturelle : « La poésie semble bien devoir en général son origine à deux causes, et deux causes naturelles. Imiter est naturel aux hommes et se manifeste dès leur enfance (l'homme diffère des autres animaux en ce qu'il est apte à l'imitation et c'est au moyen de celle-ci qu'il acquiert ses premières connaissances) et, en second lieu, tous les hommes prennent plaisir aux imitations[2]. »

Notons que la poésie désigne ici aussi bien la musique qui accompagne les poèmes. L'importance de l'imitation est appréciée sur deux points : d'une

1. En 342, Aristote part pour la Macédoine, sur l'invitation de Philippe II, en qualité de précepteur de son fils Alexandre. Il ne retourne à Athènes qu'en 335. On suppose que la *Poétique* a été rédigée en grande partie pendant cette période.
2. Aristote, *Poétique*, Paris, Gallimard, 1996, trad. J. Hardy, préface de Philippe Beck, 1448b.

part, sur le plan de l'artiste créateur, elle assume, dès l'enfance, une fonction de connaissance ; grâce à elle, on apprend, précise Aristote. D'autre part, elle procure du plaisir, aussi bien chez celui qui imite que chez le public.

L'imitation concerne n'importe quel objet : de belles actions ou des actes vulgaires. Aristote constate simplement que les genres, telles la tragédie ou l'épopée, progressent et deviennent peu à peu conformes à leur nature propre : ainsi Sophocle, notamment son *Œdipe*, améliore la tragédie par rapport à Eschyle ; dans l'*Iliade* et l'*Odyssée*, Homère a poussé l'épopée à sa perfection.

L'opposition à Platon est flagrante. D'abord, imiter, tendance naturelle, concerne des choses ou des actions concrètes et non plus des Idées abstraites. Le plaisir qui en résulte est l'une des premières étapes vers le bonheur ; il peut être vil ou noble, à chacun selon sa nature. Ensuite, Aristote admet une évolution possible des formes artistiques : elles cessent d'obéir à une forme de beauté immuable et éternelle. Enfin, la poésie en général, tragédie ou comédie, est reconnue comme un genre majeur ; elle est plus « philosophique » que l'histoire car l'imitation s'enrichit de l'imagination du créateur. Celui-ci ne peint pas les choses comme elles sont ; il les imite telles qu'elles devraient être. Non seulement Sophocle — l'un des rares dramaturges tolérés par Platon — mais les autres tragiques ou auteurs de récits épiques, tel Homère, retrouvent leur place dans la cité.

Une fois la mimésis réhabilitée, la seule question vraiment importante est de savoir quelle est la forme poétique la plus élevée : la tragédie, la poésie dramatique, ou l'épopée, la narration, la poésie épique ? La question d'Aristote est directe : « Laquelle des deux vaut le mieux, l'imitation épique ou la tragique, c'est une question qu'on peut se poser[1]. »

Question de nuance en fait. Car la tragédie et l'épopée présentent d'éminentes qualités identiques. La tragédie a toutefois un léger avantage car elle se déroule en un temps plus bref que celui de la lecture : « On aime mieux ce qui est plus resserré que ce qui est dispersé sur un long temps ; supposons, par exemple, qu'on transpose l'*Œdipe* de Sophocle en autant de vers qu'il y en a dans l'*Iliade* ! » Surtout, elle bénéficie de la musique et du spectacle, précise Aristote, c'est-à-dire de « moyens très sûrs de produire le plaisir ».

« Plaisir » ! Le mot décisif. Mais quel type de plaisir ?

La « purgation des passions »

Le plaisir que procure la tragédie est spécifique. Aristote le définit ainsi : « [...] la tragédie est l'imitation d'une action de caractère élevé et complète, d'une certaine étendue, dans un langage relevé d'assaisonnements d'une espèce particulière suivant les diverses parties, imitation qui est faite par des personnages en action et non au moyen d'un récit, et qui, suscitant pitié et crainte, opère la purgation propre à pareilles émotions[2]. »

L'assaisonnement du langage désigne la proportion variable de chants et de vers. L'essence de la tragédie réside dans l'action, non dans le récit, action représentée en un temps limité. Le plaisir

1. *Ibid.*, 1461b.
2. *Ibid.*, 1449b.

résulte des émotions ressenties : crainte et pitié. Tout cela est clair. Aristote mentionne la cause et les effets.

Mais sur le mécanisme de l'opération, peu de détails ! Un seul terme assez inattendu : « purgation », catharsis. On peut dire aussi « purification ». Ce mot a donné lieu à maints commentaires. Chez Aristote lui-même, il est l'objet de plusieurs interprétations. On croit comprendre qu'il y a un rapport entre l'imitation, la mimésis, et la purgation, la catharsis : devant un spectacle représentant des actions éprouvantes, je suis enclin à ressentir les mêmes émotions que l'on cherche à provoquer en moi. La représentation de sentiments violents ou oppressants, par exemple la terreur, l'effroi ou la pitié, bien que mimés et donc fictifs, déclenche dans le public, dans la réalité, des sentiments analogues.

Cette réaction est banale dans la vie courante ; trop d'événements réels, effrayants ou affligeants, suscitent des émotions correspondantes, par exemple, de la compassion pour les victimes. Mais ce phénomène est plus surprenant lorsqu'il s'agit d'un spectacle créé et imaginé de toutes pièces. Il suppose une identification avec un personnage et non plus avec une personne. Certes, cette identification a ses limites, car il ne s'agit pas d'imiter, de copier ni de transposer dans la vie réelle les actions qui se déroulent sur la scène. Et l'on imagine mal un jeune homme, influencé par l'*Œdipe* de Sophocle, décidant de tuer son père, de commettre un inceste avec sa mère et de se crever les yeux !

Ce transfert de la fiction à la réalité est-il toutefois tellement inconcevable ? Pour nous, malheureusement non. Mais, pour Aristote, certainement. En éprouvant des sentiments analogues à ceux que la tragédie provoque en moi, je me libère du poids de ces états affectifs *pendant* et *après* le spectacle. J'en ressors comme purgé, purifié, et apaisé. Ces émotions préexistaient-elles en moi à l'état latent et le spectacle s'est-il contenté de les éveiller ? Ou bien les a-t-il d'un bout à l'autre provoquées ? Le spectateur est-il prédisposé, par sa nature même, à réagir en fonction d'une représentation spécialement conçue pour le troubler en des points sensibles de sa personnalité ? Aristote ne le dit pas.

La *Poétique* ne répond pas vraiment à l'attente de la *Politique*. Aristote, là aussi, avait évoqué la catharsis, mais uniquement à propos de la musique : « Nous disons qu'on doit étudier la musique, non pas en vue d'un avantage unique, mais de plusieurs (en vue de l'éducation et de la "purgation" — ce que nous entendons par "purgation", terme employé en général, nous en reparlerons plus clairement dans un traité sur la poétique — et, en troisième lieu, en vue du divertissement, de la détente et du délassement après la tension de l'effort). » Certes, il en reparle, mais si peu !

En revanche, la *Politique* donne quelques précisions qu'on ne retrouve pas dans la *Poétique* : à la crainte et à la pitié s'ajoute l'« enthousiasme ». À propos de cet état d'exaltation, Aristote fait référence explicitement au sens thérapeutique du terme : « [...] certains individus ont une réceptivité particulière pour cette sorte d'émotions [l'enthousiasme], et nous voyons ces gens-là, sous l'effet des chants sacrés, recouvrer leur calme comme sous l'action d'une "cure médicale" ou d'une purgation. »

Est-ce, pour lui, une manière de retrouver le lieu commun selon lequel « la musique adoucit les mœurs » ? Il y a sans doute un peu de cela, mais il faut aller plus loin dans l'interprétation.

Dans la *Politique*, Aristote suggère lui-même que la catharsis concerne également la tragédie, c'est-à-dire la vue, et non pas seulement l'écoute de ce qu'il appelle des chants éthiques, dynamiques ou exaltants. Il n'y a pas à s'en étonner puisque la tragédie, à l'époque, réalise une certaine forme d'« art total » harmonisant le texte, les chœurs et la danse. Mais, en outre, elle consiste à mettre en scène une action, une intrigue où des personnages réels imitent des héros soumis à un destin angoissant ou pathétique. Pensons à Œdipe. Or la musique seule ne figure pas ; elle ne représente rien ; elle laisse tout loisir à l'auditeur d'imaginer librement selon ses états d'âme, tout comme la lecture d'un récit. En revanche, la tragédie impose un personnage, un masque comportant des traits définis. Elle force en quelque sorte l'identification du spectateur appelé à devenir momentanément un « acteur secret[1] » dans la pièce. Mimésis d'action et de sentiments réels, la tragédie concentre la réalité dans le temps et dans l'espace, elle l'exagère et pousse les passions à leur paroxysme afin d'éclairer le public sur les conséquences éventuelles de ses actes : voyez ce qu'il adviendrait, si d'aventure l'envie vous prenait d'imiter réellement ces malheureuses victimes de la fatalité !

Le remède n'est-il pas pire que le mal ? Un spectacle apaisant ne serait-il pas plus propice à la sérénité, au retour à l'équilibre ? Aristote ne se pose pas la question. Sa « cure médicale » est homéopathique : on soigne le mal par le mal, les passions excessives par l'excès d'émotions.

---

1. L'expression est de Bossuet.

Cette interprétation n'est pas vraiment abusive. Le texte d'Aristote la suggère ; elle fut notamment celle de tout le classicisme français, soucieux d'assigner au théâtre une fonction morale, voire moralisatrice.

Mais de l'éthique au politique, il n'y a parfois qu'un pas. La *Politique* d'Aristote se fonde sur sa philosophie de la tempérance, de la modération, du juste milieu. Sa volonté de restaurer la tragédie en déclin, de renouer avec la tradition des grands spectacles qui contribuèrent à la gloire d'Athènes au Vᵉ siècle, n'est sans doute pas exempte d'intentions politiques et sociales : permettre à la cité de vivre en paix et assurer au citoyen le bonheur d'une vie vertueuse, conforme à la raison. Un tel programme d'éducation civique et culturelle ne pourrait-il convenir au futur roi de Macédoine ?

Multiplier les spectacles tragiques, attirer la foule au théâtre, c'est permettre à la catharsis d'opérer non seulement sur l'individu, mais collectivement. C'est aussi distraire les citoyens, détourner leur attention des problèmes du moment — les guerres incessantes — et permettre l'expulsion d'une mauvaise conscience qui commence à hanter un peuple en décadence.

Il s'agit là d'une explication presque psychanalytique au sens actuel du terme : le spectacle apaise les passions parce qu'il permet de vivre fictivement, de façon innocente et inoffensive, pour la personne et pour la société, des passions qui les mettraient en danger dans la réalité. La catharsis autoriserait alors une sorte de défoulement et jouerait un rôle d'exutoire.

On parle de défoulement. Ce n'est pas un hasard si Freud a choisi le terme de catharsis pour désigner la finalité de la cure psychanalytique : le retour à la conscience des pulsions refoulées, notamment dans le cas des névroses. Rien de plus préjudiciable à l'équilibre de l'individu et de la société que de se complaire dans le malaise ou le mal-être de passions et de pulsions condamnées au mutisme, rejetées dans le tréfonds de l'inconscient.

Cette interprétation établit un lien entre la *Poétique* et la *Politique*. Sur un plan plus général, elle révèle les implications politiques — au sens large du terme — et le discours sur l'art. Or ce n'est pas non plus un hasard si ce type d'interprétation a systématiquement été omis par la tradition qui se réclame d'Aristote. On pourrait d'ailleurs en dire autant de Platon. Au XVIIe siècle, nous l'avons dit, on se soucie surtout de la portée morale du théâtre. On ne prête attention qu'aux règles de l'art, aux procédés techniques qui permettent d'aboutir à l'effet recherché. À la fin du XVIIIe siècle, Lessing dénonce l'assimilation aristotélicienne entre la poésie et la peinture dans le cadre de sa critique de l'*ut pictura poesis*. La fonction cathartique par la mise en scène de la terreur ne lui plaît guère. Il préfère la pitié et considère que la tragédie doit surtout susciter la compassion. Quant à Goethe, peu sensible à l'effet de purgation et de purification de la catharsis, il ne parle que de retour à l'équilibre. Dans sa période antiquisante et classique, et dans le cadre d'une esthétique idéaliste, il privilégie l'harmonie qui naît de la contemplation de la beauté idéale propre à l'œuvre d'art réussie. Surtout lorsque cette œuvre d'art appartient à la poésie dramatique.

Plus récemment, Bertolt Brecht (1898-1956) a fondé sa théorie et sa pratique théâtrale sur ce lien entre esthétique et politique : « Ce qui nous paraît du plus grand intérêt social, c'est la fin qu'Aristote assigne à la tragédie : la catharsis, purgation du spectateur de la crainte et de la pitié par l'imitation d'actions suscitant la crainte et la pitié. Cette purgation repose sur un acte psychologique très particulier : l'identification du spectateur aux personnages agissants que les comédiens imitent[1]. »

Brecht critique avec virulence la catharsis et ses effets anesthésiants au regard de la réalité peu plaisante du monde actuel. Mais c'est moins Aristote qu'il dénonce que la « dramaturgie aristotélicienne », la tradition du théâtre classique et « vermoulu ». Il lui reproche de miser sur l'identification entre le spectateur et les personnages afin d'engendrer un plaisir illusoire qui détourne le public de la réalité concrète. À cette trop grande proximité qui vise, selon lui, à mystifier le spectateur, il oppose la *distanciation*. Celle-ci a pour effet d'instaurer précisément une distance critique. Elle permet au public de prendre conscience des enjeux politiques et idéologiques de l'action fictive représentée sur la scène. La grande difficulté de ce théâtre didactique et épique, qui repose sur une conception marxiste de l'histoire et de la société, consiste évidemment à concilier, dans l'intérêt du spectateur, didactisme et divertissement, pédagogie politique et magie du spectacle.

Aristote laisse le problème de la catharsis en suspens, comme d'ailleurs tous ses interprètes et commentateurs. On peut regretter la perte du livre II de la *Poétique* ; il n'est pas sûr toutefois qu'il ait pu résoudre définitivement le problème. Doit-on ou non montrer un spectacle représentant des actions

---

1. Bertolt Brecht, *Écrits sur le théâtre* 1, Paris, l'Arche, 1972, « Critique de la *Poétique* d'Aristote », p. 237 *sq*.

et des héros à forte charge émotionnelle ? Produit-il un effet bénéfique ou néfaste sur le public ? Nous ne le savons toujours pas. Il suffit de penser aux débats actuels, quasiment insolubles, sur la légimité de la représentation de la violence fictive dans les médias modernes, cinéma ou télévision ? Effet cathartique ou incitation à l'imitation et passage aux actes réels ? Le problème de la catharsis est encore promis à un bel avenir.

Le « modèle grec »

L'attitude de Brecht, auteur dramatique du XXᵉ siècle, vis-à-vis d'Aristote et de l'aristotélisme, illustre assez bien la question que nous nous sommes posée plus haut : celle de l'influence tenace, millénaire, de la tradition antique sur les arts. Aristote n'a-t-il pas contribué, directement ou indirectement, au moins autant sinon plus que Platon, à une dépréciation de l'activité artistique et du statut de l'artiste ? Cette dévalorisation n'explique-t-elle pas en partie l'émergence tardive, au XVIIIᵉ siècle, de l'autonomie esthétique ?

Essayons de répondre.

Certes, Aristote lève l'interdit platonicien qui pesait sur l'imitation. Cette libération de la mimésis est d'ailleurs plus riche de conséquences qu'on ne le croira pendant des siècles : l'imitation de la nature — nature de l'homme, nature extérieure — n'est pas une reproduction ou une copie servile. Comme le montre la catharsis, imiter est plus qu'imiter : il s'ajoute un élément mystérieux, presque énigmatique dans le rapport de l'art aux spectateurs. La poésie, au sens large, est philosophique. Les artistes obtiennent littéralement droit de cité et ne sont plus victimes de l'ostracisme platonicien.

Mais l'imitation se transforme pour des siècles en un dogme contraignant. Elle devient même un principe académique qui impose, jusqu'au XIXe siècle, une véritable idéologie de la représentation fondée sur la reconnaissance, notamment dans les arts plastiques : ne valent que les œuvres « figuratives », celles dans lesquelles on reconnaît l'objet ou le sujet représenté de façon « naturelle » ou « réaliste ».

La poésie est philosophique mais l'art en général est avant tout une technique. Il entre dans la catégorie des activités dites « poïétiques », inférieures aux activités *théorétiques*, comme la philosophie, et aux activités *pratiques*, comme la politique ou la morale. La philosophie a pour finalité la vision ou la contemplation de la vérité ; la politique et la morale fixent des règles pour l'action concrète et la conduite des individus ; la poïétique désigne la fabrication d'un objet et renvoie aussi bien à la production d'une œuvre d'art qu'à l'art du cordonnier. On se souvient de l'exemple du menuisier, fabricant de lit, chez Platon.

Il est d'ailleurs curieux de noter la distorsion, dès l'Antiquité, entre la faveur dont jouissent, de leur vivant, certains artistes de renom, et le dédain dans lequel on continue de tenir le métier d'artiste en général. Les choses ont-elles vraiment changé de nos jours ?

En somme, Aristote, comme son maître, instaure durablement le préjugé défavorable concernant l'activité artistique. Il annonce, en outre, la redoutable distinction entre les arts mécaniques et les arts libéraux, entre la pratique artisanale et l'art considéré comme une activité intellectuelle. On a vu comment les peintres et les humanistes de la Renais-

sance militaient avec vigueur en faveur d'une intel-
lectualisation et d'une scientifisation de leur pratique artistique en l'associant au savoir mathématique
et philosophique.

C'est ce même privilège accordé à l'intelligence, à
l'esprit, à l'âme, par opposition au corps, à la matière,
qui détermine — on s'en souvient — la classification
hiérarchique des arts chez Hegel. Mais, dans le
même temps, la philosophie hégélienne donne son
congé, d'une part, au modèle grec, d'autre part, à la
tradition antique telle qu'elle s'est perpétuée du
Moyen Âge au romantisme. Selon ses propres termes, Hegel se situe « au seuil de l'art moderne »,
ouvrant sur un avenir incertain que sa propre philosophie, trop tardive, ne parvient pas à esquisser.

Entre la mort de Hegel et les premières ruptures
qui bouleversent le monde de l'art, il y a le temps, à
peine, d'une génération. Vingt ans pendant lesquels
les « modernes », admiratifs mais résolus, apprennent à reléguer le mythe grec, désormais trop inaccessible, parmi les choses du passé. Vingt ans pendant lesquels l'art apprend à ne pas rester indifférent
aux bouleversements du monde, surtout lorsqu'ils
prennent la forme de révolutions, à commencer par
la révolution industrielle.

Mais réserver l'art et la pensée antiques à l'étude
archéologique et philologique ne suffit pas. La
modernité entreprend aussi de liquider cinq siècles
de tradition auxquels, malgré tout, elle doit sa naissance. Rien d'étonnant, en ce cas, à constater que
l'histoire, au XIXe siècle, balbutie ; une histoire
encore prisonnière de sa nostalgie pour un âge d'or
révolu et déjà emportée par le tourbillon de la
modernité. Les ruptures se vivent tout d'abord
comme un déchirement.

Nous disions, plus haut, que Diderot, Schiller, Jean-Paul et Hegel — pour reprendre nos exemples — traduisaient, dans leurs écrits, une étonnante prise de conscience des enjeux de l'art et de l'esthétique à leur époque. Ils réfléchissent dans le contexte d'un discours autonome sur l'art et, du même coup, ils sont en mesure de percevoir les rapports qui lient l'art à la métaphysique, à la religion, à la société et au politique. Nous en avons déduit que l'autonomie esthétique permettait de penser l'hétéronomie de l'art.

En faisant retour dans la Grèce antique, nous avons constaté, assez curieusement, que les philosophes grecs manifestaient déjà la même lucidité. Certes, l'art est sous la dépendance de la métaphysique, de l'ontologie et de la philosophie, mais ces liaisons sont loin d'être incompatibles avec une interrogation très concrète sur le rôle que l'art doit assumer dans le champ politique et à l'intérieur de la cité.

Aristote partage, en fin de compte, la même méfiance que Platon envers les œuvres d'art qui défient les limites du raisonnable, de la raison, et tendent à s'éloigner de la vérité. D'où son intérêt pour la poésie épique d'Homère, vieille déjà de plusieurs siècles, et pour la tragédie, déjà ancienne, de Sophocle ; d'où aussi ses réserves envers les œuvres de son époque, rarement citées.

La tradition ne s'est guère passionnée pour cet aspect « engagé » de la philosophie de l'art des Anciens. Elle a le plus souvent ignoré cette implication de l'art dans la vie concrète des individus. Elle a préféré promouvoir et léguer à la postérité les aspects les plus flatteurs du mythe grec : la « calme grandeur et la noble simplicité » de l'art ainsi que la haute élévation spirituelle des philosophies platonicienne et aristotélicienne, à peine affectées par des siècles d'interprétations sinon douteuses, du moins toujours intéressées.

Qui a eu raison de cet idéal mythique ? Quel est le sens de ces ruptures provoquées par ce que nous appelons la « modernité » ? Les facteurs sont nombreux, liés aux conditions politiques, sociales et économiques qui convergent, au milieu du XIXe siècle, à la dissolution d'un monde ancien. Nous évoquerons ultérieurement, dans le prochain chapitre, la nature des bouleversements survenus sur le plan de l'art et de la réflexion esthétique ; nous montrerons également en quoi ces ruptures méritent leur nom, et nous verrons pourquoi elles diffèrent, par leur radicalité, des mutations antérieures, aussi bien à la Renaissance qu'au siècle des Lumières.

Mais le terme même de modernité est loin d'être simple et univoque. Il se définit autant par son refus du passé, par le rejet d'une tradition qui continue de hanter les esprits, que par son ouverture sur l'avenir. C'est cette ambivalence qui retient notre attention dans les œuvres de Marx, de Nietzsche et de Freud.

II

ENTRE NOSTALGIE
ET MODERNITÉ

Il n'est guère d'écrits théoriques, en philosophie et en esthétique, qui ne comportent, aujourd'hui encore, de référence explicite ou implicite à Marx, à Nietzsche ou à Freud. Ce n'est pas le seul point commun entre le « théoricien du capital et de la lutte des classes », le « prophète de la mort de Dieu » et le « père de la psychanalyse », pour employer les clichés habituels.

Tous les trois comptent parmi ceux que l'on pourrait appeler les artisans conceptuels de la modernité du xxe siècle. Penseurs du xixe siècle, liés à un temps encore prisonnier du passé et de la tradition, ils donnent un *concept* aux véritables séismes qui ébranlent déjà la vieille Europe ; c'est ainsi qu'ils mettent un nom sur la révolution prolétarienne, sur le nihilisme, sur le déclin de l'Occident et sur l'inconscient. Bien que leurs œuvres ne soient pas rigoureusement contemporaines, ils signent tous les trois, à intervalles rapprochés, la fin de l'humanisme hérité de la Renaissance et de la raison classique. Plus important encore, ils sapent de façon irrémédiable les certitudes liées à la conception de l'homme comme maître et possesseur de la nature.

La science triomphe, mais ce triomphe est aussi celui des crises politiques, économiques, sociales et artistiques que l'activité scientifique met précisément au jour en s'imaginant pouvoir les résoudre, ou du moins les analyser.

La Renaissance installait littéralement une perspective qui rendait représentables l'homme, la nature, l'univers, voire Dieu lui-même, dans un espace et un temps continus et homogènes, un espace euclidien. Le XIXe siècle est contraint de croire au progrès dans un espace-temps discontinu, hétérogène, relatif, non euclidien, ébranlé par les découvertes de Lobatchevski et de Riemann, précurseurs d'Einstein. Non seulement le monde n'est plus représentable avec les anciennes formules, mais il n'est pas sûr que les révolutions et les guerres, catastrophes annoncées dès le milieu du siècle, le rendent encore présentable.

Toutefois, si Marx, Nietzsche et Freud nous intéressent ici, ce n'est pas en tant que prédicateurs du futur malaise de la culture occidentale, mais parce que chacun conserve à sa manière une certaine nostalgie pour l'Antiquité.

Cette contradiction est au cœur de leurs conceptions esthétiques. Elle conduit à se demander pourquoi ces promoteurs de la modernité en politique, en métaphysique ou en psychologie ont méconnu ou refusé la modernité artistique. Ce paradoxe pèse lourdement sur les interprétations et sur les utilisations ultérieures de leur théorie.

Ce même paradoxe révèle, d'une façon générale, un autre fait d'importance : celui du décalage entre l'apparition des œuvres d'art et la réflexion esthétique qui tente de les interpréter. Nous avons déjà noté, dans l'avant-propos, ce retard de l'esthétique par rapport à la création. Il vérifie le diagnostic formulé par Hegel à propos de la philosophie : au seuil de la modernité, à une époque où l'artiste n'est plus contraint d'obéir à des normes préexistantes, et où il est libre de choisir la forme et le contenu de ses réalisations, l'esthétique ne peut venir qu'après. C'est bien ce défi auquel elle s'expose depuis en permanence, assorti d'une autre exigence : ne pas venir trop tard.

MARX OU L'ENFANCE DE L'ART

En 1857, Karl Marx (1818-1883) rédige une *Introduction à la critique de l'économie politique*. Consciencieusement, il établit un plan comportant huit points importants à ne pas oublier dans un développement ultérieur. Il note, par exemple, l'idée que la guerre est toujours antérieure à la paix ; que les rapports économiques, le machinisme et le salariat sont apparus dans l'armée et dans l'état de guerre plus tôt que dans le reste de la société bourgeoise, ou bien que l'histoire universelle est une notion récente, etc.

Une chose lui tient particulièrement à cœur dans ce projet d'économie politique : refuser l'idéalisme, cesser de croire que la philosophie, le droit, la morale, l'activité intellectuelle descendent comme par miracle de ce ciel étoilé qui fascinait Emmanuel Kant et qu'ils s'impriment de façon magique dans la conscience des hommes. Pour Marx, en effet, toutes nos représentations reposent sur une base économique déterminée par la production et le commerce matériel des hommes. Il en va ainsi pour l'art et la culture : ce ne sont pas des émanations d'un pouvoir suprasensible ou d'une faculté transcendante, encore moins d'une volonté divine ; ce sont les produits d'une société organisée et structurée par les échanges économiques, au même titre que la politique, les lois, la religion, la métaphysique et l'éthique.

En ce sens, l'activité artistique et les conceptions esthétiques d'un peuple ne sont plus autonomes mais hétéronomes. Elles dépendent de paramètres sur lesquels elles n'ont aucun pouvoir. Elles sont incluses dans l'*idéologie*, c'est-à-dire dans les représentations que se forge une société à un moment donné de son histoire, compte tenu du stade de développement matériel et économique qu'elle a atteint. Marx et Engels — souvent coauteurs — le disent expressément : « [...] la morale, la religion, la métaphysique et tout le reste de l'idéologie, ainsi que les formes de conscience qui leur correspondent, perdent aussitôt toute apparence d'autonomie. » Le génie qui se concentre dans quelques artistes d'exception n'est donc pas un don de la nature ni l'effet d'une fureur divine mais un produit de la division sociale du travail.

Toutefois, Marx et Engels ne cessent de mettre en garde contre une interprétation mécaniste et matérialiste de leur théorie. L'économie agit seulement *en dernière instance* sur la production intellectuelle ; c'est-à-dire qu'elle se fraye un chemin entre une série d'actions et de réactions réciproques entre la base économique et l'idéologie. Ils admettent donc que si le « développement politique, juridique, philosophique, religieux, littéraire, artistique, etc., repose sur le développement économique », ces domaines

« réagissent tous également les uns sur les autres, ainsi que sur la base économique ».

Il reste néanmoins qu'en principe, à chaque société donnée, correspondent des formes artistiques particulières en relation avec son niveau de développement : les pyramides dans l'Égypte ancienne, la statuaire et la poésie épique en Grèce, les cathédrales au Moyen Âge, etc. Un art apparu à une époque déterminée peut ainsi plaire aux contemporains et ne pas satisfaire leurs successeurs. Ce n'est pas seulement affaire de goût : les conditions matérielles de production ont changé, entraînant une modification des formes de représentation, des idées, des mythes, des us et coutumes et aussi du goût, justement.

Or Marx prend conscience que l'art constitue une sorte d'exception à cette concordance globale entre le stade économique et social d'une société et sa production intellectuelle. Tel est le propos du sixième point de son programme : « Le rapport inégal entre le développement de la production matérielle et celui de la production artistique par exemple. » Et tout son effort consiste à tenter de résoudre cette « incohérence » en deux pages à peine. Quelques lignes étonnantes car pleines, justement, de l'étonnement parfois naïf et inattendu du théoricien intransigeant du *Capital*.

Il tient d'abord pour acquis que « certaines époques de floraison artistique ne sont nullement en rapport avec l'évolution générale de la société, ni donc avec le développement de sa base matérielle ». En clair : les Grecs ont produit des chefs-d'œuvre, des tragédies, des épopées, des bustes, des monuments que le stade d'évolution de leur société — inférieur à celui de la société moderne — ne devait pas logiquement permettre. S'ils y sont parvenus, c'est parce qu'ils disposaient d'une mythologie, de la nature et des formes sociales transfigurées en art par l'imagination des artistes. De là leur supériorité sur l'art égyptien : « La mythologie égyptienne n'eût jamais pu être le sol, le sein maternel qui eût produit l'art grec. » Mais il est clair, en revanche, que la mythologie grecque ne saurait être une source d'inspiration à l'époque des métiers à tisser, des locomotives et du télégraphe.

Curieusement, Marx s'exprime sous une forme interrogative, et sur le ton d'une fausse évidence, comme s'il pouvait malgré tout subsister un doute : « Achille est-il possible à l'âge de la poudre et du plomb ? Ou l'*Iliade*, en général avec l'imprimerie, avec la machine à imprimer ? Les chants, les légendes, les Muses, ne disparaissent-ils pas nécessairement devant le barreau de l'imprimeur ? Et les conditions nécessaires pour la poésie épique ne s'évanouissent-elles pas[1] ? »

Ces questions ne sont pas, à vrai dire, très cohérentes. Certaines portent sur le contexte social, économique et matériel de la création, d'autres sur les œuvres, une autre sur les héros. Un Achille moderne, portant baïonnette au fusil au lieu d'un arc et des flèches, n'est pas inconcevable dans un récit de fiction. La rédaction de l'*Iliade* ou de l'*Odyssée* est liée à la puissante imagination d'Homère beaucoup plus qu'au procédé technique d'impression et de diffusion. En revanche, on peut admettre que les hauts fourneaux de l'industrie sidérurgique sont peu

1. Karl Marx, *Introduction à la critique de l'économie politique*, Paris, Gallimard, 1965, Bibliothèque de la Pléiade, trad. M. Rubel et L. Evrard, p. 265 *sq*.

propices à l'expression d'une sensibilité épique ou lyrique. Et encore !

Toutefois, Marx, visiblement embarrassé, élude les réponses et précise sa pensée : « Mais la difficulté n'est pas de comprendre que l'art grec et l'épopée sont liés à certaines formes du développement social. La difficulté, la voici : ils nous procurent encore une jouissance artistique, et à certains égards, ils servent de norme, ils nous sont un modèle inaccessible. »

On croirait lire le chapitre de Hegel sur la statuaire grecque ! La référence à l'esthétique hégélienne est effectivement présente dans les considérations de Marx, mais à quelques nuances près. Pour Hegel, l'art grec, modèle inégalable, avait bien atteint son apogée au Ve siècle avant J.-C., mais à titre de transition : équilibre momentané entre l'esprit et la matière, il est victime d'une dissolution et cède la place à l'art romantique. Il n'est qu'un moment dans l'histoire de la réalisation de l'Esprit qui conduit à la « mort » de l'art au profit de la philosophie et de l'esthétique.

D'une part, Marx procède à une « révolution » du système hégélien : l'évolution de l'art n'est pas liée à la réalisation de l'Esprit ; elle est déterminée par les conditions matérielles, sociales et économiques. D'autre part, s'il ne fait guère avancer la question hégélienne du modèle grec, norme éternelle et inaccessible, il a le mérite de l'aborder sous l'angle esthétique : force est de constater que cet art est encore source de plaisir, d'émerveillement et de jouissance. Pourquoi ?

Question légitime à laquelle, cette fois, il répond, mais de façon bien surprenante. Le charme que nous trouvons à l'art grec n'est rien d'autre, dit-il, que l'attendrissement que nous, modernes, éprouvons pour l'enfance de l'humanité, pour ces enfants grecs, nés dans un état d'immaturité sociale que nous ne connaîtrons plus jamais.

À la question, pourtant cruciale en esthétique, de savoir comment des formes d'art peuvent survivre à l'histoire, Marx répond de façon assez mièvre en invoquant une nostalgie teintée de condescendance et de compassion. « Cruciale » est bien le mot si l'on se souvient des interdits de Platon concernant l'utilisation de la mythologie sous la forme épique, du désir d'Aristote de restaurer la forme ancienne de la tragédie, des normes formelles imposées par la tradition classique, jusqu'au débat entre Goethe et Schiller sur la poésie sentimentale ou dramatique.

Marx avait probablement sous la main les réponses à ses propres questions. L'admiration pour la Grèce antique est largement un effet de la culture et de l'éducation. Marx connaît, dès l'enfance, ses classiques. Comment pourrait-il ignorer et ne pas avoir appris à aimer Homère, Sophocle, Praxitèle et Zeuxis, lui qui soutient sa thèse de doctorat sur « La différence de la philosophie de la nature chez Démocrite et Épicure » ? Il est donc lui-même le pur produit d'une éducation humaniste et bourgeoise qui répond aux critères esthétiques et culturels précieusement sauvegardés et transmis par la tradition.

Marx s'étonne que des formes anciennes liées à des sociétés archaïques émeuvent encore les sociétés modernes. N'allant guère au-delà de l'esthétique hégélienne, il trouve surprenant que des formes et des genres artistiques, l'épopée, la statuaire, etc., puissent continuer à exprimer des contenus pourtant différents puisque produits par des groupes sociaux diversement évolués.

Deux réponses ici sont possibles.

D'une part, la tragédie ou le poème épique traitent de thèmes éternels : lutte de l'homme contre la nature, victime de la fatalité, soumis à sa destinée, prisonnier de ses passions, angoissé par la mort ou exalté par l'amour, « sujets » transhistoriques qui échappent en partie — heureusement ! — aux conditions matérielles de la production et aux contraintes économiques.

D'autre part, le théoricien de l'exploitation de l'homme par l'homme aurait pu s'attacher à ce qu'il y avait de commun entre la société esclavagiste, la société féodale et la société capitaliste : même domination d'une classe sur une autre, même principe de division du travail.

La pérennité des formes et des contenus artistiques est une question esthétique intéressante, mais elle n'est pas surprenante. Dans une civilisation de progrès, ce qui est beaucoup plus étonnant et inquiétant, c'est la pérennité du dictateur, alias le tyran, ou bien la survivance du sort des « gueules noires » enfouis dans les mines, version à peine retouchée de l'esclave athénien ou du serf du Moyen Âge.

Les écrits de Marx consacrés à la théorie de l'art occupent une place minime dans son œuvre. On ne saurait, évidemment, lui faire grief de n'avoir eu ni l'opportunité ni le temps de les développer et de préciser sa pensée, notamment au regard des bouleversements qui affectent le monde de l'art à son époque. Il meurt en 1883, la même année qu'Édouard Manet. Près de vingt ans auparavant, celui-ci avait fait scandale avec son tableau *Olympia*. Une véritable émeute : un jeune modèle nu, sans ombres, jugé contraire au bon goût et à la morale. Mais ce qui offense le public désorienté, c'est moins l'impudique sérénité du regard d'Olympia que l'audace d'une technique libérée des conventions habituelles : c'en est fini de la tradition grecque, du romantisme italianisant ou oriental. Ces provocations ne furent pas du tout du goût de Marx.

L'orientation qui se déduit de ses textes inachevés révèle la contradiction flagrante entre la modernité de ses analyses philosophiques et politiques et un classicisme nourri de nostalgie pour un âge d'or irrémédiablement perdu, situé aux abords de la mer Égée. En érigeant le modèle grec, désormais inaccessible, en « norme », Marx exprime son attachement aux grands principes de l'esthétique traditionnelle, notamment à la règle de l'imitation, attitude qui n'entend pas se compromettre avec l'aventure encore indécise de la modernité.

Marx aurait déclaré qu'il n'était pas marxiste. Pressentait-il ce qu'il adviendrait de sa philosophie politique ? On doute qu'il ait pu seulement entrevoir l'invraisemblable destinée d'une théorie tragiquement transformée de façon souvent abusive en pratique révolutionnaire.

L'esthétique de Marx — le seul aspect de son œuvre qui nous intéresse ici — a rapidement cédé la place à de nombreuses esthétiques marxistes. Ces théories ont alimenté la plupart des grandes controverses artistiques du XXe siècle portant sur la question des rapports entre l'art, la société et la politique. Le débat est encore loin d'être clos. Nous en verrons quelques aspects. Mais il faut d'ores et déjà savoir qu'à l'instar de sa philosophie, l'esthétique (fragmentaire) de Marx a dû subir nombre d'interprétations erronées et caricaturales. Probablement parce que, même si elle n'en porte pas l'entière responsabilité, cette esthétique se prête à de tels abus. On ne décrète pas impunément la perte de l'autonomie de l'art, activité dès lors comprise dans l'idéologie, et irrémédiablement impliquée dans la sphère productive de la société. L'attachement exclusif au « contenu », au détriment de la forme, n'est pas non plus totalement innocent. Les doctrinaires du réalisme socialiste, dans les ex-pays de l'Est, et leurs homologues occidentaux ont su tirer des conséquences particulièrement désastreuses de cette possible soumission de l'art à la politique, au Parti : ils lui ont assigné pour seule fin la représentation « fidèle » du héros prolétarien et de la révolution en marche, et l'ont, de ce fait, défiguré en pure et simple propagande.

La nostalgie pour les statues grecques, modèles inaccessibles, est compréhensible. Il est légitime, aujourd'hui encore, de la partager. Ce sentiment est plus inquiétant lorsqu'il tourne à la fascination pour la norme, lorsqu'il engendre ces répliques glacées de pierre ou de bronze, caricatures allégoriques et funestes chères à tous les régimes totalitaires. Mais cela, Marx ne pouvait le concevoir ni surtout le prévoir.

NIETZSCHE ET LE MIROIR GREC

La philosophie et l'esthétique de Friedrich Nietzsche (1844-1900) occupent une place exceptionnelle dans la pensée du XXe siècle : l'opposition entre l'apollinien et le dionysiaque, la volonté de puissance, le surhomme, l'éternel retour, la mort de Dieu, le nihilisme sont quasiment devenus des lieux communs du discours philosophique.

Force est de constater que ce statut privilégié n'a pas toujours servi les intérêts du philosophe. On pense, évidemment, aux grossières et dangereuses manipulations de son œuvre par le Troisième Reich et aux interprétations aberrantes des thèmes du surhomme et de la volonté de puissance qui permirent au nazisme de se réclamer indûment de ses écrits.

Peu après la publication d'*Ainsi parlait Zarathoustra* (1883), sa dernière grande œuvre, il fait part à sa sœur Elisabeth de son inquiétude au sujet d'un usage abusif de ses théories : « Je frémis en songeant à tous ceux qui, sans justification, sans être faits pour mes idées, se réclameront de mon autorité ! » Convaincu qu'il était le dernier grand philosophe du siècle, Nietzsche ne pèche pas, il est vrai, par excès de modestie. Reconnaissons toutefois qu'il témoigne d'une étonnante lucidité. Pas assez, cependant, pour pressentir le rôle néfaste que sa chère sœur — son « fidèle lama » — associée à son antisémite mari, Förster, joueront justement dans le découpage très partial de son œuvre posthume.

Les lecteurs d'Albert Camus se souviennent certainement de l'hommage que l'écrivain rend à Nietzsche dans *L'homme révolté*. La mise au point est décisive : « Dans l'histoire de l'intelligence, exception faite pour Marx, l'aventure de Nietzsche n'a pas d'équivalent ; nous n'aurons jamais fini de réparer l'injustice qui lui a été faite. On connaît sans doute des philosophies qui ont été traduites et trahies dans l'histoire. Mais jusqu'à Nietzsche et le national-socialisme, il était sans exemple qu'une pensée tout entière éclairée par la noblesse et les déchirements d'une âme exceptionnelle ait été illustrée aux yeux du monde par une parade de mensonges, et par

l'affreux entassement des cadavres concentration-
naires. » Les choses ainsi sont dites !

Mais, hormis les sinistres caricatures, on songe
aussi aux multiples analyses et commentaires qui,
en se juxtaposant, voilent le texte nietzschéen au
point de le rendre méconnaissable. Parmi ces
interprétations, la plus fâcheuse, et malheureusement la plus fréquente, est celle qui prend prétexte
des nombreuses contradictions de la pensée de
Nietzsche, réparties en différentes périodes de sa vie.
Il est alors facile de dire que la cohérence de sa philosophie croule sous le poids de contradictions insolubles.

Certaines de ces contradictions semblent en effet
indubitables : disciple de Schopenhauer, à qui il emprunte les thèmes du pessimisme et du vouloir-vivre,
il rompt avec son « éducateur » et adhère momentanément aux thèses positivistes et scientistes de son
époque. D'abord admirateur fervent de Wagner, il
rejette ensuite avec virulence la musique du maître
de Bayreuth et s'enthousiasme pour *Carmen* de
Bizet. Violemment antimystique, antichrétien, anti-
métaphysicien et immoraliste, il semble renouer,
dans son *Zarathoustra*, avec des conceptions cosmo-
logiques teintées d'irrationalisme et de mysticisme.

Plutôt que de s'arrêter — une fois de plus — à ces
contradictions, nous préférons voir en Nietzsche une
réflexion qui se cherche, en quête de sa propre cohérence, dans une fin de XIXe siècle dépourvue quant à
elle de toute cohésion et riche en paradoxes. Nietzsche fait partie de ces penseurs qui, comme Freud,
disent, se contredisent et disent en outre qu'ils se
contredisent. C'est là, sans doute, leur seule manière
de maîtriser docilement, par la pensée, une réalité
rebelle et chaotique.

Avant d'être un penseur contradictoire, Nietzsche apparaît donc surtout comme un penseur de la contradiction, et comme l'un des premiers psychanalystes des tensions et des pulsions qui agitent en secret une société occidentale à la fois optimiste et inquiète, acquise à l'idée de progrès et pourtant angoissée par l'avenir. Un analyste sans complaisance à l'égard de la modernité, pour qui la conception des Grecs, tels qu'il les imagine, détermine le point de vue qui lui permet de critiquer le monde contemporain. *Ecce homo* (1886), le dernier livre écrit dans sa période de pleine conscience, est de son aveu même une « *critique de la modernité*, des sciences modernes, des arts modernes, sans en exclure la politique moderne ». La Grèce antique constitue dès lors une sorte de miroir, un horizon rétrospectif qui permet de contempler l'image inversée de ce qu'est devenu le monde occidental.

Il s'agit donc, pour Nietzsche, d'inverser l'optique historique : ce n'est pas à nous d'interpréter les Grecs. Il nous faut voir en eux, au contraire, les interprètes des temps présents. Glissons-nous sous le voile opaque tissé par la tradition, et écoutons dès lors ce qu'ils ont à nous dire[1].

Mais de quelle Grèce s'agit-il ? Certainement pas

1. Le thème du miroir se trouve chez Nietzsche lui-même : « Lorsque nous parlons des Grecs, nous parlons aussi involontairement d'aujourd'hui et d'hier : leur histoire, universellement connue, est un clair miroir qui reflète toujours quelque chose de plus que ce qui se trouve dans le miroir lui-même. Nous nous servons de la liberté que nous avons de parler d'eux pour pouvoir nous taire sur d'autres sujets — afin de leur permettre de murmurer quelque chose à l'oreille du lecteur méditatif. C'est ainsi que les Grecs facilitent à l'homme moderne la communication de choses difficiles à dire, mais dignes de réflexions » (*Opinions et sentences mêlées*, aphorisme 218).

de celle que nous ont transmise les distingués hellénistes et archéologues du XVIIIᵉ siècle, les Winckelmann et autres historiens néo-classiques qui n'ont
fait que flairer dans les Grecs de « belles âmes », des
« pondérances dorées ». Seule la « niaiserie allemande » a pu se contenter de déceler chez les Grecs
« le calme dans la grandeur, le sentiment idéal ».

Nietzsche, on le voit, n'a pas de mots assez durs
pour dénoncer la « fatuité des éducateurs classiques
qui prétendent être en *possession des anciens* » et
lèguent leur savoir avec pour seul effet de transformer les héritiers en « pauvres vieux rats de bibliothèque, braves et fous ». Mais c'est le bilan désastreux
de cette éducation millénaire qui l'irrite le plus : au
lieu d'apprendre la vie, nous nous sommes « usés »
à l'éducation classique. Au lieu de provoquer notre
étonnement devant la puissance de travail et la force
de vie des Grecs qui les ont poussés au savoir scientifique, on nous a assené la science sans stimuler notre
désir d'accéder à la connaissance.

Nietzsche met le doigt sur une blessure pédagogique que connaissent bien les professeurs et les élèves
du XXᵉ siècle : l'irréparable a été commis, dit-il,
« lorsqu'on nous imposa, par la force, les mathématiques, au lieu de nous amener d'abord au désespoir
de l'ignorance et de réduire notre petite vie quotidienne, nos mouvements, et tout ce qui se passe du
matin au soir dans l'atelier, au ciel et dans la nature,
à des milliers de problèmes, des problèmes suppli-
ciants, humiliants, irritants, — pour montrer alors à
notre désir que nous avons avant tout *besoin* d'un
savoir mathématique et mécanique, et nous enseigner ensuite le premier *ravissement* scientifique que
procure la logique absolue de ce savoir ! »

Étrange paradoxe qui veut qu'on ait détourné la

parole de Socrate : au lieu de nous enseigner que savoir, c'était précisément savoir qu'on ne sait rien, on nous a fait croire que savoir c'était ingurgiter de force tout ce que les autres avaient découvert et appris avant nous. Or : « Avons-nous appris quelque chose de ce que justement les Grecs apprenaient à leur jeunesse ? Avons-nous appris à parler comme eux, à écrire comme eux ? Nous sommes-nous exercés, sans trêve, dans l'escrime de la conversation, dans la dialectique ? Avons-nous appris à nous mouvoir avec beauté et fierté, comme eux, à exceller dans la lutte, au jeu, au pugilat, comme eux ? Avons-nous appris quelque chose de l'ascétisme pratique de tous les philosophes grecs[1] ? »

En somme, pour Nietzsche, notre éducation est un leurre, non seulement sur le plan individuel, mais sur le plan de la culture historique. L'irréparable, c'est ce déficit de vie au bénéfice du dressage séculaire en vue de produire un homme domestiqué, « animal grégaire, être docile, maladif, médiocre, l'Européen d'aujourd'hui ». L'homme, cet « avorton sublime », est ainsi prêt à rejoindre la foule indifférenciée des individus soumis à la morale, à la religion, aux mystifications idéologiques, assujettis à ces grandes tutelles que sont l'État, l'Église, ou bien à ces puissances spirituelles que sont la Science et la Morale.

Le début de ce processus remonte, pour Nietzsche, à Socrate et à Platon, à une époque déjà où le développement de l'esprit et de la culture était ressenti comme une menace pour l'État. Le miracle grec n'est pas dû à Périclès, ce « grand trompe-l'œil optimiste » qui prône l'union entre la cité et la culture ;

1. F. Nietzsche, *Aurore*, aphorisme 195.

il résulte surtout du fait que la culture soit parvenue à survivre aux censeurs de la cité. Dans *Humain, trop humain*, il n'est pas tendre pour l'auteur de *La République* : « La cité grecque était, comme toute puissance politique organisée, exclusive et méfiante envers l'accroissement de la culture ; son instinct foncier de violence ne montrait presque à son égard que gêne et qu'entraves. Elle ne voulait admettre dans la culture ni histoire, ni progrès : la discipline établie dans la Constitution devait contraindre toutes les générations et les maintenir à un niveau unique. Tout comme Platon le voulait encore pour son État idéal. C'est donc *en dépit* de la *polis* que la culture se développait[1]. » Elle s'est développée, mais le mal était déjà fait. Elle portait en elle les germes de sa décadence.

Si donc cette Grèce postsocratique ne peut plus servir de référence aux modernes, quelle est celle qui peut encore « murmurer quelque chose à l'oreille du lecteur méditatif » ?

C'est à cette question que la passion d'un jeune philologue de vingt-huit ans tente de répondre dès son premier ouvrage à scandale, *La naissance de la tragédie* (1872). Passion qui, durant toute sa vie, se transforme en acharnement obsessionnel à vouloir résoudre l'énigme par excellence. Cette énigme, Nietzsche la formule à l'époque d'*Ecce homo*, précisément, dans l'« Essai d'autocritique » placé en postface à la réédition, en 1886, de *La naissance de la tragédie* : « Aujourd'hui encore presque tout reste à découvrir et à exhumer dans ce domaine. Il faut surtout qu'on se rende compte qu'il y a là un problème, et que les Grecs nous resteront incompréhensibles,

---

1. F. Nietzsche, *Humain, trop humain*, aphorisme 474.

inimaginables, aussi longtemps que nous n'aurons pas répondu à cette question : qu'est-ce que l'esprit dionysiaque ? »

Dionysos, fils de Zeus et de Sémélé, dieu de la vigne et du vin, est l'une des figures clés de l'ouvrage de Nietzsche, voire de toute sa philosophie. On ne peut toutefois comprendre le rôle et la signification qu'il lui attribue sans l'associer à sa figure à la fois antagoniste et complémentaire : Apollon, fils de Zeus et de Léto, dieu de la lumière et des arts. Mais outre ces protagonistes de *La naissance de la tragédie*, deux autres personnages jouent en coulisses un rôle essentiel : Schopenhauer et Wagner.

Coulisses à vrai dire ouvertes à tous : la dédicace de l'ouvrage est un hommage vibrant au compositeur des *Maîtres chanteurs* ; et Nietzsche se plaît à dire qu'il apprend beaucoup dans le voisinage de Wagner car c'est pour lui un « cours pratique de philosophie schopenhauérienne ». Quels que soient les désaccords qui survinrent par la suite, il a toujours reconnu la double influence du philosophe et du musicien sur son œuvre.

L'influence de Schopenhauer

Deux thèmes, développés par Arthur Schopenhauer (1788-1860) dans son ouvrage *Le monde comme volonté et comme représentation*, retiennent l'attention de Nietzsche : la volonté, précisément, et le pessimisme. La volonté n'est pas, pour Schopenhauer, une notion psychologique ou morale, mais une catégorie métaphysique et ontologique : elle est l'essence des choses. Elle occupe la place du noumène ou de la chose en soi dans la philosophie de

Kant. Elle est donc universelle, éternelle, immuable et libre. Schopenhauer va d'ailleurs jusqu'à supposer que Kant lui-même se représentait surtout une sorte de volonté libre chaque fois qu'il employait l'expression « chose en soi ».

Cette volonté s'applique à « tous les phénomènes du monde » ; elle est la « réalité ultime et le noyau du réel ». La grande différence avec Kant est que la volonté s'exprime dans le monde et en l'homme par le vouloir-vivre, par le désir, et notamment par la sexualité. Je peux donc la connaître, tandis que, chez Kant, je ne peux rien savoir de la chose en soi. Le monde des phénomènes, quant à lui, est ce que je me « représente », c'est ma « représentation », et, en même temps, il est l'apparence dans laquelle la volonté se reflète.

On perçoit sans peine les conséquences de cette position. Elle est d'abord anticartésienne, puisque la volonté prend la place de la raison comme principe de toutes choses connaissables. Elle est antihégélienne, puisque l'Esprit est remplacé dans toutes ses manifestations par la volonté.

Une telle affirmation du vouloir-vivre — manifestation de la volonté en toutes choses — devrait déboucher sur un optimiste. Or il n'en est rien. Paradoxalement, Schopenhauer aboutit à la conclusion inverse : l'homme connaît la volonté, mais la volonté, elle, ne connaît rien. Elle est libre, certes, mais aveugle. Schopenhauer dit très clairement : « La volonté, qui constitue notre être en soi, est de nature simple ; elle ne fait que vouloir, et ne connaît pas. »

Résultat : l'homme mène une vie sans fin, sans finalité, dépourvue de toute signification. Nos désirs, nos passions, nos émotions n'ont de sens qu'après la mort. Ils nous survivent, en quelque sorte, comme manifestations d'une volonté qui perdure imperturbablement, indépendamment de nos pauvres existences. Quelle nécessité, hormis cet absurde vouloir-vivre, avons-nous de « vivre » sans raison ? Un abîme de souffrances guette l'homme voué à la mort. Même l'amour perd son sens : simple acte générateur qui n'aboutit qu'à vouer au malheur et à la misère de l'existence un être qui n'a pas demandé à naître. Même le suicide est contradictoire puisqu'il témoigne, négativement, de la force du vouloir-vivre.

Telle est l'origine du fameux « pessimisme » de Schopenhauer, lui-même d'humeur souvent acariâtre et sujet à des crises périodiques de mélancolie, du moins avant que le succès et la renommée ne viennent sur le tard le réconcilier avec ses contemporains et lui-même.

La philosophie de l'art ou plutôt la « métaphysique du beau » de Schopenhauer se déduisent de ces considérations plutôt désabusées sur l'existence. Anticartésien, antihégélien, hostile au christianisme, rebelle aux notions de progrès, d'humanité, d'histoire, misanthrope et iconoclaste, Schopenhauer est platonicien. Il croit à la théorie des Idées exposées par l'auteur du *Banquet* : puisque la vie est un abîme de malheurs et de souffrances, la contemplation des Idées grâce à l'art ne saurait-elle être un remède et une consolation aux maux de l'existence ? Consolation provisoire, certes, mais suffisante pour nous procurer une jouissance de très loin supérieure au simple plaisir esthétique ; une jouissance qui surmonte tourments et désirs et nous réconcilie, pour un temps, avec l'essence du monde, avec la volonté. De tous les arts, seule la musique permet d'aboutir à cet état contemplatif absolu, car elle est la plus immatérielle, la moins liée au monde sensible. Elle

est la plus proche, autrement dit, du monde des
Idées. En revanche, les autres arts, architecture,
sculpture, peinture, tragédie, simples copies, demeurent attachés à la reproduction de la réalité.

Schopenhauer parvient ainsi à concevoir la triple
identité du monde, de la volonté et de la musique :
le monde est une musique incarnée et, en même
temps, une incarnation de la volonté. Ce sont ces
thèmes qui séduisent Richard Wagner et, pendant un
certain temps, Nietzsche.

Le rôle de Richard Wagner

Lorsque Richard Wagner compose *L'Anneau des
Nibelungen*, c'est à Schopenhauer qu'il pense, et c'est
à lui qu'il dédie une partie du livret de l'opéra. Le
thème de la consolation, de la résignation, de
l'ascèse qui contraint les désirs, du caractère inviva-
ble du vouloir-vivre correspond à sa propre esthétique de la tragédie.

Lors de sa première rencontre avec Wagner, en
1868, Nietzsche est déjà wagnérien. Excellent pianiste, il déchiffre la partition de *Tristan*, exécute
devant ses amis des extraits des *Maîtres chanteurs*,
s'entiche du compositeur, cet « homme fabuleux » et
voit en lui « la plus vive illustration de ce que Schopenhauer appelle le génie ».

La naissance de la tragédie porte témoignage de
cette rencontre intellectuelle, philosophique et artistique entre Schopenhauer, Wagner et Nietzsche
autour de la signification esthétique et politique de
la musique. Car la dimension politique intervient
fréquemment dans les conversations entre Wagner
et Nietzsche. Elle apparaît dans la dédicace à la

première édition de l'ouvrage : « On se tromperait
[...] en voyant dans cette entreprise un divertissement d'esthète au moment où l'émotion patriotique
s'emparait de la nation, un jeu gratuit à l'heure où
triomphait l'héroïsme[1]. »

Nietzsche fait allusion à un « authentique et grave
problème allemand » qu'il ne précise pas mais dont
on sait, par ailleurs, qu'il concerne la situation politique, morale et culturelle de l'Allemagne au lendemain de sa victoire contre la France. La question
qu'il posera inlassablement est de savoir si la victoire des armes signifie pour autant une victoire
de la culture. Dans l'Allemagne bismarckienne, pan-
germaniste et tentée par l'antisémitisme, Nietzsche
émet les plus grands doutes. En 1886, dans *Ecce
homo*, véritable ouvrage d'introspection philosophique, il s'inquiète de cette nation allemande soucieuse
d'honorabilité qui « avale la foi aussi bien que l'antisémitisme, la volonté de puissance (de l'"Empire")
aussi bien que l'évangile des humbles, sans en éprou-
ver le moindre trouble de digestion ». C'est avec
« brutalité » qu'il assène aux Allemands quelques
« dures vérités » concernant leur conception de l'histoire : « Il y a une façon d'écrire l'histoire conforme
à l'Allemagne et à l'Empire ; il y a, je le crains, une
façon antisémite d'écrire l'histoire[2]. »

Le lien avec l'esthétique ? Mais il est dans Wagner,
justement. À l'époque de *La naissance de la tragédie*,
Nietzsche croit au pouvoir régénérateur de la musique wagnérienne. Lui qui souffre de la fatalité de la
musique, de sa décadence, pense que la *Tétralogie*

1. F. Nietzsche, *La naissance de la tragédie*. La « Dédicace à
Richard Wagner » est datée de la fin de l'année 1871.
2. . F. Nietzsche, *Ecce homo*, « Le cas Wagner. Un problème
musical », 2.

permettra de réentendre la « flûte de Dionysos ».
Dans le drame wagnérien, souffle l'esprit tragique
des Grecs d'avant leur propre décadence. Du moins,
l'espère-t-il. Espoir vite déçu, dès les premières
représentations de la *Tétralogie* dans le *Festspielhaus*
de Bayreuth. Les spectateurs ne sont pas des Grecs
ressuscités qui applaudissent aux grandes messes
wagnériennes, mais de bons Allemands qui n'ont pas
su encore « surmonter » leur victoire contre la
France : « L'époque où je commençais à rire en
secret de Richard Wagner fut le moment où il se pré-
parait à jouer son dernier rôle devant ces bons Allemands, prenant la pose d'un faiseur de miracles,
d'un sauveur, d'un prophète et même d'un philosophe. » Rien dans ce théâtralisme concocté pour
séduire les foules enthousiastes ne saurait s'apparen-
ter à la santé des fêtes dionysiaques.

Mais pires que Wagner, il y a les wagnériens, hôtes
de la « wagnérie » où se côtoyent toutes les « difformi-
tés », y compris, ajoute Nietzsche, l'antisémite.
Lequel antisémite, Bernhard Förster, n'est autre que
son futur beau-frère !

Il est impossible ici de citer tous les griefs de
Nietzsche à l'encontre de Wagner. Tous semblent
frappés d'une extrême ambiguïté, comme s'il avait
cherché à exorciser sa fascination et son « amour »
indéfectible pour la musique du maître. « J'ai aimé
Wagner », déclare-t-il en 1886, au moment même où
il décide de ne plus entendre sa musique. Deux choses au moins sont attestées : son exécration du « cré-
tinisme » de Bayreuth dans l'Allemagne de l'époque
et sa certitude que Wagner reste de la race des dieux
dont le souffle est passé trop vite.

Vouloir opposer le wagnérisme de la « Dédicace à
Wagner », en 1871, à l'antiwagnérisme de la postface

de 1886, dans l'espoir de relever une contradiction de plus, est chose vaine : *La naissance de la tragédie* et le *Zarathoustra* compteront toujours, de son propre aveu, parmi les « points culminants, décisifs » de sa « pensée » et de sa « poésie ».

Tragédie et nihilisme

Si la parution de *La naissance de la tragédie* ravit les musiciens et les musicologues sensibles à la musique wagnérienne, elle provoque la consternation et la colère des philologues et des hellénistes de l'Université allemande. Qu'un jeune professeur à l'université de Bâle, sans doctorat, puisse consacrer un travail scientifique à la Grèce antique est une audace. Qu'il centre son étude sur la tragédie *dans l'esprit de la musique* est déjà plus suspect. Qu'il l'intitule, en sous-titre, « Hellénisme et pessimisme » est une provocation. Mais le comble est atteint lorsqu'il considère Socrate et Platon comme les responsables ancestraux de la décadence de la pensée occidentale.

Ce qui choque, notamment, c'est la réhabilitation du dieu Dionysos, apparenté à l'ivresse musicale. Figure du sublime, peut-être ; du vouloir-vivre, certainement : le dieu renaît périodiquement à la vie. Il en est l'affirmation. Dionysos est l'homme-bouc, le satyre, dont le culte est célébré par des chants liturgiques, les dithyrambes, à l'occasion des fêtes qui lui sont consacrées, les dionysies. Ces fêtes sont mal connues, mais on peut les imaginer débridées, livrées à la frénésie sexuelle et aux licences orgiaques qui « submergent toute institution familiale et ses règles vénérables ». Le « charme » de Dionysos a ainsi pour vertu de réconcilier l'homme et une nature qui cesse d'être hostile et dispense ses dons, lait et miel, avec abondance. Grâce à lui, l'homme n'est plus artiste, dit Nietzsche, il devient œuvre d'art.

L'hypothèse de Nietzsche est la suivante : pendant des siècles, les Grecs furent préservés de ces fièvres voluptueuses et cruelles, venues d'Asie, grâce à Apollon, dieu lumineux, symbole de la belle apparence, des formes idéales, du rêve plastique. Mais vint un moment où ils cèdent à l'attrait de ces fêtes débridées, exaltées et enthousiastes ; d'où le dithyrambe. Apollon dut « composer » avec Dionysos, et sa musique mélodieuse fut contrainte de s'harmoniser avec les rythmes et les sons inhabituels, effrayants et sauvages de Dionysos. L'âme hellénique, tragique par excellence, résulte de cette alliance entre l'esprit dionysien et l'esprit apollinien : équilibre entre la mesure et la démesure célébré par les premières tragédies attiques, avant l'épopée homérique, et donc antérieurement à Socrate.

Placée sous le patronage de Schopenhauer, *La naissance de la tragédie* annonce cependant la rupture avec l'affirmation du pessimisme radical du philosophe : pour Schopenhauer, le pessimisme constituait une solution au vouloir-vivre. Or, selon Nietzsche, si la tragédie est par essence pessimiste — elle met en scène des hommes victimes de la fatalité — elle est aussi, par ses origines, affirmation de la vie exubérante, du vouloir-vivre.

La provocation iconoclaste de Nietzsche commence véritablement avec son interprétation de Socrate. Socrate incarne le type de l'homme moderne, le philosophe théorique, dialecticien, antimystique, moralisateur et vertueux. Mais surtout

Socrate est optimiste : il croit au pouvoir de la science, au progrès. Son apparition sur la scène hellénique coïncide avec la décadence de la tragédie dépouillée peu à peu de l'esprit de la musique : « Sous le fouet de ses syllogismes, la dialectique chasse la musique de la tragédie. » La tragédie « pessimiste » est née du chœur ancien, dionysien. Celui-ci est encore présent chez Eschyle, beaucoup moins chez Sophocle. Chez Euripide, il disparaît au profit du discours, du récit, du langage, du raisonnement. Fin de l'ivresse dionysienne : « Socrate, le héros dialectique s'apparente au héros d'Euripide qui doit justifier ses actions à coup d'arguments et de contre-arguments et qui, par là, risque souvent de ne pas obtenir notre compassion tragique. Car qui contestera que la dialectique comporte un élément *optimiste*, qui célèbre son triomphe dans chaque raisonnement et qui ne peut respirer que dans la froide lumière de la conscience ? »

Ainsi, Socrate et Platon inaugurent, selon Nietzsche, le long processus de la décadence : celui de la séparation entre l'art et la vie, entre l'apparence et la réalité soumise au décryptage pragmatique de la science. Le remède ? L'émergence d'un « Socrate musicien ». Ce rêve accompagne Nietzsche jusqu'à la fin de sa vie. À l'époque de *La naissance*, ce rêve s'incarne encore sous les traits de Richard Wagner. On a vu ce qu'il en advint. Mais il montre toutefois que Socrate, tout comme Wagner, reste pour lui une figure énigmatique, objet de sentiments ambivalents, pris entre l'amour et la haine.

Socrate et Platon ne sont qu'une première étape dans ce déboulonnage systématique de la pensée occidentale ; cette étape est bientôt relayée par le christianisme. Nietzsche ne vise pas la personne du

Crucifié auquel il ira jusqu'à s'identifier ; tout comme il opposera (ou confondra), dans sa folie, Dionysos et le Christ ; peut-être est-il lui-même à la fois l'un et l'autre ! Ce qu'il vise à travers le christianisme, c'est avant tout la morale et le système de valeurs hostiles à la vie[1]. Nietzsche reproche à cette religion sa « réprobation des passions, la peur de la beauté et de la sensualité, un au-delà céleste inventé pour mieux calomnier l'existence terrestre ». Mais surtout, il lui fait grief d'être, si elle est sincère avec elle-même, « foncièrement ennemie de l'art ».

La naissance de la tragédie pose les jalons futurs de la philosophie et de l'esthétique nietzschéennes, sans qu'on puisse en déduire, évidemment, l'orientation définitive. Mais tous les thèmes essentiels s'y trouvent déjà en germe : qu'il s'agisse de la mort de Dieu, annoncée dans *Ainsi parlait Zarathoustra*, de la négation des « arrière-mondes » — c'est-à-dire de toute transcendance —, du refus de toute morale, de la volonté de puissance — exacerbation du vouloir-vivre —, de l'éternel retour, et de l'affirmation de l'art comme jeu que le monde se joue avec lui-même.

Ces germes sont des germes de rupture : avec les notions de bien et de mal, avec la religion, avec la métaphysique, mais aussi avec l'esprit démocratique représenté par le marxisme.

---

1. Dans *Le crépuscule des idoles*, Nietzsche prend soin de distinguer la mise en pratique de la foi par Jésus et l'interprétation des Évangiles : « Le Sauveur [...] ne résiste pas, il ne défend pas son droit, il ne fait pas un pas pour éloigner de lui la chose extrême, plus encore il la provoque. Et il prie, souffre et aime avec ceux qui lui font mal. Ne point se défendre, ne point se mettre en colère, ne pas rendre responsable. Mais aussi ne point résister au mal. Par sa mort, Jésus ne pouvait rien vouloir d'autre, en soi, que de donner la preuve la plus éclatante de sa doctrine. »

Ce qui fascine chez Nietzsche, à plus d'un siècle d'intervalle, c'est la similitude entre les points d'ancrage de son nihilisme et le désenchantement de l'époque contemporaine : même méfiance envers les idéologies constituées en doctrines ; même refus de leur prétention eschatologique, c'est-à-dire de leur volonté de définir les fins dernières de l'homme. Et ce rejet englobe la religion chrétienne, le socialisme, tout autant que la conception libérale européenne axée sur le progrès scientifique et la rentabilité économique.

Nietzsche, précurseur de la fameuse « fin des idéologies » ? Pourquoi pas ? Le thème de l'« éternel retour » signe aussi la fin du devenir, de l'avenir : il n'y a plus d'histoire à achever puisque la roue tourne sur elle-même.

Pour le dire brièvement : Nietzsche avait en main tous les éléments théoriques, philosophiques et esthétiques pour penser les ruptures de la modernité artistique. La musique dionysienne signifie l'irruption de la dissonance dans la consonance harmonieuse de la flûte d'Apollon. Sans doute, cette rupture harmonique, tonale, joue-t-elle un rôle dans la fascination qu'il ressent à l'écoute de *Tristan et Iseult*. Chez Wagner, il pressent un moment capital dans l'histoire de la musique occidentale : celui de son émancipation vis-à-vis des conventions qui régissent les règles tonales traditionnelles. Ce même pressentiment devient d'ailleurs une certitude chez Richard Strauss, Gustav Mahler et Claude Debussy qui, tous trois, ne se tromperont ni sur l'importance de la musique wagnérienne, ni sur la profondeur des analyses de Nietzsche.

Dionysos, le dieu de la dissonance maîtrisée, est aussi celui des forces obscures, souterraines, qui

détruit l'équilibre, la symétrie et l'apparence savam-
ment ordonnée des formes. Ce dieu qui revient
inopinément pour troubler le regard serein des
Européens, notamment des Allemands, sur la Grèce
antique, signifie aussi, en langage freudien, l'émergence des pulsions érotiques refoulées par la civilisation occidentale. Nietzsche ne parle-t-il pas lui-
même de l'instinct de vie réprimé par l'instinct de
mort des sociétés modernes ?

Que donnerait une transposition du thème dionysien dans les arts plastiques à l'époque des premières
révolutions formelles ? Cette question n'est pas
pour Nietzsche.

Nietzsche n'aimait pas la peinture. Il se disait
« peu sensible au plastique », au point d'être « saisi
d'une répugnance subite et invincible pour l'Italie » ;
il ajoute : « notamment pour les tableaux ! » ; et s'il
va à Florence, c'est uniquement pour voir la ville,
surtout pas pour l'amour de « je ne sais quelles pein-
tures ! ».

Lorsqu'il fait référence au peintre de *La Joconde*,
c'est pour célébrer Richard Wagner : une seule
mesure de *Tristan* suffit à dissiper toutes les énigmes
de Léonard de Vinci. À peine vingt ans plus tard, ce
ne sera pas l'avis de Freud.

Sa seule émotion picturale lui vient de Claude Gel-
lée, dit le Lorrain (1600-1682). Devant le maître du
paysage et de la lumière, il fond en sanglots. Mais
ces tableaux, il est vrai, ne font que lui dévoiler « tout
l'art bucolique des Anciens ». Même moderne, fron-
deur, iconoclaste, en un mot *dionysien*, on n'échappe
pas si facilement au charme de la « belle apparence »
apollinienne ni à la sereine grandeur du dieu de
Delphes.

L'éternel retour marque, avons-nous dit, la fin de l'histoire. Il signifie aussi pour Nietzsche la fin de l'histoire de l'art : le seul art susceptible de *revenir* devrait renouer avec l'esprit tragique des Grecs !

Cet art est bien revenu en terre allemande, mais non plus sous la forme tragique des présocratiques. Il a pris les traits grossiers d'un prétendu néo-classicisme, et une autre tragédie non illusoire, bien réelle, s'est jouée. Les pseudo-Phidias du Troisième Reich, tel Arno Brecker, en ont ouvert le funeste prologue en disposant sur scène des statues belliqueuses, dépourvues de toute sérénité et harnachées pour la guerre : sinistres répliques des fantasmes nazis incarnés dans le mythe du grand aryen blond. De cela, à la différence de Marx, Nietzsche avait eu le pressentiment. Son mérite est de s'en être inquiété.

LE CLASSICISME DE FREUD

Il est remarquable que les deux grandes idéologies totalitaires du XXᵉ siècle, le nazisme et le stalinisme, se sont réclamées — à tort — respectivement de Nietzsche et de Marx. En revanche, personne, jusqu'à présent, n'a tenté de s'inspirer du modèle psychanalytique freudien pour réaliser concrètement une société et un État. Sans doute parce que cette société existe déjà. Parce que cette société est la nôtre, constamment prise de malaises, traversée de crises égocentriques, assaillie par ses pulsions de mort et ses tendances autodestructrices, avide d'appropriation, soumise par cupidité au principe de réalité et hypocritement méfiante envers le principe de plaisir.

Les hiéroglyphes, Rome, Pompéi, la Grèce surtout n'ont-ils pas été pour Freud des refuges aux temps présents, une manière d'archéologie pour descendre au tréfonds de l'âme humaine afin de déchiffrer son énigme ?

Probablement. Mais ce retour sur l'histoire peut aussi avoir une autre signification qui laisse apparaître une préoccupation commune à la fois à Marx, à Nietzsche et à Freud. Tous les trois tentent de comprendre le rôle et la signification des forces souterraines, inconscientes qui régissent à la fois l'activité des hommes et le devenir de l'humanité. Ils partent en quelque sorte du principe que le monde n'est plus transparent. Mieux vaudrait dire : ils prennent conscience de la transparence illusoire d'un monde qui se croyait limpide. C'est pourquoi ils cherchent à identifier le mécanisme caché qui explique son évolution. Pour Marx, ce mécanisme est économique ; pour Nietzsche, il est religieux, moral et culturel. Pour Freud, il est psychologique et repose sur l'inconscient. Dans tous les cas, il s'agit bien de faire apparaître à la conscience des puissances obscures, artificiellement dissimulées ou refoulées.

Or, si la plupart des activités humaines, intellectuelles et matérielles, répondent à des motivations et à des finalités évidentes : recherche du bonheur ou du confort matériel, il en est au moins une qui demeure une énigme, à savoir la création artistique. Et c'est pour tenter de résoudre, au moins partiellement cette énigme que Freud, médecin, scientifique de formation, spécialisé en neuropathologie, consent à s'intéresser en « profane » au domaine de l'art.

Freud reconnaît en effet qu'il n'est pas connaisseur

en cette matière[1]. Nietzsche disait ne rien entendre à la peinture, lui avoue ne rien savoir de la musique et n'y prendre aucun plaisir. A-t-il été, comme il l'aurait confié, jusqu'à la détester ? Étrange paradoxe, en tout cas, dans la patrie de Mozart, et dans une ville comme Vienne, capitale des révolutions musicales !

L'esthétique en général lui inspire la plus grande méfiance. Cette science de l'art et de la beauté est capable de grands discours pour vanter les mérites d'une œuvre, mais aucun esthéticien ne raconte la même chose que son voisin et « ne dit ce qui serait susceptible de résoudre l'énigme pour le simple admirateur[2] ». En revanche, l'art exerce sur lui un « effet puissant », et notamment, par ordre d'intérêt décroissant, la littérature, la sculpture et la peinture.

L'énigme, à laquelle il fait allusion et qu'il entend déchiffrer, est double. Elle concerne, d'une part, la genèse de l'œuvre chez un artiste, le pourquoi, peut-on dire, de la création : quelles intentions profondes, quelles motivations poussent certains individus plutôt que d'autres à donner forme à leur imagination, à leurs affects, à leur désir ?

Mais cette énigme porte aussi sur la relation entre l'œuvre d'art et celui qui éprouve devant elle une émotion particulière, positive ou négative, attirance ou répulsion. Cette relation ne peut être purement intellectuelle. Le choc esthétique qui parfois nous « empoigne puissamment » doit avoir pour origine le fait que je reconnais une similitude, une parenté

---

1. La première phrase de son étude sur le *Moïse* de Michel-Ange dit ceci : « Je précise préalablement qu'en matière d'art, je ne suis pas un connaisseur, mais un profane. » Sigmund Freud, « *Le Moïse* de Michel-Ange », dans *L'inquiétante étrangeté*, Paris, Gallimard, 1985, p. 87.

2. *Ibid.*, p. 88.

entre les émotions et les intentions exprimées par
l'artiste et les miennes propres. Freud suppose ainsi
que l'œuvre d'art elle-même se prête à l'analyse, au-
delà de l'effet qu'elle produit : attirance, fascination,
ambiguë ou non. En fait, pour lui, ces impressions
ou ces sentiments sont toujours ambigus. Bien
entendu, personne n'est contraint à une telle analyse
et il est fort concevable de s'en tenir à l'immédiateté
de ce que dicte spontanément le jugement de goût.
Mais je peux aussi, comme le dit Freud, essayer de
deviner l'intention de l'artiste, être tenté de dégager
le *sens* et le *contenu* de l'œuvre et donc de l'*interpréter*. Pourquoi ne pas essayer de comprendre le pourquoi ? Freud est animé de cette certitude qu'il est
toujours bénéfique pour l'individu de savoir ce qui
se passe ou s'est passé en lui. Cette conviction est
au fondement même de la psychanalyse ; elle vaut
également pour l'art. En ce domaine aussi, il reste
convaincu que nos impressions et le plaisir suscités
par une œuvre ne sont aucunement affaiblis par
l'analyse et l'interprétation. Un tel savoir peut même
être à l'origine d'une plus grande jouissance esthétique.

Les premières interprétations sur l'art mettant en
jeu la découverte de l'inconscient portent sur la littérature.

En 1896, peu après le décès de son père, Freud fait
un rêve étrange : voulant entrer dans une boutique,
un écriteau demande aux clients de « fermer les
yeux ». Sur le moment, il ne prête guère attention à
cette scène onirique. Mais, un jour de l'année 1897,
ce rêve lui revient en mémoire et il découvre en lui-
même l'existence d'un sentiment étrange à l'égard de
ce père, mort un an auparavant. Un sentiment
nourri depuis l'enfance, ambivalent, mêlé d'amour

pour sa mère et de jalousie pour son père. Il s'en inquiète et trouve un équivalent littéraire à cette situation dans la tragédie de Sophocle *Œdipe roi* : l'oracle n'a-t-il pas averti Laïos, le père d'Œdipe, de la tragique destinée de son fils, contraint d'accomplir trois actes épouvantables : un parricide, un inceste et une automutilation, se crever les yeux. Ainsi, le rêve antérieur : « fermer les yeux » accomplissait symboliquement des pulsions refoulées ; il révélait aussi, indirectement, sous une forme déguisée, la culpabilité inconsciente ressentie par Freud à la mort de son père.

Chacun, bien entendu, est en droit de se révolter contre la fatalité, mais il n'empêche, dit Freud, que « la légende grecque a su saisir des sentiments que tous les hommes reconnaissent parce qu'ils les ont tous éprouvés ». Il tire de cet exemple une conclusion à la fois esthétique et psychologique : l'intérêt que nous ressentons à la littérature, au théâtre, repose sur le fait que nous reconnaissons une parenté entre le sort réservé au héros et le nôtre. On pense bien évidemment à la fameuse théorie aristotélicienne de la *catharsis*, reprise par la doctrine classique : la purgation des passions, terreur et pitié, résulte de l'identification du spectateur aux personnages. Mais Freud va plus loin : « Chaque spectateur fut un jour un Œdipe en germe, en imagination, il s'épouvante de voir la réalisation de son rêve transporté dans la vie, il frémit à proportion du refoulement qui sépare son état infantile de son état actuel. »

Il ne s'agit donc plus seulement d'une simple reconnaissance fondée sur un rapport mimétique, mais d'une véritable prise de conscience, par le lecteur ou le spectateur, de pulsions refoulées, rejetées parfois durant de longues années dans l'inconscient. Il est remarquable que cette explication réponde partiellement à la question posée par Marx : si la tragédie et l'épopée antiques procurent, après vingt-cinq siècles, un plaisir et une jouissance esthétiques, c'est peut-être parce qu'elles représentent le jeu de structures psychiques inconscientes qui échappent aux transformations sociales et historiques.

La découverte du complexe d'Œdipe, fondamentale pour la thérapie psychanalytique, est considérée par Freud comme le premier indice d'une relation profonde entre les œuvres d'art et l'inconscient. Elle permet d'éclairer le comportement apparemment absurde de personnages de fiction, tel celui d'Hamlet dans le drame de Shakespeare. Pourquoi le héros est-il si indécis à tuer son oncle, meurtrier de son père et époux de sa mère, si ce n'est à cause du « tourment » causé par la trace d'un désir ancien et refoulé : celui d'épouser, lui aussi, sa propre mère ? Ce qui suppose, auparavant, l'élimination physique de son père. La démence feinte d'Hamlet, son indifférence envers une Ophélie poussée à la folie et au désespoir, ne sont-elles pas révélatrices de cette effrayante culpabilité qui, telle une fatalité, le conduit au châtiment ?

Hormis cette transposition de la situation œdipienne à une pièce du théâtre élisabéthain, il est intéressant de noter, dès à présent, le recours de Freud à la mythologie grecque ou latine, qu'il s'agisse des mythes eux-mêmes, des dieux ou des héros. Ce sont eux qui infiltrent, pour ainsi dire, la terminologie freudienne et déterminent les notions essentielles : catharsis, Œdipe, éros (pulsion de vie), thanatos (pulsion de mort), libido. Nous y reviendrons.

Deux ans après la découverte d'Œdipe, Freud publie *L'interprétation des rêves*. Cet ouvrage fixe les premiers principes majeurs de la psychanalyse. Freud avait déjà entrevu, sur lui-même, l'importance du rêve, notamment après l'enterrement de son père. En outre, toutes ses observations sur des patients atteints de troubles psychiques d'origine névrotique attestent de curieuses corrélations entre les hallucinations ou les rêves racontés par les malades et leur état clinique. Le rêve ne serait-il pas la manifestation de pulsions inconscientes, refusées par le sujet à l'état de veille, et une façon pour lui de réaliser en toute impunité des désirs refoulés ? Et si l'on admet que la pulsion érotique est la plus originelle et la plus puissante de toutes, on peut imaginer qu'elle va se manifester de façon déguisée, édulcorée et symbolique dans le rêve. La censure veille : interdits, tabous se sont multipliés à cause de l'éducation morale, sociale, religieuse. Le rêve procède donc à un travail de maquillage des pulsions refoulées ; un travail relativement faible chez l'enfant, victime d'un traumatisme sexuel (ce que Freud appelle la « scène primitive »), beaucoup plus intense chez l'adulte qui subit inconsciemment soit les séquelles de ce traumatisme, soit un nouveau choc émotionnel.

Le rêve cache donc un contenu latent, dont il brouille le sens, un peu comme une écriture codée à la manière de « hiéroglyphes ». Le terme est de Freud. Il montre que nous nous situons toujours dans l'Antiquité, ou plutôt entre l'Égypte du Sphinx, ses énigmes, et la Grèce de Sophocle. Pour comprendre le rêve, je dois donc décrypter le sens du contenu manifeste. Mais ce décryptage est une première étape. Il faut ensuite passer à l'interprétation, comme un pianiste abandonne peu à peu le stade du déchiffrage de la partition pour réellement interpréter la totalité du morceau de façon artistique. Cet exemple, on s'en doute, n'est pas de Freud qui préfère de loin la littérature et les arts plastiques. Mais la comparaison avec l'œuvre d'art se justifie, et c'est Freud qui établit cette affinité entre la création artistique et le rêve, entre l'artiste et le névrosé.

« *Gradiva* »

Au tout début du XXᵉ siècle, Freud dispose ainsi de deux outils théoriques, issus de la théorie psychanalytique, afin de poursuivre sa réflexion sur l'art et sur les mécanismes de la création : le complexe d'Œdipe et la symbolique des rêves. La tentation est grande de leur trouver une application. L'occasion se présente en 1907. En visite chez Freud, Carl Gustav Jung attire son attention sur un petit roman de Wilhelm Jensen — écrivain allemand peu connu — intitulé *Gradiva*. Il s'agit d'une simple nouvelle, parue en 1903, baptisée « Fantaisie pompéienne », au thème assez banal : une histoire d'amour conventionnelle où les deux cœurs qui se cherchent finissent enfin par se trouver. Plusieurs éléments attirent toutefois l'attention de Freud et le laissent perplexe. Le jeune amant, Norbert Hanold, est archéologue, consciencieux dans son travail au point d'être inconscient de l'amour qu'il voue à une petite amie d'enfance Zoé Bertgang. Absorbé dans ses études, il a, à son insu, transféré sa passion sur un bas-relief représentant une jeune fille à la démarche particulière : *Gradiva* (« celle qui marche »). Ce bas-relief existe réellement ; il est exposé au Vatican. Norbert Hanold s'imagine qu'il s'agit d'une fille morte à

Pompéi lors de l'éruption du Vésuve en l'an 79. Il se rend sur les lieux uniquement par souci scientifique, et dans les ruines, rencontre, comme par hasard, Zoé Bertgang, qu'il ne reconnaît pas : est-ce un spectre, un délire ? Elle, en revanche, l'attendait, et elle entreprend de le ramener à la réalité en jouant le rôle d'un médecin psychanalyste avant la lettre.

On devine sans peine les motifs de l'intérêt de Freud : le contexte historique et géographique, Rome, Pompéi, l'Italie du Ier siècle après J.-C., le dieu Mars Gradivus (d'où Gradiva) ; la profession de Norbert, ethnologue, spécialiste des profondeurs de l'histoire comme l'analyste scrute la profondeur de l'âme humaine ; l'évocation de la Grèce, Zoé (« La vie »). Quant aux sujets d'étonnement, ils ne manquent pas : la nouvelle se compose d'une suite de rêves, de délires, d'hallucinations vécus douloureusement par le héros. Chacun se présente comme une série d'énigmes, hermétiques à Norbert, mais qui correspondent aux propres observations cliniques de Freud. À ses yeux, un romancier est parvenu, par les moyens de la création poétique, à décrire un cas typique de névrose obsessionnelle chez un individu fétichiste et sujet au délire. Mieux encore : cet écrivain — totalement ignorant des travaux de Freud — a mis le doigt sur l'un des mécanismes fondamentaux de la création artistique, à savoir la *sublimation* : en déplaçant son désir érotique refoulé sur son activité scientifique, Norbert est parvenu, inconsciemment bien sûr, à transfigurer ses pulsions sexuelles en passion socialement honorable.

À Freud, l'étude de la *Gradiva* de Jensen n'apprend rien sur l'inconscient qu'il ne sache déjà. Elle renforce surtout sa conviction que la psychanalyse peut avoir son mot à dire dans l'interprétation des œuvres d'art et sur les conditions de la création. Freud, en dépit d'une brève correspondance avec l'auteur, ne sut jamais la solution à l'énigme Jensen : celui-ci avait-il connu, dans son enfance, une jeune fille souffrant de claudication rappelant vaguement la prétendue démarche particulière de Gradiva représentée sur le bas-relief ? Avait-il effectivement commencé, dans son jeune temps, des études médicales ? Ignorait-il réellement tout de la psychanalyse et des travaux de Freud ? Autant de questions sans réponses. Elles ne pouvaient qu'inciter Freud à tenter l'expérience de l'analyse, non plus sur un auteur contemporain, mais sur de grands artistes du passé : il choisit Léonard de Vinci et Michel-Ange.

Sublimation, forme, contenu

Un souvenir d'enfance de Léonard de Vinci, publié en 1910, se présente comme une tentative de reconstitution biographique du peintre de la Renaissance. Rappelons l'essentiel de ce texte célèbre maintes fois commenté. Freud dispose d'un fragile indice : un rêve ancien raconté par Léonard de Vinci. Étant au berceau, un vautour (ou un milan, ou bien un écoufle !) lui aurait « frappé les lèvres de sa queue ». Fantasme sexuel évident, réel ou imaginé. Freud tente alors d'expliquer les zones d'ombre de la personnalité de l'artiste : l'inachèvement de certaines toiles, une soif de savoir qui le distrait de la peinture, des tendances homosexuelles (supposées mais non prouvées), le rejet de tout ce qui touche à la procréation, une curieuse façon de peindre le sourire féminin, toujours énigmatique.

Selon Freud, Léonard de Vinci serait parvenu à

sublimer ses pulsions refoulées datant de la prime enfance ; sublimation partielle, mais suffisante pour lui permettre de surmonter des tendances potentiellement névrotiques et de les « déplacer » ou de les « investir » dans des activités intellectuelles et artistiques intenses. Le sourire de *La Joconde* — Mona Lisa ou Catarina, la mère de Léonard ? — ou de *Sainte Anne, la Vierge et l'Enfant Jésus* est tout juste esquissé sous l'ombre adoucie du *sfumato* : sourire de l'artiste vainqueur du névrosé et en même temps trace des souffrances secrètes désormais apaisées.

Au-delà du caractère iconoclaste de l'étude de Freud — il désacralise quelque peu un « grand homme » —, une question se pose : qui Freud analyse-t-il, Léonard de Vinci ou lui-même ? Certains ont suggéré cette seconde interprétation, allant jusqu'à parler d'autodescription ou d'autoanalyse. L'art n'apparaît-il pas ici comme le prétexte que se donne Freud pour voir clair dans sa théorie et dans ses pulsions personnelles, notamment dans ses propres tendances homosexuelles qu'il avoue, à cette période, avoir définitivement surmontées ? En outre, lui-même n'avait-il pas fait le lien entre le complexe d'Œdipe, dont il dit avoir souffert, et l'explication de la tragédie de Sophocle ? N'est-il pas enclin à trouver dans les œuvres d'art ce qu'il y met de lui-même, soucieux avant tout de l'effet qu'elles produisent sur lui, plutôt que de les analyser et de les comprendre pour elles-mêmes ?

La parution de *L'interprétation des rêves*, en 1900, est un échec. Malgré la réédition de l'ouvrage dix ans plus tard, des doutes planent sur l'avenir de la psychanalyse. Lorsqu'il publie « *Le Moïse* de Michel-Ange », en 1914, la rupture avec Adler et Jung est déjà consommée. Déjà la monumentale statue dressée par Michel-Ange, visible en l'église San Pie-tro in Vincoli à Rome, le fascine. Fascination qui tourne à l'obsession : il va la voir tous les jours pen-dant trois semaines, l'étudie debout, la mesure, la dessine, se décide enfin à publier son essai de façon *anonyme*. Freud s'identifie à ce moment aussi bien à Michel-Ange qu'au détenteur des Tables de la Loi. Que faire des tables de la psychanalyse dont il est le dépositaire alors qu'il vient d'être trahi par ses pro-ches collègues et disciples ?

Le Moïse de la Bible était impulsif, sujet à de brus-ques accès de fureur devant les idolâtres, adorateurs du Veau d'or. La statue, en revanche, le représente conscient de sa mission : ne briser les Tables à aucun prix. Mais serein, non ! Maître de ses passions, « supérieur au Moïse historique et traditionnel », dit Freud, mais inquiétant, plein de colère rentrée, aussi bien image de saint que « prince terrible », comme l'avait déjà noté Vasari. Michel-Ange l'a voulu ainsi, énigmatique : hommage ambigu au pape Jules II, ambitieux et exigeant protecteur d'un artiste lui-même non dépourvu d'orgueil et pleinement conscient de son génie.

Freud, là aussi, projette sa personnalité sur l'œuvre qu'il étudie. Il convient d'en tirer quelques conclusions d'ordre esthétique.

Nul ne conteste la similitude entre le rêve et l'œuvre d'art, surtout si l'on tient compte des limites assignées par Freud à cette comparaison : le rêve satisfait le seul narcissisme de l'individu ; l'œuvre d'art, en revanche, établit une communication avec un public.

La parenté entre le névrosé et l'artiste est plus gênante. Certes, Freud prend soin de préciser la grande différence entre les deux : le premier est un asocial, le second reprend pied dans la réalité grâce à la sublimation et la production d'œuvres exposées à la reconnaissance d'autrui.

Malgré cette distinction, il reste que la comparaison risque d'accréditer l'idée, malheureusement assez courante, que tous les artistes, surtout les grands, sont un peu fous. Les autres sont purement et simplement des ratés. C'est là une fâcheuse incitation à nourrir le préjugé défavorable envers l'art en général, préjugé dont on doute qu'il puisse jamais disparaître de la conscience commune.

Le mérite de Freud est de souligner le plaisir et la jouissance que l'on tire de la compréhension des œuvres d'art ; il est aussi d'expliquer l'origine de ces sentiments dès lors que s'établit une relation intime, privilégiée entre l'œuvre et celui qui la reçoit. L'art est une illusion, une consolation aux maux infligés par la réalité, qui effleure la vérité de notre être dans ce qu'il a de plus caché.

Mais cette esthétique présente, si l'on peut dire, tous les défauts de ses avantages. C'est une esthétique du « contenu » : Freud avoue ne pas s'intéresser ni à la forme de l'œuvre ni aux procédés techniques de création. Cette forme n'est qu'une « prime à la séduction » par quoi, justement, l'œuvre se distingue du rêve.

Résistance à la modernité

Or, à l'époque de Freud, l'art moderne se définit précisément par sa volonté de rompre, non pas avec le contenu, mais avec les formes traditionnelles,

conventionnelles et académiques. Il n'est guère étonnant que ces nouvelles tendances lui restent étran-
gères.

Plus essentiel encore. L'étude de Freud *Un souvenir d'enfance de Léonard de Vinci* a suscité d'étranges
et soudaines passions pour l'ornithologie. Même son
ami Pfister alla jusqu'à s'enquérir de la présence du
vautour dans le tableau *Sainte Anne, la Vierge et
l'Enfant Jésus*, exposé au Louvre. Il chercha et, évidemment, trouva... Comme dans les rébus et les
vignettes enfantines, il parvint à dénicher l'oiseau
dans les plis des robes confondues de la Vierge et de
sainte Anne. Aimable et naïve entreprise mais
combien pernicieuse ! Elle laisse entendre que
l'artiste projette (inconsciemment) ses fantasmes sur
la toile et suggère que ceux-ci prennent nécessairement une forme figurative, reconnaissable après un
examen minutieux.

Mais, bien que fautive et simpliste, cette hypothèse d'une projection fantasmatique met le doigt
sur une composante souterraine de l'esthétique freudienne qui explique sa résistance à la modernité.
L'inconscient, selon Freud, s'exprime en langage et
en image, notamment dans le rêve. En raison de son
affinité avec ce rêve, il est tentant de considérer que
l'œuvre d'art, elle aussi, est une traduction imagée
de l'inconscient, donc lisible et compréhensible, en
théorie, par tous. Or la seule manière d'être lisible et
compréhensible par tous, notamment en art, est de
se conformer aux règles de l'imitation, de la copie et
de la reconnaissance. Dans cette esthétique mimétique, classique — celle qu'expriment indéniablement
les goûts personnels de Freud — il n'y a assurément
aucune place pour les œuvres abstraites, non figura-

tives qui dérogent précisément à ces normes. Et où loger la musique, cet art où la notion même de contenu n'a aucun sens ?

En 1897, l'année de la découverte de l'Œdipe, naît à Vienne l'un des plus importants mouvements de rénovation artistique et culturel du tournant du siècle : la Sécession, avec à sa tête Gustav Klimt. Il rassemble de jeunes artistes, auditeurs de Wagner et lecteurs de Nietzsche, résolus à créer une « culture dionysienne ». L'opéra, les salons, les parcs publics valsent toujours au rythme de Johann Strauss, mais dans ces jardins harmonieux, bourgeois et classiques percent les images et les sons discordants d'Oskar Kokoschka, d'Egon Schiele et d'Arnold Schönberg.

Freud ne les entend pas. Pas plus qu'il ne voit le panorama de toutes les avant-gardes « historiques », nées en même temps que lui et dont les dernières s'éteindront à sa mort : impressionnisme, néo-impressionnisme, expressionnisme, futurisme, dadaïsme, constructivisme, surréalisme. Assurément, on en oublie !

Un moulage de Gradiva, une estampe du Sphinx de Gizeh, un bas-relief du sarcophage de l'ami d'Achille, Patrocle, des statues égyptiennes, tels sont, entre autres, les objets qui attendent le visiteur du 19 de la Berggasse à Vienne, dans le bureau de Freud.

Freud appelle *unheimisch* cet étrange sentiment qui naît de la familiarité avec les choses : lorsque celles-ci deviennent trop proches, trop familières justement, on finit paradoxalement par les trouver angoissantes. *Unheimisch* est littéralement intraduisible en français. On a adopté « inquiétante étrangeté ». « Inquiétante familiarité » aurait sans doute été préférable. Mais qu'importe. Il suffit de savoir que ce sentiment ambivalent appartient, pour Freud, au domaine de l'esthétique[1].

Quiconque veut faire par lui-même l'expérience de l'« inquiétante étrangeté » se doit de visiter les lieux, 19 Berggasse, à Vienne : il y verra des objets issus des mythes et légendes que notre culture nous a rendus familiers... mais aucune œuvre postérieure à la Renaissance.

En dépit de leurs analyses pénétrantes, qui prennent parfois l'aspect de véritables prémonitions sur le devenir réel du monde et son état actuel, Marx, Nietzsche et Freud sont restés, sur le plan de la réflexion esthétique, au « seuil de l'art moderne », pour reprendre l'expression de Hegel. Leur théorie de l'art s'est maintenue dans les limites d'un goût formé à l'éducation classique, elle-même sous le coup de l'image décidément prégnante de l'Antiquité grecque ou latine. L'art leur est apparu soit comme expression nostalgique d'une époque révolue (Marx), soit comme réconciliation et apparence placée sous le signe d'Apollon (Nietzsche), soit comme consolation devant la misère du monde (Freud).

Nous verrons toutefois que cette cécité face aux ruptures de la modernité artistique n'empêche pas leurs théories, une fois réinterprétées et actualisées, d'occuper une place considérable dans l'esthétique du XXe siècle. Leur nostalgie commune pour l'art du passé ne signifie pas pour autant leur adhésion aux temps anciens dont ils critiquent avec virulence le lourd héritage en économie politique, en philosophie

---

1. *Ibid.*, p. 213 : « Il peut cependant se faire ici et là qu'il [le psychanalyste] ait à s'intéresser à un domaine particulier de l'esthétique, et dans ce cas, il s'agit habituellement d'un domaine situé à l'écart et négligé par la littérature esthétique spécialisée. »

ou en psychologie. Elle exprime surtout leur inquiétude et leur désenchantement devant un monde prisonnier de ses contradictions, entre progrès et régression, nouveauté et archaïsme.

Ni marxiste, ni nietzschéen, Freud, psychanalyste, rejoint Marx et Nietzsche dans son diagnostic de la culture occidentale. Le fameux bonheur, toujours promis pour le lendemain, se paie d'un lourd tribut : celui du sacrifice de la libido, de la satisfaction authentique des pulsions, de l'adaptation forcenée à la réalité. Ascèse nécessaire au développement de l'individu comme à celui de l'humanité. La question posée en 1929, dans *Malaise dans la civilisation*, est redoutable : « La plupart des civilisations ou des époques culturelles — même l'humanité tout entière peut-être — ne sont-elles pas devenues "névrosées" sous l'influence des efforts de la civilisation même ? »

Simple question... L'art, pour Freud, n'est qu'une « légère narcose » fugitive, une « simple retraite devant les dures nécessités de la vie pas assez profonde pour nous faire oublier notre misère réelle ».

Mais, depuis des décennies déjà, l'art est sorti de sa retraite. Nombreux sont les artistes modernes et avant-gardistes à avoir retenu la leçon de Freud : l'émotion esthétique dérive de la sphère érotique. L'art est éros ; il lutte contre les puissances de mort, contre thanatos. Toutefois, pour combattre à armes égales, il lui faut quitter les oripeaux de la « belle apparence » et rompre l'accord harmonieux qui l'unissait au monde d'antan.

TROISIÈME PARTIE

LES RUPTURES

I

LE DÉCLIN
DE LA TRADITION

BAUDELAIRE ET LA MODERNITÉ

En 1828, Hegel se croit parvenu à la fin de l'art romantique. Il s'imagine déjà au « seuil de l'art moderne », dans l'attente imminente d'une époque nouvelle où l'artiste apparaît enfin totalement libre de choisir le contenu et la forme de ses œuvres.

Mais un siècle sépare le romantisme du XIXe et le cubisme du XXe siècle. Le seuil s'élargit bien au-delà des prévisions de Hegel car l'héritage classique et néo-classique n'en finit pas de se consumer. Il couve encore dans les conceptions esthétiques des penseurs et des théoriciens de la modernité, qu'il s'agisse de Marx, de Nietzsche et, plus tard, de Freud. Ceux-ci n'ignorent pas l'art de leur temps mais ils se refusent à percevoir les nouveaux liens qui relient la création artistique aux mutations de leur époque. Même la fascination de Nietzsche pour les innovations musicales de Wagner se nourrit de l'espoir de voir renaître le chœur de la tragédie antique.

Il est vrai, aussi, que Hegel prédit le succès de l'esthétique, c'est-à-dire d'une philosophie de l'art qui — comme toute philosophie — arrive toujours, on s'en souvient, *après* les événements, c'est-à-dire trop tard. Cette prédiction, autrement plus convaincante que la prétendue mort annoncée de l'art, définit le sort qui frappe désormais le discours théorique sur l'art : le philosophe-esthéticien assiste, impuissant, et parfois éberlué, au défilé ininterrompu et précipité des écoles, des tendances et des mouvements ivres de nouveauté, de modernité et de ruptures.

En 1855, Baudelaire a beau jeu de fustiger les « modernes professeurs-jurés d'esthétique » déconcertés par les « fruits » d'une peinture inédite « dont le goût trompe et déplace les sens » ; esprits passéistes ébahis par l'irruption d'un monde d'« harmonies nouvelles » et d'une « vitalité inconnue »[1].

Quelles réactions attendre de ces « winckelmanniens » attardés, coincés dans leur rationalisme académique ? Et Baudelaire de répondre : « L'insensé doctrinaire du Beau déraisonnerait, sans doute ; enfermé dans l'aveuglante forteresse de son système, il blasphémerait la vie et la nature, et son fanatisme grec, italien ou parisien, lui persuaderait (sic) de défendre à ce peuple insolent de jouir, de rêver ou de penser par d'autres procédés que les siens propres. »

Baudelaire n'est guère plus tendre pour l'esthétique réduite à l'état de « science barbouillée d'encre, goût bâtard, plus barbare que les barbares, qui a oublié la couleur du ciel, la forme du végétal, le mouvement et l'odeur de l'animalité, et dont les doigts crispés, paralysés par la plume, ne peuvent plus

---

1. Charles Baudelaire, *Critique d'art* suivi de *Critique musicale*, « Exposition universelle de 1855 », Paris, Gallimard, Folio essais, 1992, p. 237.

courir avec agilité sur l'immense clavier des *corres-pondances* !¹ ». Il dénie au « professeur-juré », à ce « tyran mandarin », à cet « impie qui se substitue à Dieu » le droit de se prononcer seulement sur la beauté ; parce que le « beau est toujours bizarre », et qu'un « beau banal » est une absurdité.

Bref, devant la beauté de la vie moderne, la tâche la plus urgente de l'esthétique est de se taire car « tout le monde conçoit sans peine que, si les hommes chargés d'exprimer le beau se conformaient aux règles des professeurs-jurés, le beau lui-même disparaîtrait de la terre² ».

Baudelaire assume l'héritage romantique du génie indéfinissable et imprévisible, dressé avec audace contre le credo académique du progrès irréversible d'un art à vocation pédagogique et morale : « L'artiste ne relève que de lui-même. Il ne promet aux siècles à venir que ses propres œuvres. Il ne cautionne que lui-même. Il meurt sans enfants. Il a été *son roi, son prêtre et son Dieu*³. »

Deux ans après ces lignes, Baudelaire publie l'œuvre « scandaleuse », *Les Fleurs du mal* (1857). Critique d'art, et surtout pas esthéticien, il connaît les scandales, défend ardemment les dissonances d'une vie belle et éphémère ainsi que les discordances répétées de l'art moderne. Jusqu'à sa mort, en 1867, il lui est possible de recenser ces scandales ; leur succession se déroule encore à rythme lent. Ce sont pour lui autant d'occasions de démentir le constat éploré de Michelet en 1860 : « Nous ne créons plus, l'histoire a tué l'art. » Non seulement

1. *Ibid.*
2. *Ibid.*, p. 238.
3. *Ibid.*, p. 241.

Baudelaire le contredit, mais il démontre l'ineptie de ce *lamento* d'inspiration hégélienne : disons plutôt que l'art vivant, phénix insaisissable, qui meurt et renaît au fil des modes, est en train de tuer l'histoire, ou plutôt d'anéantir son image antiquisante élaborée pendant des siècles sous les auspices de Platon et d'Aristote.

Là, dans ce « transitoire » et dans ce « fugitif » qui, selon lui, caractérisent l'époque moderne, résident les innombrables ruptures qui confèrent, provisoirement, une cohérence originelle à la modernité. La beauté ne se définit plus seulement par sa tension vers l'éternel ou vers l'immuable, elle surgit à tout instant de la réalité la plus prosaïque du monde présent. Si Charles Baudelaire est si souvent considéré comme le premier à avoir défini la modernité et à l'avoir expérimentée dans sa propre création poétique, cela tient précisément à son extrême sensibilité aux ruptures : rupture avec les conventions académiques, avec la grande bourgeoisie affairiste, avec le pouvoir économique et politique qui entend soumettre l'ordre esthétique à l'ordre établi.

Dans ce « siècle orgueilleux qui se croit au-dessus des mésaventures de la Grèce et de Rome » — selon l'expression de Baudelaire —, il est de bon ton d'encenser Ingres, le peintre des Étrusques, le maître de la ligne, et de rejeter Delacroix, peintre de la vie contemporaine et d'un monde dynamisé par la lumière et la couleur. Il sied d'exécrer Courbet — M. Thiers ne s'en prive pas ! — et de vomir le peintre « réaliste » d'une société paupérisée. Il est légitime de jeter l'anathème sur Manet, sur ses exhibitions sensuelles jugées impudiques, tout comme il convient de haïr Corot, ainsi que cet impressionnisme qui brouille la claire représentation d'une nature et d'un monde « platonisés », figés pour l'éternité.

Qui voit vraiment clair à cette époque ?

Baudelaire, très souvent, même s'il préfère, de loin, *le* peintre de *la* vie moderne, Constantin Guys, au réaliste Courbet, même s'il ignore tout de la musique au point de ne pouvoir s'expliquer son coup de foudre pour Wagner. Mais bien peu d'artistes ou d'écrivains témoignent d'une durable lucidité quant à l'avenir de l'art moderne, surtout quand leurs successeurs prennent le relais : l'impressionnisme laisse Corot sceptique ; Théophile Gautier ne voit chez Monet que des taches de couleurs juxtaposées ; Van Gogh ne réalise aux yeux de Cézanne qu'une peinture de fou, et Zola ne retient de Cézanne que son « génie raté », sans mesurer l'importance de celui qui, déjà, traite la nature par le cylindre, la sphère et le cône.

Toutes ces offenses à la hiérarchie politique et sociale, à l'académisme, à l'ordre établi, à la morale, aux convenances bourgeoises, ont un sens : les peintres sortent de la scène plastique délimitée par le Quattrocento, tout comme la musique romantique et postromantique abandonne l'univers sonore du *Clavecin bien tempéré*.

Présent, en même temps que Baudelaire, à l'Exposition universelle de 1855, un critique perspicace note . « Les dieux s'en vont de la peinture moderne, les dieux et les héros... Les grands types de l'art chrétien, le Christ, la Vierge, la sainte Famille, semblent épuisés par quatre siècles de combinaisons pittoresques. La mythologie grecque, ressuscitée par la Renaissance, est à bout de cette vie nouvelle. » C'est encore sur cet adieu que s'ouvre, en 1874, dans l'atelier de Nadar, la première exposition du groupe des impressionnistes... l'année même où Wagner achève *Le crépuscule des dieux.*

Toutefois, les cimaises impressionnistes ne restent plus tournées vers le passé ; elles orientent le regard vers l'avenir d'un monde transformé par la science et la technique, séduit par le mouvement et la vitesse, acquis à l'idée que l'art a le pouvoir de changer les relations de l'homme à l'homme et de l'homme au monde : « Ce n'était pas seulement de nouvelles catégories d'hommes qui marquaient alors leur entrée dans l'histoire et dans l'art ; c'était le problème fondamental des rapports de l'homme avec l'univers et des individus entre eux, une fois rejetée la présence des divinités religieuses et sociales du passé, qui se posait. C'est ce problème qu'ont abordé les impressionnistes[1]. »

Cette volonté de métamorphose, présente dans le fauvisme, le cubisme et l'art abstrait de Vassili Kandinsky et de Paul Klee, ne tarde pas à revêtir la forme plus radicale du manifeste esthétique et politique : futurisme, dadaïsme, constructivisme, et autres « ismes », enchaînent dès lors l'art moderne dans la spirale infernale des avant-gardes successives.

L'ENJEU DES RUPTURES

Définir les ruptures qui surviennent au XIXe siècle comme des refus plus ou moins brusques de la

---

1. Pierre Francastel, *Études de sociologie de l'art*, Paris, Gallimard, Tel, 1989, p. 203.

tradition est certes insuffisant. Il serait facile d'objecter que l'histoire en général et l'évolution de l'art en particulier ne sont qu'une succession, à intervalles plus ou moins longs, de sursauts, d'à-coups, de mutations, et parfois d'oppositions plus ou moins radicales aux époques antérieures. En ce sens, chaque époque s'invente une modernité en imaginant un futur susceptible de l'affranchir de la routine et de la libérer du poids des temps présents.

Platon, au IVᵉ siècle avant notre ère, réagit en « antimoderne » vis-à-vis des innovations artistiques suggérées par certains sophistes. Sa réaction « conservatrice » prouve, par là même, l'existence d'un désir de changement qui trouve son expression dans la philosophie d'Aristote, après que celui-ci s'est séparé de l'Académie. La Renaissance marque une rupture décisive avec le prétendu « obscurantisme » du Moyen Âge ; le cartésianisme rompt avec l'héritage scolastique avant que le rationalisme des Lumières ne combatte la raison classique et absolutiste ; rationalisme lui-même emporté par la bourrasque romantique. En ce sens, la querelle des « anciens » et des « modernes » a toujours sévi et la « modernité » — ou quel que soit son nom — a toujours eu ses défenseurs acharnés et ses détracteurs résolus.

Qu'est-ce qui permet de considérer la modernité, telle que la définit Baudelaire, comme annonciatrice de changements plus profonds que les précédents ? En quoi l'impressionnisme, né peu après la mort de l'auteur des *Fleurs du mal*, peut-il être perçu comme un bouleversement d'importance au moins égale à celui de la Renaissance dans l'histoire de l'art occidental ?

Certes, les dieux antiques, les saints et les apôtres

chrétiens désertent les arts plastiques ; ils sont remplacés par des thèmes mettant en valeur le côté « épique » de la vie contemporaine, selon l'expression de Baudelaire. Pour le dire brièvement, le contenu de l'art, les idées représentées changent et puisent dans l'actualité. Mais plus que la nouveauté thématique, c'est surtout la forme de cette représentation qui heurte l'académisme, déconcerte la critique et choque le public. Seule une minorité d'amateurs se risquent à prendre parti pour les novateurs. Souvenons-nous de l'*Olympia* de Manet. Bien peu célèbrent la posture plutôt chaste et « les formes joviales de cette petite femme blanche » ; ce n'est pas la nudité en tant que telle qui pousse le public à hurler au scandale mais, comme dans *Le déjeuner sur l'herbe*, la manière non conventionnelle dont Manet traite le contour et le modelé d'un corps sans hiérarchie de valeurs. « Quoi de plus naïf ? » demande pourtant « naïvement » le peintre ; mais les critiques ne l'entendent pas de cette oreille et leur hargne contraste avec l'innocence de la belle indifférente au regard absent : « odalisque au ventre jaune, ramassée on ne sait où », « gorille femelle », telles sont les gracieusetés qui accueillent cette « vierge sale » et « faisandée ».

Le plus remarquable est la distorsion entre les intentions des peintres, rarement animés de mauvaises intentions, et le déchaînement des spectateurs. Les peintres ne recherchent pas sciemment le scandale ; ils constatent le plus souvent que leurs œuvres *font* scandale. Tel est le cas de Manet, d'éducation et de sensibilité bourgeoises, qui brigue la Légion d'honneur et l'Institut et s'abstient prudemment d'exposer ses toiles avec celles des impressionnistes. Degas incarne également cette contradiction apparemment étonnante, et fréquente chez les premiers peintres de la modernité, entre le statut social, le souci de reconnaissance publique, et le tollé que provoquent leurs œuvres. On peut être bourgeois, pudibond et néanmoins moderne. Ce qui choque les contemporains chez Degas, notamment dans les scènes intimistes montrant les femmes à leur toilette, ce ne sont pas les promesses de nudité, mais la posture du voyeur dans laquelle il installe le spectateur, invité à regarder par le trou de la serrure, non pas — comme le dit Degas lui-même — pour voir des « Suzannes au bain » mais simplement des « femmes au tub ». Problème de forme donc, et non pas de contenu. Question de conventions ici refusées au profit d'un dispositif visuel qui donne l'impression d'être témoin, comme par inadvertance, d'une scène osée, prise sur le vif.

L'impressionnisme confirme la tendance aux investigations formelles en ouvrant la voie à des explorations systématiques et bientôt parfaitement programmées sur la force subversive des formes inédites ; un nouveau mode de représentation se met en place, capable d'ébranler les anciens dogmes et de dénoncer l'esthétisme de l'art pour l'art, plus sûrement encore que le réalisme puissant et généreux d'un Courbet, trop rapidement récupéré par l'académisme et le conformisme ambiants. L'hostilité du grand public et de nombreux critiques envers les formes nouvelles est là pour prouver que toucher à la forme c'est libérer une puissance subversive qui déborde le domaine artistique ; renoncer à la mimésis, au sacro-saint principe d'imitation solidement établi depuis quatre siècles, revient à saper les valeurs fondatrices de la morale et de la politique dans une société confiante en son ordre établi.

MODERNITÉ ET AVANT-GARDE

Baudelaire n'aime pas le terme « avant-garde » : trop militaire ! En 1885, Théodore Duret, historien d'art et publiciste, passe outre les préventions baudelairiennes et décide de publier, précisément sous le titre *Critique d'avant-garde*, ses divers articles consacrés aux impressionnistes.

Soupçonne-t-il, à ce moment, la stupéfiante fortune que va connaître le terme ? Ce n'est pas exclu : en prenant fait et cause pour l'ensemble de l'impressionnisme, Duret entérine les radicalisations artistiques des deux dernières décennies du XIXᵉ siècle. Car il ne s'agit plus d'être seulement « moderne », de refuser le passé et d'extraire la beauté des temps présents. Être d'avant-garde suppose un souci constant de promouvoir la nouveauté afin de préparer l'avenir et d'annoncer les lendemains meilleurs que préparent la science et la technique. On ne se complaît plus dans l'inhumation toujours répétée d'un monde préindustriel, englué dans ses archaïsmes, à la fois nostalgique du passé et béatement optimiste. Optimisme fragile que celui du confort des choses établies ! Curieusement, l'avant-garde ou plutôt les avant-gardes, tournées par définition vers l'avenir, sont pessimistes, conscientes des inerties et de la lourdeur des tâches à accomplir. D'où leur volonté de renchérir sur les révolutions formelles et de multiplier les ruptures, comme s'il s'agissait de conjurer le risque d'un retour en arrière. Une certaine violence n'est pas exclue, pacifique jusqu'à la fin du siècle, plus vive dès le début du xxᵉ siècle : violence poétique faite aux mots et par les mots chez Mallarmé, violence musicale et atteinte à la sage harmonie traditionnelle chez Debussy, violence à l'architecture traditionnelle pour qui rêve de concilier le fonctionnalisme et l'art déco ou bien, comme William Morris, affirme que l'art doit être fait *par* le peuple et *pour* le peuple.

Violence déjà plus agressive, et ressentie comme telle par le public lorsque Matisse agrandit les taches et les points colorés de l'impressionnisme et du pointillisme : les Fauves, présents au Salon d'Automne de l'année 1905, ne seraient-ils pas de dangereux révolutionnaires tout juste capables de jeter des pots de peinture à la face du public ?

Violence des déconstructions formelles chez les divers courants de l'expressionnisme allemand et dans le *Blaue Reiter* (le *Cavalier bleu*) de Vassili Kandinsky et de Franz Marc. Dans l'*Almanach* [1], publié par ces deux peintres en 1912, à Munich, la voie qui conduit à l'art abstrait est tracée ; elle passe par l'éclatement et le déchiquetage des formes traditionnelles dont l'agencement n'obéit plus désormais qu'à la seule subjectivité de l'artiste : « Le choix de la forme est donc déterminé par la nécessité intérieure,

1. Vassili Kandinsky et Franz Marc, *L'Almanach du Blaue Reiter*, présentation et notes de Klaus Lankheit, Paris, Klincksieck, 1981.

laquelle constitue proprement la seule loi immuable de l'art. »

Il suffit de pousser à son terme cette libération de la forme pour affranchir la peinture de toute représentation d'objet reconnaissable, voire de tout objet quel qu'il soit. Le monde extérieur disparaît de la peinture. Que reste-t-il à peindre si l'on rêve d'un monde sans objet, si l'on affirme, comme Malevitch et les suprématistes, que les objets nuisent à la peinture et qu'il importe de délivrer l'art du poids inutile de l'objet ? Des rayons de lumière colorée (rayonnisme), des figures géométriques, un *Carré noir sur fond blanc* (1913), simple esquisse préparatoire au *Carré blanc sur fond blanc* de 1919 ?

À la veille de la Première Guerre mondiale, les avant-gardes ne se contentent plus d'affirmer la venue de l'art moderne. Elles manifestent leur angoisse de l'avenir, mélange de fascination et de révolte à une époque où les lustres de la Belle Époque s'éteignent un à un sous le souffle des révolutions sociales et politiques. Même l'adhésion aux mythes nouveaux de l'industrialisation et de la technique prend l'accent de la rébellion. « Manifeste », tel est bien le mot désormais à la mode, parfaitement approprié pour exprimer la virulence des revendications. Terme idéal pour définir le programme futuriste lancé par l'écrivain et poète Marinetti, en 1909, dans les colonnes du *Figaro* ; l'exécration du « médiocrisme académique » s'exaspère en profession de foi anarchiste, révolutionnaire et nationaliste, en appel vibrant à une conjuration de tous les arts désormais complices dans leur exaltation de la beauté de la vitesse, de la guerre, du militarisme, du patriotisme, du geste destructeur des anarchistes et — on peut le regretter — du mépris de la femme.

Violence ambiguë dans ce mouvement d'une grande
fécondité artistique, apte plus qu'aucun autre à
exprimer la frénésie de l'époque, quitte à attiser le
feu qui conduit le monde à sa ruine prochaine.

Violence à la morale, aux bonnes mœurs, à la
nation et à l'ordre républicain si l'on en croit la réaction des autorités municipales de la Ville de Paris à
l'exposition de la « Maison Cubiste » au Salon
d'Automne de 1912. D'où vient cette prétendue violence ? De Duchamp-Villon, frère de Marcel
Duchamp, de Braque, de Picasso et autres « cubistes », qualifiés de « bande de malfaiteurs qui se
comportent dans le monde des arts comme les apa-
ches dans la vie ordinaire ». Étrange perspicacité de
la part des censeurs institutionnels et des gendarmes
de la tradition — qui se confondent avec les gardiens
de l'ordre établi — et n'ont pas leur pareil pour déceler avec un flair infaillible, parfois avant les artistes
eux-mêmes, là où précisément l'art moderne fait
mal.

En cette année 1912, à l'époque où Picasso
délaisse le cubisme analytique pour un cubisme synthétique fondé sur les collages et les papiers collés,
le tableau destiné à violenter la sensibilité artistique
des générations futures est déjà achevé. Il est pré-
cubiste, peu connu du public, et porte un nom sujet
à confusion, du moins en français : les *Demoiselles
d'Avignon*, ex-*Bordel philosophique*, allusion à une
honorable maison du quartier d'Avinyo de Barcelone. Les dames au visage en croissant de lune —
moitié de camembert pour ceux qui n'aiment pas,
masques africains pour les admirateurs — n'ont pas
fini, aujourd'hui encore, de livrer leur secret. Ce
tableau de 1907 est à la peinture moderne ce qu'est
à la musique le *Quatuor à cordes* nº 2 en *fa* dièse

mineur d'Arnold Schönberg, premier essai d'écriture atonale auquel se risque le compositeur viennois.

Ces deux œuvres, considérées par la postérité comme emblématiques des ruptures survenues dans l'art occidental, instaurent un moment d'irréversibilité : elles consacrent l'héritage du passé tout en ouvrant le vaste champ de la création du xxe siècle qu'aucun artiste contemporain ne saurait prétendre avoir fini d'explorer en totalité.

En 1900, dans le pavillon de l'Exposition universelle spécialement réservé à Auguste Rodin (1840-1917), le public, ébahi, contemple l'*Homme qui marche* : un géant de près de trois mètres, en bronze, les pieds solidement arrimés au sol, tout le contraire de la démarche aérienne de Gradiva qui semble à tout instant vouloir quitter la pierre de son bas-relief. Qu'en pense le jeune Picasso, présent lui aussi en ce lieu même, et qui découvre l'artiste au faîte de sa gloire ? Peut-il songer un seul instant à l'égale célébrité qui l'attend et le fera jouir, quelques années plus tard, d'une renommée universelle ?

Mais revenons à ce bonhomme plutôt costaud qui semble décidé à avancer coûte que coûte vers une destinée inconnue tout en restant cloué au sol. Pour qui ne connaît pas le soin particulier que met Rodin à ne pas terminer ses œuvres, le colosse a de quoi susciter la stupéfaction : il est dépourvu de tête. Vu de face, le spectacle est étrange, mais sans plus : combien de statues grecques décapitées par accident ne s'offrent-elles pas, sans complexe, à l'admiration des archéologues et des touristes ? C'est vu de profil, côté droit surtout, que l'étrangeté se change en angoisse : peut-on raisonnablement marcher sans avoir toute sa tête ? Et pour aller où ?

1900, c'est aussi, on s'en souvient, la date de

parution de l'ouvrage majeur de Freud, *L'interpréta-tion des rêves*. Au seuil du XXᵉ siècle, l'homme, sûr de lui, conscient de son progrès, de son économie, de sa science, de son art et de sa politique, se découvre une faille. Mieux encore : on lui révèle son talon d'Achille sous l'aspect de pulsions inconscientes qu'il ne maîtrise pas et qui commandent pourtant l'ensemble de son activité. Autrement dit, le monde qu'il s'évertue à construire de façon rationnelle est largement le produit de ses fantasmes incontrôlés et presque incontrôlables.

Le géant de Rodin impressionne par sa muscula-ture, style *Moïse* de Michel-Ange, mais il est de son temps et déjà fort loin de la Renaissance ; surtout, à la différence de son « frère », *Le Penseur*, autre athlète étonnant, à la fois philosophe et poète, les rêves lui sont interdits, la réflexion également et, bien entendu, le sens de l'orientation. On comprend mieux les réticences de ce corps sans tête, œuvre d'art néanmoins, à aller de l'avant ; n'incarne-t-il pas à lui tout seul les ruptures et les fractures d'un siècle qui s'apprête à cristalliser une partie de ses conflits les plus atroces et les plus concrets autour de la question de l'art ?

De simples dates ne font pas l'histoire mais il est des convergences qui méritent l'attention : Rodin meurt en 1917, année de sinistre mémoire pour le front franco-allemand ; le mouvement Dada fonde une galerie, commence à exposer et publie sa revue à Zurich. Dada, ce sont des peintres, des poètes, des sculpteurs qui, à Paris, New York, Berlin, Cologne, Munich, Hanovre, Barcelone, poussent le même cri de désespoir et de révolte contre la guerre, contre l'art illusion, contre le beau trompeur, contre l'égoïsme d'une société capable d'exterminer des millions d'hommes. Aussi tous les moyens sont-ils bons, de la provocation nihiliste à la dérision amère, de la colère à l'humour, pour montrer que l'art et les artistes ne peuvent rester ni indifférents ni neutres à l'histoire réelle. Dès lors « merde à la beauté ! », s'écrie Dada, tant il est vrai qu'on ne peut peindre, écrire, sculpter « beau » sur fond de cadavres déchiquetés, sanguinolents, et entassés dans des tranchées au nom si atrocement évocateur.

Aucune forme artistique ne saurait convenir pour exprimer et dénoncer cette réalité mutilante et mutilée sinon celle qui résulte de l'agencement aléatoire de fragments de matière et de matériaux collés selon les lois d'un arbitraire en fait rigoureusement contrôlé. Tous les dadaïstes, et les proches du mouvement Dada, certains inspirés par le futurisme et l'expressionnisme, George Grosz, Otto Dix, Kurt Schwitters, Hans Arp, Max Ernst, excellent dans ce type de compositions « alchimiques » qui subvertissent la perception habituelle du monde et mettent en accusation une réalité angoissante. En 1921, deux ans avant l'autodissolution de la plus révoltée des avant-gardes, sur une grande toile bizarrement intitulée *L'œil cacodylate*, Francis Picabia, imprévisible « loustic » de l'art, convie les Dada et leurs apparentés à coller ce qui bon leur semble et à signer chacun son tour. Geste iconoclaste portant l'art en dérision auquel s'associent notamment Man Ray, Tristan Tzara et... Marcel Duchamp.

Marcel Duchamp, justement, compagnon à distance de Dada, qui s'associe, toujours aussi distancié, au *Manifeste du surréalisme* publié par André Breton en 1924. Duchamp qui, dès 1914, commence à semer, dans le champ déjà chaotique de l'art, des petites bombes à retardement : une *Roue de bicyclette*, un *Porte-bouteilles*. Ce sont des objets tout faits, produits industriels et standardisés, des ready-made, accessibles dans le commerce, que l'artiste déplace de leur lieu habituel, détourne de leur fonction prosaïque et utilitaire, et prétend exposer dans les espaces consacrés, galeries et expositions.

1917, décidément, la plus grosse des bombes : un *Urinoir*, signé d'un pseudonyme R. Mutt, baptisé *Fountain*. Depuis cette date, jusqu'à nos jours, ces mines à effet-retard n'en finissent pas d'exploser à intervalles réguliers, causant désordre et confusion dans les rangs des artistes et de la critique d'art. Rebelles à toute tentative de désamorçage, elles parviennent parfois à faire oublier le peintre du *Nu descendant un escalier* (1911), de *La mariée mise à nu par ses célibataires, même* et de la *Broyeuse de chocolat* (1913). *La Joconde* (1919) agrémentée d'une barbe et d'une moustache, signée LHOOQ, n'est pas un ready-made, mais elle précède de peu le passage à l'acte ultime, dernier geste « artistique » de Duchamp avant qu'il ne rejoigne les surréalistes : il renonce désormais à l'art, condamne la peinture dite « rétinienne », pour ne se consacrer qu'aux échecs. À la fin des années 30, le philosophe allemand Walter Benjamin qualifiera le surréalisme de « dernier instantané de l'intelligence européenne ».

Le surréalisme ne marque-t-il pas une pause dans cette ronde infernale des « ismes » ? Le décor n'est-il pas planté une fois pour toutes, prêt à accueillir les tragédies, les drames et les comédies de l'art moderne et contemporain jusqu'en cette fin de XXe siècle ?

Les avant-gardes historiques, par leur dynamisme, leur virulence et leur radicalité n'ont-elles pas condamné les mouvements nés après la Seconde

Guerre mondiale à des reprises infinies sur le même
thème obsédant de la mort de l'art et de la fin des
beaux-arts ?

Ces questions, qui intéressent en priorité les historiens d'art, ne sauraient évidemment laisser indifférents les esthéticiens actuels, soucieux d'expliquer
les crises dont semble souffrir aujourd'hui le monde
de l'art et de la culture. Elles feront l'objet du dernier
chapitre : « Le tournant culturel de l'esthétique ».

LA THÉORIE ESTHÉTIQUE
ET LES AVANT-GARDES

Nous avons déjà souligné le retard relatif de
l'esthétique face au rythme imposé par l'art moderne
et par la succession rapide des diverses avant-gardes.

Une première explication à ce décalage rend, en
quelque sorte, hommage à Hegel : face aux changements et aux ruptures de la modernité, l'interprétation esthétique et philosophique intervient, sinon
trop tard, du moins *plus* tard. Un certain temps lui
est nécessaire pour répondre à la spontanéité créatrice des artistes et à la soudaineté des innovations :
cinquante ans à peine entre le *Bain turc* (Ingres) et
les *Demoiselles d'Avignon*, entre *La Danse* de Car-
peaux et la *Muse endormie* de Brancusi ! Comment
juger et évaluer des œuvres qui, en outre, revendiquent elles-mêmes leur totale autonomie et refusent
les critères académiques et traditionnels hérités du
passé ? On se souvient des diatribes redoutables de
Baudelaire à l'encontre des professeurs-jurés d'esthétique auxquels il ne reconnaissait qu'un seul

droit : celui de se taire sous peine de faire disparaître l'idée même de beauté.

Cette prudente discrétion de la philosophie de l'art traditionnelle face aux révolutions de l'art moderne se prolonge à l'aube du XXᵉ siècle, au début même de l'explosion avant-gardiste. On la retrouve dans l'œuvre pourtant considérable, et curieusement méconnue en France, de Benedetto Croce (1866-1952).

Auteur, en 1900, de *L'esthétique comme science de l'expression et comme linguistique*, Croce polémique longuement avec l'historien d'art Heinrich Wölfflin (1864-1945) ; il récuse les thèses développées par ce dernier dans ses *Principes fondamentaux de l'histoire de l'art*, affirmant que chaque grande époque artistique se définit grâce à son style, c'est-à-dire par les traits caractéristiques formels propres aux œuvres représentatives d'une période et d'une société données. En étudiant comparativement le style classique et le style baroque, et le passage de l'un à l'autre, Wölfflin montre ainsi que le linéaire (Dürer) s'oppose au pictural (Rembrandt), le plan à la profondeur, la forme fermée à la forme ouverte, la clarté absolue à l'obscurité relative, la pluralité à l'unité. Le style apparaît dès lors comme l'expression de l'état d'esprit d'un peuple à un moment donné de son histoire qui régit la création particulière des artistes.

Croce refuse cette dépendance de l'œuvre vis-à-vis de structures globales et de principes généraux d'organisation ; il privilégie au contraire l'œuvre concrète et singulière, niant la fatidique distinction entre la forme et le contenu, puisque la forme est aussi un contenu. Ce refus de séparer forme et contenu, matière et idée, et de retomber dans les différenciations des esthétiques kantienne et hégélienne, est à mettre au crédit de l'esthétique de Croce ; il est légitime que cet aspect « moderne » ait retenu l'attention d'un historien d'art comme Pierre Francastel et d'un théoricien comme Clement Greenberg. En revanche, Croce s'abstient de tout jugement de valeur sur les bouleversements subis par les arts figuratifs ; il ne s'implique ni pour ni contre ces changements mais les considère du point de vue de l'art universel : « [...] par-delà la peinture et les arts figuratifs, il y a tous les autres arts, l'art universel [...], par-delà l'art il y a encore l'esprit humain dans la richesse de sa forme et dans son unité dialectique sans laquelle l'art même n'est pas vraiment intelligible ; et que finalement, *au-dessus de la peinture moderniste ou moderne* et même au-delà de cette peinture que l'on fait commencer, selon les caprices, tantôt à Rembrandt tantôt à Giorgione, il y a la peinture de tous les temps et de tous les peuples, qu'on l'appelle chromatique ou non chromatique[1]. »

Certes, en 1919, Croce fait allusion à cette sympathie et à cette confiance dont témoigne son époque à l'égard de « l'art impressionniste, cubiste, avantgardiste et généralement décadent d'aujourd'hui » ; mais il vise essentiellement l'incapacité de la critique à accéder au niveau d'une véritable philosophie esthétique. Sa volonté de faire du critique un philosophe est conforme à la tâche élevée qu'il assigne à l'esthétique : « L'esthétique, qui est la science de l'art, n'a donc pas, comme on se l'imagine dans certaines conceptions scolaires, pour fonction de définir l'art une fois pour toutes et d'en tisser la trame conceptuelle de manière à couvrir tout le champ de cette science, elle n'est que la réorganisation permanente,

---

1. C'est nous qui soulignons.

toujours renouvelée et toujours plus rigoureuse, des problèmes auxquels, selon les diverses époques, donne lieu la réflexion sur l'art, et elle coïncide parfaitement avec la solution des difficultés et la critique des erreurs qui stimulent et enrichissent le progrès incessant de la pensée. » Noble conception de l'esthétique, à laquelle on aurait cœur encore à souscrire aujourd'hui, mais qui témoigne, là aussi, d'un certain désengagement « stratégique » du philosophe vis-à-vis des enjeux sociaux et politiques soulevés par les provocations avant-gardistes.

Il existe toutefois une autre explication à l'attitude apparemment attentiste de la philosophie de l'art vis-à-vis des avant-gardes. La plupart des artistes avant-gardistes, peintres, sculpteurs, architectes, musiciens, écrivains et poètes élaborent leur propre théorie de l'art dans le temps même de leurs réalisations : le rôle du *manifeste*, ou du mot d'ordre auquel se rallie une école nouvelle, consiste précisément à cristalliser autour d'un thème précis les énergies artistiques dans tous les domaines et à déterminer l'enjeu philosophique et esthétique de l'action collective. Le manifeste lui-même relève d'une véritable création littéraire et poétique ; c'est le cas notamment du manifeste futuriste de Marinetti (1909) et des deux manifestes surréalistes d'André Breton (1924 et 1929).

Le premier expressionnisme allemand d'avant 1914, le groupe de *Die Brücke* (1909) autour d'Ernst Ludwig Kirchner (1880-1938) et d'Emil Nolde (1867-1956), l'Association des artistes de Munich (1904), à laquelle adhère un temps Vassili Kandinsky, entendent rompre avec les conventions en vigueur depuis la Renaissance et veulent affirmer l'autonomie radicale de la création artistique. Ils tirent, sur le plan

pictural, les leçons de Cézanne et des impressionnistes, mais leur réaction participe d'un romantisme
exacerbé, mélange d'enthousiasme et d'esprit nihiliste qui hérite directement de Hegel, des philosophes romantiques allemands, notamment Schelling, de la musique wagnérienne et des théories de
Nietzsche.

Le *Cavalier bleu* de Kandinsky et de Marc, auquel
il faut associer les noms de Klee et de Schönberg
(compositeur *et* peintre), se fonde en partie sur les
théories de la couleur développées par Goethe et
prolonge celles-ci en une véritable vision du monde :
il s'agit d'en appeler au renouveau de la pensée et
de célébrer la liberté subjective de l'artiste afin de
promouvoir des valeurs supérieures de l'art et de
tirer l'humanité du néant. Une même philosophie
anime encore le Bauhaus fondé à Weimar en 1919
par Walter Gropius, et que rejoignent Kandinsky,
Klee et Schlemmer ; fonder le « nouvel édifice de
l'avenir » signifie pour eux reconnaître la fonction
sociale de l'art, et notamment de l'architecture.
Contrairement à John Ruskin et à William Morris,
méfiants envers l'industrialisation et le machinisme,
Gropius intègre les progrès de la technique — par
exemple, le béton armé — dans le projet grandiose
d'une œuvre d'art unitaire capable d'harmoniser tous
les arts et l'artisanat.

Ces courants n'auraient pu atteindre leur maturité
réflexive sans le concours des théories sur l'art abstrait magistralement exposées par Wilhelm Worringer dans *Abstraction et Einfühlung* (1908). Tous ces
« révolutionnaires » se sentent en réalité investis
d'une mission sociale ; ils rêvent d'une réconciliation
entre l'art et la vie et d'un bouleversement des men-
talités comparable à ce que fut la Renaissance. Dans

L'Almanach du Blaue Reiter, Franz Marc n'hésite pas à déclarer : « Nous nous trouvons aujourd'hui au tournant de deux longues périodes, semblables au monde d'il y a quinze siècles, lorsqu'il y eut aussi une période de transition sans art et sans religion, où ce qui était grand et vieux mourut et fut remplacé par ce qui était nouveau et inespéré. »

La peinture apparaît donc comme le simple prétexte à une révolution philosophique et spirituelle plus globale et internationale, où les problèmes formels finiraient par disparaître, en révélant qu'agir sur la forme des œuvres jusqu'à l'abstraction la plus totale, c'est finalement agir sur le contenu et créer des idées nouvelles. C'est cette conviction qui permet à Kandinsky d'énoncer l'un des problèmes les plus fondamentaux de l'esthétique et de l'art du xxe siècle : « Nous nous étions, Marc et moi, jetés sur la peinture, mais la peinture, seule, ne suffisait pas. Ensuite, j'eus l'idée d'un livre synthétique qui effacerait les vues courtes et périmées, ferait tomber les murs entre les arts [...] et démontrerait finalement que la question de l'art n'est pas une question de forme, mais de contenu artistique. »

Le manifeste du suprématisme, exposé par Malevitch en 1915, témoigne également d'une indéniable dimension philosophique : affirmer la suprématie de la sensibilité pure dans des figures géométriques dépourvues de toute signification, c'est mettre en cause, de façon radicale et paradoxale, la représentation classique, figurative de l'objet comme donnant accès à la connaissance. Chez Malevitch, cette philosophie du « zéro des formes », du « zéro de la création » a valeur de métaphysique et de théologie, du moins tant que la Russie et la révolution lui laissent espérer la construction d'un monde nouveau.

Dans les deux manifestes du surréalisme (1924 et 1929), André Breton est suffisamment clair sur les implications philosophiques du mouvement pour qu'on ne le réduise pas simplement à un courant littéraire et artistique. La « révolution surréaliste », groupée notamment autour de Pierre Naville, de Benjamin Péret, de Louis Aragon, de Philippe Soupault, énonce le programme d'une philosophie du changement : changer la vie et, plus tard, changer la politique, pour autant que le surréalisme puisse se mettre au service de la révolution (communiste). Sous le parrainage de Novalis, de Lautréamont, de Rimbaud, et avec l'aide de Nietzsche et de Freud, il s'agit, selon les propres termes de Breton, d'en finir avec « la méchanceté, la haine et la plate suffisance » de la raison intellectualiste et de la logique positiviste.

En 1911, le *Cavalier bleu* expose quatre toiles expressionnistes d'Arnold Schönberg, peintre et compositeur ; la même année, Schönberg publie son *Traité d'harmonie* ; mais cet ouvrage de technique musicale, prônant l'élargissement de la tonalité aux douze tons de la gamme chromatique, s'inscrit dans des préoccupations qui vont au-delà de problèmes purement compositionnels. Schönberg sait qu'il rompt avec quatre siècles de tradition musicale et que cette rupture provoque un bouleversement culturel de grande ampleur : « Notre époque s'interroge beaucoup. Qu'a-t-elle trouvé : le confort ? Celui-ci envahit même le domaine des idées et le rend trop confortable pour notre bien. »

À cette date, Schönberg ignore encore quelles menaces pèsent sur ce « confort ».

PRÉLUDES AUX TOURNANTS
DU XXe SIÈCLE

Les artistes des premières avant-gardes et ceux de
l'entre-deux-guerres sont en fait, comme nous
l'avons déjà dit, les premiers théoriciens de leurs
propres œuvres. Praticiens et techniciens de génie —
comme on disait au siècle précédent —, ils explorent
les multiples possibilités offertes par leur époque,
liées à l'utilisation de matériaux et de procédés nouveaux et au choix de formes inédites. Philosophes, ils
s'interrogent sur les implications sociales, politiques,
voire métaphysiques, de l'art moderne.

Une fois passée la vague déferlante des « ismes »,
dès les années 20, la philosophie dite académique,
largement héritière de Kant et de Hegel, ne peut plus
décemment considérer l'art et l'esthétique comme de
simples compléments d'un système déjà constitué,
relégués, sur le tard, aux confins d'une doctrine, derrière la théorie de la connaissance, la logique ou la
morale. Trop d'événements prouvent le caractère
essentiel de la création artistique : l'exacerbation des
ruptures, la recherche frénétique de la nouveauté, le
radicalisme, du moins théorique, de la table rase à
l'égard du passé, le jusqu'au-boutisme des positions
anti-art, la virulence des réactions du public, des institutions et du pouvoir politique face aux provocations incessantes. En somme, l'art devient une
affaire majeure, et l'esthétique, domaine autrefois
périphérique, devient centrale dans les préoccupations théoriques.

Le début du XXe siècle est marqué en philosophie

par plusieurs tournants significatifs : marxisme, phénoménologie, existentialisme, linguistique orientent la réflexion et font école, et l'époque contemporaine subit encore, à des degrés divers, l'influence de ces grands courants de pensée.

Mais l'un des tournants les plus importants est sans doute le tournant esthétique de la philosophie, dans la mesure où ces diverses formes de pensée rencontrent, à un moment ou à un autre de leur développement, la question de l'art, et plus généralement le problème de la culture, et notamment celui de sa finalité et de son rôle dans la société moderne.

La philosophie de Nietzsche, en particulier le statut privilégié qu'elle accorde à l'art et à l'esthétique, constitue l'amorce décisive de ce tournant : certes, l'art est une illusion et une consolation, mais il est aussi, selon Nietzsche, l'activité métaphysique et philosophique par excellence. En schématisant à l'extrême, on pourrait dire que le monde doit être regardé, désormais, du point de vue de l'art.

L'art, toutefois, a changé ; il ne réfléchit plus, comme par le passé, l'image harmonieuse d'un univers sublimé et placé sous la transcendance d'un beau idéal. Il s'est sécularisé dans un monde soumis à la rationalisation croissante de toutes les activités humaines, durci par des clivages idéologiques conflictuels et secoué par des révolutions à caractère social, économique et politique. L'engagement militant des avant-gardes, qu'il s'agisse de l'anarchisme ambigu du futurisme italien ou de l'adhésion des surréalistes au communisme, ne permet plus de considérer la modernité artistique comme un phénomène historiquement et idéologiquement neutre.

Cette modernité s'expose cependant à des interprétations contradictoires : est-elle l'expression négative d'un « déclin de l'Occident » ou bien celle, positive, d'un monde en progrès dont les avant-gardes constitueraient les prémices ?

Question primordiale qui enferme l'esthétique de la première moitié du xxᵉ siècle dans des controverses particulièrement vives jusqu'au lendemain de la Seconde Guerre mondiale. D'une part, l'art moderne cristallise ce que le philosophe allemand Max Weber appelle le « désenchantement du monde », tout en recelant l'espoir, très souvent utopique, que la création artistique peut contribuer à l'instauration de lendemains sinon idylliques, du moins meilleurs. D'autre part, il polarise les consciences individuelles et collectives en oppositions irréductibles : l'art moderne et les avant-gardes réussissent ce tour de force inouï de s'exposer à la haine de la part des fascismes et à l'exécration de la part du stalinisme, régimes totalitaires ennemis, unanimes pourtant dans leur condamnation d'un art considéré comme dégénéré ou décadent.

Hormis ces paroxysmes, où l'art sert à des fins de pure et simple propagande, la querelle des Anciens et des Modernes connaît, dans le reste des démocraties, une nouvelle version beaucoup plus âpre que celle du xviiᵉ siècle : elle oppose désormais des réactionnaires et des progressistes, des bourgeois conservateurs et des révolutionnaires utopistes sur fond de luttes idéologiques, expressions elles-mêmes des tragédies ensanglantées de l'histoire réelle. Le tournant *esthétique* de la philosophie s'est ainsi rapidement changé en tournant *politique* de l'esthétique.

Il faut attendre le début des années 60 pour que la querelle politico-esthétique s'atténue progressivement. Le refroidissement des conflits entre l'Est et l'Ouest, s'il reste potentiellement dangereux, entraîne un émoussement des exaspérations idéologiques. Le développement des moyens de reproduction, les possibilités de diffusion massive et l'accès d'un public de plus en plus élargi à toutes les formes de l'art moderne et contemporain modifient en profondeur la perception des enjeux de la création artistique. Si la fin des années 60 voit resurgir les idéaux avant-gardistes des années 20, la volonté de remettre en vigueur le projet d'émancipation et de changement formulé par les mouvements radicaux de l'époque échoue devant la montée en puissance de la société de consommation et de la civilisation des loisirs. Que l'apogée de la croissance dans les sociétés occidentales marque en même temps son déclin et coïncide avec la fin des fameuses Trente Glorieuses ne change rien au développement sans précédent des industries culturelles. La mise en place de puissants systèmes de production et de distribution d'objets culturels accélère l'intégration de toutes les formes d'art passé et actuel dans le circuit complexe, et parfois imprévisible, de la promotion et de la surenchère économique.

Ce tournant *culturel* de l'esthétique sur fond de crise conduit, dès le début des années 80, à un réexamen critique des acquis des avant-gardes et de la modernité. Et les phénomènes qu'on caractérise encore aujourd'hui, sans doute hâtivement, sous les dénominations « postmodernes » et quelque peu nécrologiques de « disparition des avant-gardes », de « mort de l'art » et de « fin de la critique » obligent l'esthétique à relever de nouveaux défis.

Plus que jamais, il lui appartient de démontrer la fausseté de ce bilan et de jouer son rôle : aider à l'interprétation des œuvres nouvelles, dissiper les zones d'ombre et d'incompréhension qui obscurcissent les relations entre le public et l'art actuel, et accompagner l'aventure imprévisible, toujours inédite et intempestive de la création artistique.

Mais avant de nous interroger sur le présent et sur l'avenir de l'esthétique, il nous faut revenir plus en détail sur les tournants du XXe siècle évoqués précédemment. Dépassés ou non — et nous ne croyons pas en fait qu'ils le soient définitivement — les débats auxquels a donné lieu la confrontation entre l'art moderne et la philosophie de l'art ont en effet laissé des traces profondes dans la manière de percevoir les rapports que l'homme des sociétés post-industrielles entretient avec les différentes formes d'expression de la sensibilité et de l'imaginaire.

QUATRIÈME PARTIE

LES TOURNANTS
DU XXᵉ SIÈCLE

I

LE TOURNANT POLITIQUE
DE L'ESTHÉTIQUE

Les grandes philosophies qui se constituent dans les années 30, et qui influent encore aujourd'hui sur la vie intellectuelle, traduisent assez bien le climat culturel créé par la naissance de l'art moderne et par l'irruption des mouvements avant-gardistes. Les réflexions de penseurs, tels Georges Lukács, Martin Heidegger, Ernst Bloch, Walter Benjamin, Herbert Marcuse et Theodor Adorno, se développent au sein d'un contexte historique particulièrement traumatisant au lendemain de la Première Guerre mondiale : révolution soviétique, instauration d'un parti marxiste-léniniste, montée du fascisme en Europe, révoltes ouvrières et mouvements sociaux consécutifs aux difficultés économiques et à l'accroissement du chômage, etc.

Bien qu'ils adoptent des voies différentes, et pour certains d'entre eux, irrémédiablement antagonistes, tous puisent aux mêmes sources philosophiques, notamment celles de l'idéalisme et du romantisme allemands : Kant, Hegel, Fichte, Schopenhauer. Tous lisent Marx, Nietzsche, Freud et Husserl ; tous sont affectés par les thèmes du déclin, de la décadence, des crises qui concernent aussi bien les sciences, la connaissance, les valeurs traditionnelles et les anciennes certitudes, que les arts et la culture.

L'enthousiasme et l'optimisme dans lesquels baignait la bourgeoisie avant la catastrophe ont cédé la place à l'inquiétude du présent et à l'angoisse de l'avenir. Nombreux sont les philosophes à dresser un bilan pessimiste de la civilisation occidentale ; ils n'hésitent pas à dater le début de la décadence dès l'origine de cette civilisation elle-même, au lendemain du fameux âge d'or de la Grèce du Vᵉ siècle avant J.-C. ; c'est le cas notamment de Lukács et de Heidegger. Benjamin, Marcuse et Adorno incriminent une perversion de la raison apparue dès le siècle des Lumières, mais décèlent les premiers symptômes de la « maladie » inhérente, selon eux, à la rationalité, chez Homère.

Ce diagnostic amer et désenchanté sur l'état du monde entraîne au moins deux conséquences. D'une part, il incite certains penseurs à adhérer aux idéologies qui redonnent espoir à l'individu en perdition et promettent un avenir meilleur pour la collectivité : Heidegger voit dans la « grandeur » interne du mouvement national-socialiste une possibilité de salut pour le peuple allemand, tandis que, pour Lukács, seule la philosophie marxiste de l'histoire détermine un destin possible pour l'humanité ; Ernst Bloch escompte du communisme qu'il puisse permettre la concrétisation des espoirs utopiques contenus dans l'art ; quant à Benjamin, Marcuse et Adorno, influencés par la conception marxiste de l'histoire, mais violemment hostiles au marxisme dogmatique ainsi qu'à ses réalisations historiques et politiques, ils espèrent, sans trop y croire, un bouleversement des structures de la société capitaliste capable de mettre un terme à l'aliénation des formes de vie contemporaines.

D'autre part, ce même diagnostic sur le déclin de la civilisation donne lieu à des évaluations différenciées portant sur la signification de l'art moderne et sur le rôle des avant-gardes. Nous signalions, précédemment, la polarisation des attitudes qui caractérise le tournant *politique* de l'esthétique : ou bien l'on considère l'art moderne et la dislocation des formes traditionnelles comme un reflet de la décadence de la société occidentale, ou bien l'on voit en eux un mode d'expression privilégié grâce auquel les artistes adoptent une position critique vis-à-vis de la réalité et dénoncent précisément ce qu'il est advenu du monde dans l'espoir de le transformer.

Tel est, dans ses grandes lignes, l'enjeu d'un débat esthétique à répétition qui se prolonge paradoxalement jusqu'au seuil des années 80, alors même que l'évolution de l'art contemporain, désormais indifférent au problème de la forme et du contenu et jouissant d'une entière autonomie, a rendu caducs les arguments des principaux protagonistes des années 30.

Toutefois, le caractère excessif des positions adoptées à l'époque, entre ceux qui refusent l'art moderne, notamment Lukács et Heidegger, et ses partisans convaincus et parfois acharnés, en particulier Benjamin, Marcuse et Adorno, permet d'éclairer certaines formes d'incompréhension ou de rejet qui frappent l'art actuel. Le contexte est, certes, différent ; il est, du moins en apparence, moins politique et moins idéologique. Mais chacun est en mesure de constater la déstabilisation de la théorie esthétique face au développement sans précédent d'une culture planétaire : la mise en cause de la modernité, l'exigence d'un retour aux valeurs classiques, la dénonciation du « n'importe quoi » et la dissolution des critères de jugement désorientent aussi bien la critique d'art que le public.

S'il est clair que les anciennes controverses théoriques ne livrent pas de réponses toutes faites à ces problèmes, elles aident à comprendre leur genèse et à mieux saisir pourquoi ceux-ci se posent de nos jours avec une telle acuité.

GEORGES LUKÁCS
ET LA QUESTION DU RÉALISME

On se souvient que, pour Hegel, l'art grec doit sa qualité de modèle inégalable à l'adéquation parfaite entre la forme et le contenu des œuvres. Qu'il s'agisse de la statuaire ou de la tragédie antique, cet art représente la réalisation historique de l'idéal classique, autrement dit, selon Hegel, la perfection par excellence.

On a rappelé l'attitude très hégélienne de Marx : il reprend à son compte l'idée de l'art grec comme modèle insurpassable et il s'étonne que des formes artistiques apparues à un stade d'évolution sociale archaïque puissent encore être sources de plaisir et de jouissance esthétiques. Cette question, Marx ne la résout pas ; elle demeure en suspens, telle une énigme devant constituer à jamais une sorte de mystère de l'art.

Dès ses premiers écrits, c'est ce problème que Georges Lukács (1885-1971), celui qu'on a appelé le « Marx de l'esthétique », prend en charge : comment concilier la valeur éternelle de l'art avec son carac-tère historique ? Comment des normes esthétiques, nées en un lieu, à une époque déterminée, et donc périssables au cours de l'histoire, peuvent-elles cesser d'être historiques et parvenir à s'imposer au cours des siècles, voire des millénaires, telles des valeurs supposées éternelles ?

Lukács esquisse un début de réponse dans *L'âme et les formes* (1910). Le thème central de cet essai concerne la relation entre l'âme humaine et l'absolu et la possibilité, pour l'individu, de donner un sens fondamental, essentiel, à sa vie. Or la vie actuelle, aliénante, désabusée, dépourvue d'idéal, est inauthentique. Il n'est plus possible de lui donner une forme, aussi bien dans la réalité, dans l'expérience vécue, qu'en littérature, et plus généralement dans l'art. L'artiste n'est-il pas celui qui élabore et *met en forme* les données brutes de la vie empirique afin de suggérer une vie, illusoire certes, mais plus *essentielle* que la vie réelle ?

L'art, la littérature, par exemple l'épopée ou la tragédie, ne visent-ils pas à réconcilier, au sein d'une forme dramatique, la vie concrète, empirique, sensible — la *vie* — et les essences, les valeurs ultimes, l'absolu — *la* vie ? Mais dans une existence désormais dépourvue de toute transcendance, privée de Dieu et des dieux, et qui n'évoque plus les temps « bienheureux » de la Grèce antique, quelle forme — demande Lukács — est susceptible d'accueillir et d'exprimer cette tragique séparation entre la vie concrète et l'aspiration à l'absolu ? Ne serait-ce pas l'*essai*, forme intermédiaire entre la littérature et la philosophie, qui n'est ni la poésie, trop liée à la sensibilité, ni le traité, beaucoup trop froid, abstrait et trop dépendant des concepts ?

De fait, pour Lukács, si l'on considère les grands essayistes du passé, Montaigne, Pascal et Kierkegaard, on voit que la forme littéraire de l'essai, autonome, fragmentaire et aphoristique, s'est révélée particulièrement adéquate à l'expression de la vision tragique de ces grandes consciences solitaires et authentiques, angoissées devant la vie et la réalité du monde. Certes, l'essai ne résout rien, il ne donne pas de point de vue global sur le sens de l'existence, il constate, mais il témoigne indirectement d'une prégnante nostalgie pour la totalité perdue. Après le déclin de l'épopée homérique, il reste la forme qui recueille au plus juste la tragédie du divorce entre la *vie* et *la* vie, entre l'essentiel et l'inessentiel, entre l'authentique et l'inauthentique ; on a presque envie de parler du tragique de la séparation entre le monde des Idées et sa pâle copie dans la réalité, et d'évoquer la coupure platonicienne entre l'intelligible et le sensible, pour autant que Lukács lui-même considère Platon comme l'un des premiers auteurs essayistes connus.

Lukács détient ainsi un élément de réponse à l'interrogation de Marx : l'art qui perdure au mépris de l'histoire est celui qui, de tout temps, une fois oubliée la félicité de la Grèce originelle, met en forme la tragédie fondamentale de l'existence humaine. Cette forme n'est pas une norme *éternelle*, mais *essentielle* : elle traduit le drame permanent et atemporel de l'individu prenant conscience que la vie est « une anarchie du clair-obscur », que « rien en elle ne s'accomplit totalement » et que « jamais quelque chose ne va jusqu'à son terme ».

Est-ce le pressentiment d'une catastrophe imminente qui pousse Lukács à témoigner, en 1911, d'un pessimisme et d'une conscience de la mort qui

semblent répondre en écho aux premières provocations avant-gardistes : « La vraie vie est toujours
irréelle, toujours impossible pour la vie empirique.
Quelque chose resplendit, tressaille, étincelant par-
delà ses sentiers battus ; quelque chose qui perturbe
et séduit, quelque chose de dangereux et de surprenant, le hasard, le grand instant, le miracle. Un enri-
chissement et une perturbation : cela ne peut durer,
on ne pourrait le supporter, on ne pourrait vivre sur
ses hauteurs — sur les hauteurs de la vie propre, des
possibilités ultimes et propres. On doit retomber
dans l'apathie ; on doit renier la vie pour pouvoir
vivre[1] » ?

Entre 1914-1915, la catastrophe a cessé d'être une
virtualité, et Lukács achève la rédaction de son
grand ouvrage, l'un des plus connus, en pleine
guerre, *La théorie du roman*. Le mythe originel de la
Grèce constitue la toile de fond sur laquelle Lukács
déroule l'évolution historique et philosophique des
grandes formes épiques. Cette Grèce est celle de
l'épopée, des temps bienheureux qui pouvaient « lire
dans le ciel étoilé la carte des voies qui leur sont
ouvertes et qu'ils ont à suivre ».

Mais cette Grèce est aussi celle du platonisme, de
la pensée « la plus profondément antigrecque »,
c'est-à-dire celle des débuts de la philosophie. Or la
philosophie est toujours « le symptôme d'une faille
essentielle entre l'intérieur et l'extérieur, significative
d'une différence essentielle entre le moi et le monde,
d'une non-adéquation entre l'âme et l'action[2] ».

---

1. Georges Lukács, *L'âme et les formes*, Paris, Gallimard, 1974,
traduction, notes introductives et postface de Guy Haarscher,
p. 247.
2. Georges Lukács, *La théorie du roman*, Paris, Gallimard, Tel,
1990, trad. Jean Clairvoye, p. 20.

Pour Lukács, l'époque présente est plus que jamais celle de la philosophie, c'est-à-dire de l'oubli des origines, de l'essence ; temps de nostalgie où « le ciel étoilé de Kant ne brille plus que dans la sombre nuit de la pure connaissance », où il cesse d'« éclairer le sentier d'aucun homme » ; et, « dans le monde nouveau, être homme, c'est être seul », précise Lukács[1]. La question est de savoir quel type de littérature, quel art, quelle forme esthétique conviennent désormais à cette civilisation occidentale déchirée, à supposer qu'il lui soit encore possible de donner un sens à sa destinée.

Dans *L'âme et les formes*, Lukács privilégie l'essai, mais la forme essayiste est limitée ; elle n'est que l'expression du refus des consciences solitaires aspirant vainement à l'essence. Or l'époque moderne exige des expressions littéraires capables de correspondre à des attitudes humaines cohérentes et susceptibles d'exprimer la totalité « extensive » de la vie. Chez les Grecs, l'épopée homérique jouait parfaitement ce rôle ; elle rendait compte de cette totalité, avec beaucoup d'évidence et de naturel ; elle renvoyait l'image idyllique d'une harmonie entre l'homme et la nature, entre les créatures et les dieux, entre la vie ici-bas et la transcendance de l'au-delà.

Mais rien de tout cela n'est plus possible. Lukács tire les leçons de Hegel et de Marx : l'épopée (homérique) — tout comme la tragédie de type classique — est une forme littéraire propre à l'enfance et à la jeunesse de l'humanité, et donc à une époque révolue. Aujourd'hui, seule convient une autre grande forme épique, à savoir le roman, « forme littéraire de la maturité virile ». Pourquoi le roman ? Parce qu'à la

1. *Ibid.*, p. 28.

grande différence de l'essai, qui atteste l'impossibilité d'accéder à la réconciliation et à la totalité, le roman repose sur l'action d'un héros, par exemple un fou ou un criminel, capable d'incarner et d'assumer les aspects les plus contradictoires de l'existence, autrement dit la totalité de la vie. Ainsi, Lukács définit le héros romanesque comme « problématique » ; ce héros est le plus souvent la projection du romancier lui-même dans son œuvre, prisonnier du monde social et culturel — monde « conventionnel » et réifié — mais en quête permanente et désespérée de l'absolu et de valeurs authentiques.

Destinée à servir d'introduction à une étude sur Dostoïevski, *La théorie du roman* amorce déjà un tournant décisif dans l'itinéraire intellectuel et philosophique de Lukács. La recherche de formes littéraires capables de dépeindre la décadence du monde occidental contemporain, et notamment de la société bourgeoise, signifie que le philosophe abandonne la référence au modèle d'une Grèce mythique, fort éloignée des réalités présentes, comme s'il y avait, en quelque sorte, épuisement de la nostalgie à l'égard d'un univers irrémédiablement perdu. Mais s'immerger dans l'histoire et la société contemporaines par le biais d'une forme romanesque et grâce au truchement d'un héros confronté à des situations qui le dépassent, c'est considérer que l'individu n'est plus le seul maître de sa destinée : celle-ci appartient désormais à la communauté dont il dépend, et à une histoire, précisément, dont il importe de changer le cours.

La théorie du roman ne développe pas plus avant cette perspective. Elle se contente de l'évoquer en prenant appui sur Tolstoï et Dostoïevski. Lukács pose simplement la question de savoir si le roman

reste la forme adéquate à l'ère de la « parfaite culpabilité » ; cette forme est-elle bien représentative d'un
monde déchiré qui réduit toutes choses humaines, y
compris l'homme, à l'état de simples objets assujettis
à des intérêts politiques et économiques ?

Ou doit-on déjà pressentir, comme chez Tolstoï,
l'émergence d'une « nouvelle époque de l'histoire
mondiale ». Chez l'auteur d'*Anna Karénine*, cette ère
nouvelle n'apparaît qu'en filigrane, simple esquisse,
abstraite et nostalgique. La perspective d'un changement est plus nette chez l'auteur de *Crime et châtiment*, où les contours du monde nouveau sont tracés
de façon objective. Lisons ce beau passage qui clôt
La théorie du roman : « [Dostoïevski] appartient au
monde nouveau et seule l'analyse formelle de ses
œuvres pourra montrer s'il est déjà l'Homère ou le
Dante de ce monde ; [...] s'il n'est qu'un commencement ou déjà un accomplissement. Et c'est alors seulement que l'interprétation historico-philosophique
aura pour tâche de dire si nous sommes effectivement sur le point d'abandonner l'état de parfaite
culpabilité ou si de simples espérances annoncent le
début d'une ère nouvelle — signes d'un avenir encore
si faible que la force stérile de ce qui se borne à exister peut toujours l'anéantir comme en se jouant[1]. »

En 1918, Georges Lukács adhère au récent Parti
communiste hongrois, deux ans avant la parution de
La théorie du roman. Dans *L'âme et les formes*,
Lukács s'était passionné pour le geste de Kierkegaard, rompant ses fiançailles avec Régine Olsen,
préférant simuler la vie du séducteur, avide de jouissances sensuelles, plutôt que vivre de façon inau-

1. *Ibid.*, p. 155.

thentique dans la tromperie et le mensonge. Geste existentiel, décisif, grâce auquel le philosophe donnait un sens définitif à sa vie, la *formait* dans l'espoir d'accéder à l'absolu. Lukács suspectait l'entreprise kierkegaardienne d'inauthenticité : une décision brutale, un choix aussi tranchant ne pouvaient dissiper toute équivoque.

Le geste d'adhésion de Lukács au marxisme, concrétisé par la publication, en 1923, d'*Histoire et conscience de classe*, est incontestablement un geste authentique, et pourtant il fait peser sur l'œuvre ultérieure du philosophe une équivoque que lui-même ne parviendra jamais à dissiper. Il n'est pas dans notre propos d'exposer ni de commenter, même sommairement, les thèses politiques et philosophiques de cet ouvrage. Condamné par l'orthodoxie communiste qui juge le texte trop idéaliste, *Histoire et conscience de classe* incite Lukács à l'autocritique sans jamais éviter le piège de l'ambiguïté qui lui vaut d'être traité de révisionniste à l'Est et de stalinien dogmatique à l'Ouest.

Ce qui nous intéresse ici, en priorité, c'est l'idée qu'*Histoire et conscience de classe* correspond à un tournant politique spectaculaire dans la pensée esthétique de Lukács. L'espoir d'un retour à la vie authentique repose désormais sur la révolution, sur le prolétariat, sur l'histoire comme ouvrant l'horizon d'une réconciliation entre l'homme et le monde, entre les individus et la société. Peut-être n'est-il pas exagéré de dire que la révolution prolétarienne accomplit désormais, pour Lukács, les exigences de l'Idée hégélienne, et que la société joue le rôle de principe transcendant dont l'absence est si douloureusement ressentie dans *L'âme et les formes* et dans *La théorie du roman*. Dès lors, une seule voie s'ouvre à l'art : non pas celle des avant-gardes occidentales qui se complaisent dans l'expression de la déchéance du capitalisme et peignent de façon affligeante l'angoisse de l'individu ; non pas celle du romantisme révolutionnaire qui se satisfait béatement du portrait idyllique des héros prolétariens ; non pas celle du réalisme socialiste, asservi à la politique du Parti, réalisme vulgaire prôné à partir de 1934 par Staline et Jdanov, mais celle d'un réalisme bien compris dans la ligne du grand réalisme critique du XIXᵉ siècle. L'art a pour tâche de mettre en forme l'image de la réalité telle qu'elle se reflète dans la conscience des hommes. Et lorsque ces hommes se représentent une réalité transformée par la révolution, l'art doit tendre à une reproduction reflétant fidèlement le réel.

Cette théorie du reflet, chez Lukács, ne signifie pas que l'on doive copier minutieusement la réalité pour aboutir à une figuration naïve et schématique selon les conceptions étroites de la doctrine officielle du Parti. La réalité reflétée n'est pas un cliché photographique ; c'est une réalité transfigurée par la conscience des hommes et nourrie par leur imagination. L'artiste authentiquement réaliste construit la réalité à partir d'un détail, d'un élément typique, particulier, pour aboutir à l'essentiel, à la totalité. Si Zola, contrairement à Walter Scott, Balzac ou Thomas Mann, ne reçoit pas l'assentiment de Lukács, c'est parce que son naturalisme des détails et des événements parfois sordides de la vie quotidienne relève surtout du reportage social ; ces « détails » restent abstraits, ils ne sont pas réintégrés dans la totalité d'une œuvre cohérente.

Reste donc l'épineuse question du formalisme, terme péjoratif sous lequel Lukács regroupe l'ensemble des expérimentations formelles de l'art moderne et des avant-gardes expressionnistes, dadaïstes ou surréalistes.

Il est clair que le privilège accordé par Lukács à l'Idée hégélienne, au contenu déterminé par l'idéal révolutionnaire, ne l'incite guère à soutenir un art considéré comme le reflet de la décadence et de la désintégration du monde moderne. Dès 1934, Lukács dresse la liste des formalistes décadents qu'il évalue à l'aune d'un réalisme balzacien érigé en maître étalon du réalisme critique. Il réitère ses griefs, vingt ans plus tard, dans *La signification présente du réalisme critique*, un mois avant l'intervention des troupes soviétiques à Budapest[1]. S'il dénonce le « dogmatisme » de Staline, il renouvelle sa condamnation de l'avant-garde, symbole du déclin de la bourgeoisie capitaliste, et continue de défendre l'idéal marxiste-léniniste.

La description pessimiste et éclatée de New York dans l'œuvre de l'écrivain américain John Dos Passos, l'auteur de *Manhattan Transfer*, ne saurait répondre à ses critères « réalistes », pas plus que l'« allégorie du néant » dans l'univers absurde, cauchemardesque et fantomatique des nouvelles de Kafka, l'absence de perspective historique dans les romans de Robert Musil, ou bien le « schématisme » abstrait des pièces de Samuel Beckett. À la technique de la libre association employée par James Joyce

---

1. En 1956, Lukács, alors ministre de la Culture, participe à la révolution hongroise. Arrêté, déporté quelques mois en Roumanie, il est réhabilité par Janos Kadar en 1957. Dans les années 60, Lukács devient le maître à penser de l'École de Budapest. Les travaux de l'école contribuent grandement à saper l'idéologie stalinienne ; ses représentants militent activement pour l'émancipation de la Hongrie et entrouvrent ainsi la voie à un socialisme démocratique.

dans les monologues d'*Ulysse*, qu'il juge esthétisante et artificielle, il oppose la « composition authentiquement épique » des romans de Thomas Mann. Il reformule ses griefs contre l'expressionnisme et contre le formalisme des pièces de Bertolt Brecht.

Ces positions conservatrices se retrouvent en peinture : elles s'arrêtent aux impressionnistes et à Cézanne et refusent Matisse et Picasso ; en musique : elles rejettent l'expressionnisme d'Arnold Schönberg, et, plus généralement, le dodécaphonisme de l'École de Vienne.

Les révélations des purges staliniennes, la lecture de Soljénitsyne et la déstalinisation ne modifient guère ses convictions marxistes. Lukács demeure persuadé de l'existence d'une voie socialiste, celle d'un marxisme occidental, non dogmatique et non autoritaire, reposant sur des bases humanistes. Tout au plus, ces événements l'incitent-ils, dans son grand ouvrage *La particularité de l'esthétique* (*Die Eigenart des Aesthetischen*) publié en 1963[1], à nuancer la sévérité de ses jugements antérieurs sur Kafka, Brecht, Ionesco ou Bartók. Mais sa philosophie de l'art reste résolument fondée sur les notions aristotéliciennes de mimésis et de catharsis ; une catharsis qu'il considère comme la catégorie fondamentale de l'esthétique. Dès lors, il n'est pas surprenant que seules reçoivent son assentiment les œuvres qui n'acceptent ni le chaos, ni l'incohérence, fussent-ils l'un et l'autre l'expression du désordre du monde.

Nous parlions plus haut de l'équivoque du geste de Lukács : allusion à son adhésion au marxisme et au tournant politique de son esthétique au début des années 20, en pleine période avant-gardiste.

1. Mais toujours non traduit en français !

Un étrange paradoxe plane en effet sur cette œuvre qui fut l'une des premières du xxᵉ siècle à percevoir les ruptures de la modernité. Les ouvrages dits de jeunesse, *L'âme et les formes*, l'*Esthétique de Heidelberg* (1912-1914), *La théorie du roman*, constituent de pénétrantes et parfois poignantes méditations[1] sur les dissonances du monde actuel, sur le concept de nouveauté, pour finalement méconnaître la signification à la fois artistique *et* politique de l'art moderne.

Lukács n'a pas admis l'idée que les expérimentations formelles puissent aller dans le même sens que son combat et visent elles aussi à dénoncer et à critiquer, par d'autres moyens non « mimétiques », la « déréliction », c'est-à-dire le sort de l'homme moderne, « jeté-là » dans un monde désenchanté et déshumanisé. C'est pourtant cette vibrante sensibilité aux dissonances et aux défigurations d'un univers mutilé qui influence profondément, dans les années 20, l'orientation philosophique et esthétique de penseurs tels Walter Benjamin et Theodor Adorno.

HEIDEGGER
ET LE RETOUR AUX ORIGINES

Les écrits de Martin Heidegger (1889-1976), consacrés à l'art, en particulier à la poésie, livrent un autre exemple du tournant « politique » de l'esthéti-

---

1. *L'âme et les formes* est dédié à un amour de jeunesse de Lukács, Irma Seidler, qui se suicida.

que dans la première moitié du xxe siècle. Ils traduisent également cette polarisation des attitudes et des prises de position négatives à l'encontre de l'art moderne que nous avons rencontrée chez Georges Lukács.

Au-delà des oppositions politiques et des antagonismes idéologiques, le cheminement intellectuel des deux penseurs présente de nombreuses similitudes. L'un et l'autre, héritiers de la phénoménologie, représentent deux courants majeurs de la philosophie moderne, le matérialisme dialectique, pour Lukács, et l'existentialisme, pour Heidegger. Tous les deux ont adhéré ou se sont ralliés aux deux grandes idéologies totalitaires du siècle, au stalinisme et à l'hitlérisme. Chacun a eu le souci de garder une posture proprement philosophique en adoptant une distance prudente — et donc équivoque — vis-à-vis des réalisations politiques concrètes de ces idéologies.

Avant que leur pensée n'emprunte des voies divergentes, leur conception de la philosophie de l'histoire et le diagnostic qu'ils portent sur leur époque procèdent d'une même analyse. On se souvient du profond pessimisme qui assombrit les premiers ouvrages de Lukács, *L'âme et les formes* et *La théorie du roman* : une « parfaite culpabilité » règne sur le monde en déclin, l'homme erre sur des sentiers que n'éclaire plus le ciel étoilé, l'univers de la dissonance est privé de Dieu et de toute transcendance, les temps bienheureux sont terminés, et l'homme ne peut plus accéder à l'essentiel, à l'harmonie, à la totalité. Seul le marxisme peut ouvrir à l'homme l'horizon d'un monde nouveau.

Cette description affligeante de la réalité existante, au « monde vécu », selon l'expression de Husserl, se retrouve quasiment à l'identique chez Heidegger. Le

« monde vécu » n'est autre que l'environnement maîtrisé par la science et par la théorie, réquisitionné et arraisonné par la technique et l'industrialisation. Une telle décadence résulte d'un long processus qui remonte non pas à la nuit des temps, mais à la Grèce socratique et platonicienne. Elle est liée à l'émergence progressive de la modernité et s'accélère tout au long d'étapes décisives : cartésianisme, esprit des Lumières, scientisme et positivisme.

Cette évolution ne correspond certes pas, pour Heidegger, à un progrès, mais à une lente et irrésistible chute dans la modernité. D'autant qu'elle s'accompagne de l'émancipation progressive du sujet, du triomphe de la raison et de la victoire de la rationalité dans sa domination irréversible de la nature. L'idée qu'une sorte de fatalité pèse sur la pensée occidentale évoque assurément le nihilisme nietzschéen, point d'aboutissement auquel conduit la perte du sens métaphysique.

La question ontologique, celle de l'Être dorénavant perdu, oublié par l'homme, est au centre de la philosophie heideggérienne. L'émergence de la subjectivité, l'autonomisation progressive de l'individu, qui nous sont apparues comme des phénomènes historiques bénéfiques en esthétique, sont considérées par Heidegger comme les signes patents du déclin : l'homme a non seulement éradiqué les mythes, liquidé la théologie, mais il a coupé la voie qui le conduisait à l'essence des choses, y compris à son essence propre. Le résultat, autrement dit la malédiction des temps présents, c'est la déréliction, l'homme jeté-là, condamné à une vie inauthentique (*uneigentlich*), dans un monde devenu inintelligible qui le livre, pieds et poings liés, à la science, à la logique, à l'utilitarisme, aux exigences d'une raison contraignante. Le sujet aliéné, comme dit Lukács, devient, pour Heidegger, un être-là (*Dasein*), immergé dans une réalité, un étant (*das Seiende*) hostile, oublieux de la totalité, c'est-à-dire coupé de l'Être (*das Sein*).

On comprend, dès lors, l'angoisse de l'homme, prisonnier d'un monde inhospitalier, habité en permanence par la peur, préoccupé par le souci que représente la perte de l'Être. Mais cette situation est paradoxale, car l'angoisse, la peur et le souci sont autant de preuves de son existence. Preuves négatives, douloureuses mais qui attestent, par le fait même, l'aspiration permanente de l'homme, du *Dasein*, à l'Être.

Quelles chances l'homme a-t-il de recouvrer son authenticité ? En vérité, elles sont bien minces. Elles reposent sur sa capacité de continuer à philosopher ou plutôt sur sa décision de poursuivre sa méditation métaphysique. Choix palliatif, qui lui évite de sombrer dans l'ennui sécrété en permanence par l'étant, par la réalité. Choix provisoire puisque, de toute façon, seule la mort restitue l'être-là, le *Dasein*, dans son intégralité et dans son authenticité.

Il existe toutefois une autre possibilité offerte à cet être-pour-la-mort, voué à un destin funeste et imprévisible, conscient d'une finitude qui confère sens et authenticité (tardive !) à son existence ; cette possibilité est celle que donne la parole poétique d'« habiter poétiquement sur cette terre ».

Heidegger cite fréquemment cette phrase du poète Hölderlin, créateur de la parole poétique par excellence. Selon lui, Hölderlin possède ce pouvoir de nommer les dieux et « toutes choses en ce qu'elles sont » ; il nomme, autrement dit, leur essence, et c'est ainsi que la poésie est « fondation de l'Être par la parole ».

Le dire poétique a cette vertu d'échapper à la réalité, à cet étant voilé, dissimulé et défiguré par la technique ; il accède à la vérité, donc à l'Être. Seul le poète, dont la « vocation est le retour », permet de revenir à « la proximité à l'origine ». L'« origine » étant avec le mot « retour » l'un des concepts les plus importants de la philosophie et de l'esthétique heideggériennes, essayons d'élucider ce que veut dire ici le philosophe.

Le seul texte dans lequel Heidegger expose véritablement ses conceptions esthétiques s'intitule l'*Origine de l'œuvre d'art*. L'ouvrage est consacré principalement à la création poétique, à partir d'une lecture de Hölderlin. Le choix de l'auteur des *Hymnes*, d'*Empédocle*, d'*Hypérion* ne doit évidement rien au hasard. Souvenons-nous du climat intellectuel des premiers romantiques allemands, de ce désir commun à Novalis, à Goethe, à Schelling, de puiser leurs sources d'inspiration dans la Grèce antique ! Il s'agissait de restaurer la littérature et la culture allemandes et d'établir les nouvelles règles de l'art poétique allemand. Or nul mieux que Hölderlin n'a chanté le désespoir devant les ruines d'Athènes, ce paradis perdu, patrie de Platon et de Diotime, « fille du ciel », héroïne du *Banquet*, mais surtout amour malheureux du poète.

Hölderlin, c'est aussi celui qui rêve d'une réconciliation entre la Grèce et l'Hespérie, c'est-à-dire non seulement l'Italie (pour les Grecs anciens), mais aussi son pays natal, la Souabe, l'Allemagne, et l'Occident tout entier. L'important, dans le voyage temporel qui conduit au cœur de la Grèce, de ses mythes, de ses dieux et de son art, et qui nous rapproche de l'origine, c'est moins l'aller que le retour. Comme le précise Heidegger : « Lorsqu'elle pense au voyage à l'étranger, comme voyage, essentiellement, c'est au lieu d'origine, en tant qu'il est essentiellement lieu, que pense la pensée fidèle[1]. »

Retour, donc, au pays natal, dans la Germanie. Si Hölderlin apparaît aux yeux de Heidegger comme le héraut de l'âme germanique et de ses aspirations, c'est parce qu'il célèbre le retour sur la terre des ancêtres, sur le sol allemand, après ce voyage dans les proximités de l'Être. Mais dans l'interprétation de Heidegger, les frontières de l'Hespérie se sont rétrécies : il ne s'agit plus de l'Occident confronté à l'Orient, ou au Sud, mais de la seule nation allemande en quête d'un destin historique. Les poètes, comme Hölderlin, fondent l'habitation originelle, la « demeure », dit Heidegger ; mais il ajoute : « Ce demeurant prépare le lieu capable d'histoire, où l'humanité allemande doit d'abord apprendre à être chez elle, afin que, lorsque le temps sera venu, elle puisse séjourner dans un moment d'équilibre du destin[2]. »

L'art, principalement la poésie, permet ainsi au peuple allemand d'accomplir son destin historique. Et cet art doit être au plus proche de l'origine ; il doit remonter à l'époque qui précède la « modernité » platonicienne, aux présocratiques, avant même que ne s'amorce la chute de la métaphysique.

Cette esthétique du futur, qui rêve d'un art néoclassique et présocratique, ne ménage aucune place pour l'art moderne, né avec la philosophie,

1. Martin Heidegger, *Approche de Hölderlin*, Paris, Gallimard, 1962, trad. H. Corbin, M. Deguy, F. Fédier, J. Launay, p. 192.
    2. *Ibid.*

corrompu par la technique et de surcroît mondialisé, autrement dit « dégermanisé ». En quittant le sol allemand, les œuvres d'art modernes et les productions avant-gardistes ont perdu leur contact privilégié avec le « populaire » et le « national ». Elles ont signé un contrat funeste avec la technique et la science universelles qui, seules, aujourd'hui, règlent les conditions inhospitalières du séjour de l'homme sur la terre.

Nous sommes partis des similitudes entre la pensée de l'origine chez Heidegger et les fondements de la philosophie de l'art chez Lukács. Le « Marx de l'esthétique », lui aussi, puise aux sources de la Grèce antique. Mais il nous faut conclure maintenant sur des différences à l'évidence irréductibles.

Le tournant marxiste de Lukács brise définitivement le rêve d'un retour à une Grèce classique et celui de la résurrection de l'idéal antique dans le monde de la dissonance. L'œuvre « réaliste » doit répondre aux critères de la totalité et de la cohérence formelle, mais la forme porte toujours les stigmates de la souffrance de l'individu, du particulier, dans l'horizon d'une victoire collective des forces révolutionnaires.

L'horizon esthétique de Heidegger reste dominé par la répétition : répétition exceptionnelle, de la part de quelques hommes d'élite, poètes, philosophes, hommes d'État, frappés du sceau d'un destin hors du commun, et capables de reproduire, pour un temps, ce qui fut vécu, jadis, dans la Grèce d'Héraclite, deux mille cinq cents ans avant notre ère.

À plusieurs reprises, au cours de sa vie, Heidegger s'avoue embarrassé devant la question de l'art moderne. Mais ses lecteurs risquent fort, eux aussi, de rester perplexes devant l'inquiétante éventualité à laquelle il nous prépare : celle d'une renaissance inopinée d'une Grèce archaïque et mythique qui n'a jamais existé ailleurs que dans ses fantasmes.

Le versant tragiquement caricatural de l'opposition entre Lukács et Heidegger, c'est l'affrontement entre les deux idéologies totalitaires qui ont plongé le XXᵉ siècle dans l'horreur. Mais on quitte le domaine de la spéculation théorique pour entrer dans celui de l'histoire réelle. Les doctrines politiques n'hésitent guère à réquisitionner les systèmes philosophiques qui servent au mieux leurs intérêts. Ce fut le cas du stalinisme et du nazisme. Lukács et Heidegger n'ont pas échappé à la règle, quels que soient, par ailleurs, le degré de leur engagement personnel et leur responsabilité d'intellectuels impliqués dans les conflits de leur temps.

Mais cet antagonisme entre les deux philosophes a aussi un côté paradoxal, à savoir leur refus commun de l'art moderne et leur condamnation des mouvements d'avant-garde. Paradoxe toutefois cohérent au regard des conflits idéologiques de leur époque : l'art moderne ne fut-il pas classé dans la catégorie de l'*art décadent* par le stalinisme et dans celle de l'*art dégénéré* par le nazisme ? Et ce paradoxe perdure après la Seconde Guerre mondiale, au moment où rênaît, dès 1945, une seconde vague avant-gardiste encore traumatisée par le souvenir des récentes chasses aux sorcières déclenchées par les totalitarismes contre les artistes modernes.

Toutefois, il ne s'agit plus d'un affrontement entre les nostalgiques de l'Antiquité ou de l'Être et les promoteurs d'un art du futur. L'apparition de nouvelles formes d'art, le recours à des techniques avancées, l'influence de l'esthétique industrielle, le développe-

ment d'un marché de l'art international, l'action des
médias sur la reproduction et la diffusion obligent,
comme nous le signalions dans le chapitre précédent, à une redéfinition des enjeux de l'art.

Parler d'enjeu culturel et traiter de l'aspect éducatif, pédagogique et économique de l'art, qu'il soit
passé, moderne ou contemporain, est aujourd'hui
chose courante ; dès les années 70, cet enjeu, devenu
prédominant dans le cadre de la démocratisation de
la culture, a relégué parmi les vieilleries les affronte-
ments entre « réalistes » et « formalistes » — pourtant vifs jusqu'au seuil des années 60 — ainsi que les
controverses interminables, qui firent les beaux
jours des lendemains de Mai 68, entre l'art bourgeois
« conservateur » et le radicalisme avant-gardiste,
souvent utopique.

Mais si cet enjeu culturel est l'objet d'un intérêt
relativement récent, son importance n'échappe pas
à l'attention des penseurs qui, dans l'entre-deux-
guerres, prennent position en faveur de l'art moderne. Pour nombre d'intellectuels et de théoriciens
européens, promouvoir la nouveauté et les expériences formelles avant-gardistes signifie lutter pour la
liberté de l'art et pour l'autonomie de la sphère
esthétique. C'est aussi réagir à l'opprobre dont la
modernité artistique est victime de la part aussi bien
des extrémismes politiques que du conformisme
bourgeois.

C'est enfin, au-delà des conflits idéologiques, tenter de définir les rapports entre l'art moderne et une
société occidentale en cours de profonde mutation
sociale, économique, scientifique et technologique,
qui rêve de démocratie au moment où celle-ci apparaît de plus en plus menacée.

Ces préoccupations rejoignent des thèmes déjà

rencontrés chez Marx, chez Nietzsche et chez Freud. Elles traduisent les espoirs et les inquiétudes d'une époque qui s'interroge sur le sens de la modernité et sur la signification même du terme « moderne ». Espoir chez Marx, qui imaginait une société future, communiste, dans laquelle il n'y aurait plus d'artistes parce que tout le monde pourrait s'adonner librement à l'art ; inquiétude chez Nietzsche, transformée en nihilisme devant le déclin de l'Occident ; angoisse chez Freud devant le malaise d'une culture prête à s'autodétruire.

Les œuvres de Walter Benjamin (1892-1940), de Herbert Marcuse (1898-1979) et de Theodor Adorno (1903-1969) portent témoignage de ces sentiments contradictoires et ambigus que leur inspirent l'évolution de la société capitaliste et le rôle que celle-ci assigne à l'art moderne. Formés à l'école du marxisme et de la phénoménologie, ces contemporains de Lukács et de Heidegger rejettent radicalement l'orthodoxie communiste, condamnent le modèle soviétique, tout en livrant combat contre la montée du fascisme en Europe.

À l'affût de toutes les dérives totalitaires, ces philosophes, coincés entre deux apocalypses, concentrent leurs analyses sur la genèse des crises politiques, morales et culturelles qui risquent en permanence d'ébranler les fondements mêmes de la démocratie. Sans doute est-ce à l'acuité d'un regard qui porte loin dans l'histoire que ces philosophes, notamment Benjamin et Adorno, doivent l'intérêt qu'on leur porte aujourd'hui.

WALTER BENJAMIN
ET L'EXPÉRIENCE ESTHÉTIQUE

L'esthétique de Walter Benjamin, traducteur de Proust et de Baudelaire, ne s'est jamais exprimée sous la forme d'un ouvrage cohérent, encore moins sous l'aspect d'un traité. À l'image de son gigantesque ensemble de citations consacrées aux passages parisiens à la fin du XIXe siècle, dans la capitale transformée par le baron Haussmann, ses réflexions éclatées et fragmentaires procèdent par thèmes, apparemment sans relations entre eux : Berlin, la photographie, le cinéma, le haschisch, Hölderlin, Goethe, Kafka, le dadaïsme, le surréalisme, Fourier, l'architecture de verre, Moscou, la traduction, la critique d'art, etc.

Le seul lien dans cette diversité réside dans le désir du philosophe de saisir les multiples facettes de ce phénomène ambigu qu'on nomme modernité, mélange de vestiges archaïques et de rêves futuristes. Le parcours intellectuel de Walter Benjamin ressemble à sa vie, imprévisible, voire chaotique, itinérant, nomade par nécessité, mais jamais incohérent[1].

Durant ses études, il s'avoue séduit par les thèses

---

1. Les notes suivantes relatives à la vie de Walter Benjamin sont nécessairement incomplètes. Il en faudrait plus pour décrire l'étrange destinée de ce philosophe qui, fuyant le nazisme, se suicide dans les Pyrénées, victime du chantage d'un policier espagnol, alors même qu'il consentait, enfin, à rejoindre ses amis aux États-Unis, via l'Espagne.

de l'historien d'art Aloïs Riegl[1] et sa conception du vouloir artistique ; il se passionne pour *L'âme et les formes* de Lukács, s'initie à la phénoménologie de Husserl, sans jamais cesser de relire Platon et Kant. Son rêve : réconcilier le sérieux du philosophe de Königsberg avec la sensibilité romantique ; analysant la période de l'*Athenaeum* et les œuvres de Fichte, Schlegel, Novalis et Schelling, il soutient sa thèse de doctorat en 1919, précisément sur le « Concept de critique esthétique dans le romantisme allemand ». Sa thèse d'État consacrée à l'*origine du drame baroque allemand* est, en revanche, refusée par l'université de Francfort.

Interdit d'enseignement universitaire, Benjamin vit de façon inconfortable grâce à des articles de critique littéraire, des traductions et des émissions radiophoniques. D'origine juive, il résiste aux sollicitations de son ami d'enfance Gershom Scholem, grand spécialiste de la religion judaïque et de la Kabbale, qui le presse d'émigrer avec lui à Jérusalem. Admirateur d'*Histoire et conscience de classe* de Lukács, ami de Bertolt Brecht, il est déçu par son voyage à Moscou (1926-1927) ; il renonce à tout engagement communiste et reste un sympathisant critique du marxisme.

Lié à Theodor Adorno et à Max Horkheimer, invité à participer aux travaux de l'Institut de recherches sociales consacrés à la théorie critique de la société, il ne parvient pas à s'intégrer véritablement au groupe de la future École de Francfort, obligée de voir en lui un compagnon de route fidèle mais

---

1. Notamment par son ouvrage *L'origine de l'art baroque à Rome*, Paris, Klincksieck, 1993, trad. Sibylle Müller, présentation de P. Philippot.

soucieux de conserver son autonomie. Au carrefour des tendances philosophiques et artistiques de son temps, Benjamin reste « à l'écart de tous les courants », selon l'expression d'Adorno : ni Moscou, ni Jérusalem, ni Francfort !

Paris, la « capitale du XIXe siècle », symbolise pour lui les contradictions de la modernité, celles-là mêmes que Baudelaire parvient à exprimer sur le mode de la création poétique : comment peut-on continuer à écrire des poèmes en pleine révolution industrielle, à l'« apogée » du capitalisme ? C'est à Paris que le conduit finalement l'exil, avec l'espoir de fréquenter le groupe surréaliste. Les relations tournent court, mais il rencontre Louis Aragon, Julien Green, Pierre Jean Jouve, André Gide, Marcel Jouhandeau. Raymond Aron trouve remarquable son essai sur « L'œuvre d'art à l'époque de sa reproduction mécanisée » (rédigé en 1936), et la première version française du texte est établie par Pierre Klossowski, revue par Benjamin lui-même[1].

En quelques pages, Benjamin tente d'analyser l'influence des techniques modernes de reproduction et de diffusion sur l'œuvre d'art. Plus précisément, il se demande si le fait de multiplier une œuvre d'art pour la présenter simultanément à une multitude de spectateurs affecte ou non l'original. La question peut paraître étrange, car l'on ne voit pas en quoi une copie ou une reproduction changeraient quoi que ce soit au modèle premier qui reste original quoi qu'il arrive. Or, selon Benjamin, quelque chose change, qui est moins l'original en lui-même que le rapport entre le public et l'œuvre originale propre-

---

1. L'essai fut traduit ultérieurement sous le titre « L'œuvre d'art à l'ère de sa reproductibilité technique ».

ment dite. Ce quelque chose, il l'appelle « aura »,
sorte de halo qui nimbe certains objets — ou certains êtres — d'une atmosphère éthérée, immatérielle, et qui confère à l'original un caractère
d'authenticité. Une œuvre d'art a été créée à un
moment et en un lieu précis, de façon unique, et
cette unicité explique pourquoi les œuvres d'art
anciennes, celles qu'on trouve dans les lieux de culte,
églises ou sanctuaires, semblent entourées de mystère : garderaient-elles secrètement le souvenir de
leur splendeur passée et de l'effet qu'elles produi-
saient sur ceux qui les contemplaient ? Benjamin
nous rappelle les origines historiques de l'art,
lorsque celui-ci était lié à des pratiques magiques,
rituelles et cultuelles que notre civilisation a
oubliées. Toute tradition se constitue sur la base du
caractère transmissible de l'authenticité et de l'aura
d'une œuvre, et la fonction du rite est précisément
d'aider à cette transmission de l'héritage ancien.

Mais les techniques modernes de reproduction de
masse n'ont plus besoin de cette médiation traditionnelle : elles agissent dans la rapidité et dans la simultanéité. Que leur importe une aura qu'elles ne peuvent d'ailleurs ni conserver ni communiquer ! Ce qui
intéresse l'époque moderne, pragmatique, matérialiste, placée sous le signe de l'argent, c'est de reproduire, d'échanger, d'exposer, de vendre. Le déclin
progressif de l'aura signifie que les œuvres perdent
leur valeur de culte et se voient attribuer une valeur
d'échange qui les rend négociables comme n'importe
quel bien de consommation.

Benjamin interprète donc ce phénomène comme
une déchéance de l'art : la disparition inéluctable de
l'aura entraîne un appauvrissement des expériences
esthétiques fondées sur la tradition et correspond à

un bouleversement culturel sans précédent. Toutefois, il ne s'en tient pas à cet aspect pessimiste. La perte de l'aura n'aurait-elle pas son côté positif ? Les techniques de reproduction, tels la photographie et le cinéma, qui tendent à devenir des arts à part entière, et attirent à elles un public de plus en plus vaste, ne pourraient-elles servir à des fins culturelles et politiques : distraire les masses et en même temps les mettre en garde contre la montée des puissances infernales ?

De nombreux artistes marxistes ou proches du communisme se posent, surtout à partir de 1936, la question urgente de leur engagement dans la lutte contre Hitler. Beaucoup passent outre les recommandations d'André Breton refusant, en 1935, de mettre l'art et la poésie au service d'une cause si juste soit-elle. Picasso peint *Guernica* (1937) au lendemain du bombardement de la ville par l'aviation nazie ; Charlie Chaplin prépare le scénario du *Dictateur*. Le texte de Benjamin est antérieur à ces deux œuvres, mais il connaît les artistes et s'autorise une comparaison : « La possibilité technique de reproduire l'œuvre d'art modifie l'attitude des masses à l'égard de l'art. Très rétrograde vis-à-vis, par exemple d'un Picasso, elle devient extrêmement progressiste, à l'égard, par exemple, d'un Chaplin. »

Autrement dit, le cinéma, technique de reproduction et de diffusion massive, art dépourvu d'aura — prétendument — n'aurait-il pas cet avantage d'être plus efficace que la peinture, même avant-gardiste ? N'est-il pas plus proche des gens, plus démocratique, plus apte à les rendre « progressistes » ?

La perte de l'aura aurait donc deux conséquences, en apparence contradictoires : l'une négative, car elle provoquerait un appauvrissement de l'expérience

fondée sur la tradition ; l'autre positive, car elle favo-
riserait la démocratisation — et la politisation — de
la culture. Mais l'époque, grande dévoreuse
d'espoirs, n'incite guère à l'enthousiasme. L'optimisme de Benjamin tombe assez rapidement, dès
l'année suivante. Seule subsiste l'inquiétude face au
destin de l'art et au sort réservé à la culture.

Les réflexions de Benjamin sur le déclin de l'aura
nous intéressent aujourd'hui encore parce qu'elles
vont au-delà du moment historique où elles sont
nées. Elles rejoignent en effet les préoccupations
contemporaines sur le rôle ambigu des médias vis-
à-vis de l'art et de la culture. Reprenons la seule
définition, un peu énigmatique, qu'il donne de
l'aura : « Qu'est-ce à proprement parler que l'aura ?
Une trame singulière d'espace et de temps : unique
apparition d'un lointain, si proche soit-il. »

Nous avons tous fait cette expérience étrange
d'avoir soudain sous les yeux une œuvre d'art originale. Pendant longtemps, parfois des mois ou des
années, elle nous était devenue familière à force de
la contempler en effigie, par exemple dans des catalogues d'exposition. Loin de nous, elle était devenue,
grâce aux techniques de reproduction, si proche qu'il
nous semblait la connaître dans ses moindres
détails. Pour peu qu'elle nous ait séduits, nous
n'avions plus qu'un seul souhait : la voir en vrai.
Mais une fois devant l'original, deux réactions sont
possibles : l'émerveillement ou la déception. Dans un
cas comme dans l'autre, nous faisons l'expérience de
l'aura. Émerveillés, nous percevons dans l'original ce
quelque chose indéfinissable que la reproduction
était incapable de transmettre : le caractère unique
et authentique d'une œuvre dont nous savons qu'elle
a été faite en un temps et un espace déterminés.

Déçus, nous devons nous dire que la contemplation répétée de sa reproduction a en quelque sorte émoussé notre sensibilité : blasés, nous restons presque indifférents à la nouveauté de l'expérience.

Dans son essai, Benjamin note le besoin croissant du public de « s'approprier l'objet dans l'image et dans la reproduction ». On peut dire que, depuis, la télévision et les nouvelles technologies satisfont largement ce besoin. Mais ne peut-on remarquer l'ambiguïté de la proximité médiatique : souvent, elle nous donne l'illusion de vivre les événements en direct, sur le lieu même. C'est là un phénomène positif puisqu'il accroît notre connaissance. En revanche, cette même proximité est trompeuse : elle incite à nous contenter de cette expérience médiatisée au détriment de l'expérience vécue.

Benjamin met le doigt sur un point sensible de la modernité culturelle : en dépit des multiples possibilités de reproduction, de mémorisation, d'accumulation d'images et de sons, qui parfois nous privent du temps nécessaire pour revoir ou réentendre les enregistrements, notre expérience vécue, sensible, concrète, tend à s'appauvrir. Il appelle cela l'« atrophie de l'expérience ».

Mais il y a plus préoccupant : on pourrait penser que les techniques de reproduction augmentent notre capacité de critiquer l'art, la culture, le monde tel qu'il va (ou ne va pas !), notamment parce qu'elles étendent l'information à un vaste public et non plus seulement à un cercle d'initiés ou de privilégiés. Benjamin, on l'a vu, a cru à cette possibilité. Mais il déchante. « Critiquer », pour lui, comme d'ailleurs pour Baudelaire, est un acte aussi bien politique qu'esthétique. Critiquer une œuvre d'art revient, selon lui, à procéder à son « achèvement », dans

toute l'équivoque du terme : dégager le sens d'une
œuvre, l'interpréter, c'est la terminer. Une œuvre non
critiquée est condamnée à l'indifférence et à l'oubli.

Mais c'est aussi s'efforcer d'épuiser l'ensemble de
ses significations ; autrement dit, c'est la faire mou-
rir de telle sorte que seules restent vivantes, pour le
présent, ces significations mêmes. Une telle entreprise nécessite un savoir considérable dans de nombreuses disciplines. Il ne suffit pas de situer cette
œuvre dans l'histoire, de décrire son milieu, de tra-
cer la biographie de son auteur. Étudiant le drame
baroque allemand du xvIIᵉ siècle, Benjamin a donné
l'exemple : il s'est, pour ainsi dire, immergé dans ces
pièces de théâtre, pratiquement inconnues, peu
jouées car presque injouables, comme s'il avait voulu
lui-même en devenir l'auteur. Il lui a fallu prendre en
compte toutes les tendances de l'époque, religieuses,
métaphysiques, philosophiques, économiques et
politiques, et c'est précisément ce que n'avaient pas
accepté les autorités académiques.

L'époque actuelle est-elle prête à plonger dans le
passé, ancien ou plus récent, à analyser et à critiquer
les œuvres au risque de constater que les temps présents n'ont pas fondamentalement changé ? Le
public est-il prêt à renoncer à l'illusion de lendemains meilleurs que lui font miroiter les machines à
reproduire et à communiquer, machines à rêver
aussi ?

Benjamin en doute. Sous le règne de l'argent-roi,
de la valeur d'échange, où la vitesse et le choc comptent bien davantage que le contenu, la critique d'art
n'a plus sa place. Benjamin constate, désabusé :
« Insensés ceux qui déplorent le déclin de la critique.
Car son heure est depuis longtemps passée. » Il note
aussi : « La vision la plus essentielle, aujourd'hui,

celle qui va au cœur des choses, la vision mercantile, c'est la publicité. Elle détruit la marge de liberté propre à l'examen et nous jette les choses au visage de manière aussi dangereuse qu'une auto qui vient vers nous en vibrant sur l'écran de cinéma et qui grandit démesurément[1]. »

Une telle époque n'a donc pas besoin de critique. La publicité est là pour informer de l'existence d'œuvres d'art, simples biens de consommation, qui rejoignent le butin des produits culturels constitué au cours de l'histoire. Un butin que Benjamin contemple avec effroi car les œuvres sont nées non seulement « du seul effort des grands génies qui les créèrent, mais en même temps de l'anonyme corvée imposée aux contemporains de ces génies[2] ».

Et comme rien n'échappe au désir de tout consommer et de contribuer à cette gigantesque transmutation de toutes choses en monnaie d'échange, il se demande si le rêve de l'homme d'aujourd'hui n'est pas tout simplement de partager l'existence de Mickey, de vivre dans un Disneyworld où le confort extérieur sert de décor flatteur à notre indigence intérieure.

À sa philosophie de l'histoire, Benjamin a donné un visage d'ange, celui d'un tableau de Paul Klee : *Angelus Novus*, l'ange nouveau. Cet ange ne donne pas de leçons, il ne promet pas le paradis. Il a les yeux écarquillés, la bouche ouverte et ses ailes sont déployées. Attend-il un signe d'espoir, l'annonce

1. Walter Benjamin, *Sens unique*, Paris, Lettres nouvelles, 1978, trad. Jean Lacoste, p. 220.

2. Walter Benjamin, « Thèses sur la philosophie de l'histoire », dans *Poésie et révolution*, Paris, Denoël, trad. M. de Gandillac, p. 281.

d'une rédemption ? On ne le sait car son visage est tourné vers le passé. Il contemple l'histoire passée. Nous, simples spectateurs, voyons une suite d'événements, une évolution vers un mieux. L'ange ne voit que catastrophes, ruines qui s'accumulent à ses pieds. Il voudrait porter secours, mais une tempête venue du paradis gonfle ses ailes ; il ne parvient plus à les replier. « Cette tempête, dit Benjamin, l'emporte vers l'avenir auquel l'ange ne cesse de tourner le dos tandis que les décombres, en face de lui, montent au ciel. Nous donnons le nom de Progrès à cette tempête. »

La philosophie de l'art de Walter Benjamin n'est pas un cours d'esthétique ; elle exprime surtout une sensibilité exacerbée aux contradictions de la modernité qui n'est pas étrangère à notre époque. Ces contradictions, il les perçoit dans le contact avec les choses et les événements apparemment les plus banals de l'existence quotidienne : une flânerie dans Berlin ou Florence, la lecture de Proust ou d'un poème de Mallarmé, une photographie insolite d'Eugène Atget, le nom des rues, l'éclairage au gaz des réverbères, le passage des Panoramas, boulevard Montmartre, etc.

Il pense à une politisation de l'esthétique, parce que la conjoncture l'y contraint : il s'agit de répondre à l'esthétisation de la politique prônée par le futurisme italien et concrétisée dans les grandes fêtes national-socialistes. Mais Benjamin n'est pas le théoricien de grands systèmes démonstratifs et cohérents. Lecteur de Benedetto Croce, il se méfie des considérations générales et privilégie les œuvres d'art singulières. Ses analyses sont des immersions qui visent à instaurer une sorte d'intimité, de sympathie avec l'objet. Il est proche, en cela, des conceptions de l'*Einfühlung*, de l'« empathie », exposées par Victor Basch[1] pour qui l'esthétique vise à établir une forme de sympathie symbolique avec l'œuvre. Mais Benjamin va plus loin que cet aspect psychologique, subjectif du rapport qui nous lie à l'art. Il croit à la possibilité de montrer que les œuvres sont des condensations d'expériences passées capables d'éclairer l'avenir si l'on parvient à déchiffrer leur signification symbolique et allégorique. Et pour dénoncer l'ambiguïté d'un progrès de la culture, point n'est besoin de fastidieux raisonnements : il suffit de citer, de décrire sans juger, de laisser au lecteur le soin d'établir les corrélations : c'est la démarche même adoptée par Benjamin dans les milliers de pages qui composent son ouvrage sur les passages parisiens[2], véritable « phénoménologie de l'expérience esthétique[3] » au cœur de la modernité.

Dans son ouvrage posthume, *Le visible et l'invisible*, le phénoménologue Maurice Merleau-Ponty déclare : « [...] le présent, le visible ne compte tant pour moi, n'a pour moi un prestige absolu qu'à raison de cet immense contenu latent de passé, de futur et d'ailleurs, qu'il annonce et qu'il cache[4]. »

Cette remarque pourrait bien définir au plus près

1. Victor Basch (1863-1944) fut titulaire de la première chaire d'esthétique créée à la Sorbonne en 1918. Spécialiste de la pensée allemande (*La poétique de Schiller* ; *Essai critique sur l'esthétique de Kant* ; *Les doctrines politiques de philosophes classiques de l'Allemagne*), il pense que l'attitude esthétique authentique consiste à fusionner avec l'objet, à s'identifier à lui.

2. Walter Benjamin, *Paris, capitale du XIXe siècle*, Paris, Le Cerf, 1989, trad. Jean Lacoste.

3. *La phénoménologie de l'expérience esthétique* est le titre d'un ouvrage du philosophe et esthéticien Mikel Dufrenne, Paris, Presses universitaires de France, 1953.

4. Maurice Merleau-Ponty *Le visible et l'invisible*, Paris, Gallimard, 1964, p. 152-153.

l'un des aspects essentiels de l'esthétique de Walter Benjamin.

HERBERT MARCUSE :
ÉROS ET CULTURE

L'essai de Walter Benjamin « L'œuvre d'art à l'époque de sa reproduction mécanisée » paraît pour la première fois en 1937. L'année suivante, dans la même revue de l'Institut de recherches sociales, dirigé par Adorno et Max Horkheimer, Herbert Marcuse publie un article intitulé « Sur le caractère affirmatif de la culture[1]. »

Ce texte est important pour deux raisons. D'une part, il confirme la place prédominante de l'art et de l'esthétique dans les préoccupations philosophiques de l'époque ; il témoigne de la rupture avec les grands systèmes idéalistes, comme ceux de Kant et de Hegel. L'engagement des artistes d'avant-garde dans les luttes idéologiques, depuis déjà deux décennies, prouve que l'art a cessé d'être une activité innocente, objet de pures spéculations métaphysiques. Mais, d'autre part, les nouveaux enjeux artistiques dépassent la conjoncture historique. On l'a bien vu chez Benjamin : certes, il entend lutter, lui aussi, contre le fascisme, mais son souci essentiel concerne en définitive le sort de la culture dans la société occidentale moderne.

Que veut dire Marcuse par « culture affirmative » ?

---

1. Herbert Marcuse, *Culture et société*, Paris, Éditions de Minuit, 1970, trad. G. Billy, D. Bresson, J.-B. Grasset.

L'idée est simple. La culture occidentale, héritière de l'Antiquité, s'est développée à partir de l'idée qu'il existe un monde de valeurs spirituelles et morales supérieur à la réalité matérielle, prosaïque et laborieuse. Cet univers naît de l'aspiration des hommes à échapper à leur situation existentielle, en forgeant des idéaux valables universellement : idéal de beauté, d'héroïsme, d'accomplissement personnel, mais aussi de bonté, de justice, de liberté, de solidarité et de bonheur. Les passions et les affections humaines, comme l'amour, l'amitié, l'attitude noble et le courage devant la mort, sont également idéalisées et sublimées. Certes, dans l'ordre social ancien, l'accès à ces valeurs était réservé à une minorité de privilégiés, soucieuse d'*affirmer* l'existence de ce monde idéal, en principe réservé à tous et destiné à servir de modèle aux conduites humaines.

Mais ce monde idéal — univers de la sublimation — présentait au moins un avantage : il constituait un puissant stimulant au désir de changer la réalité contraignante, voire de transformer la société existante ; en théorie du moins, puisque la structure même de la société, divisée en classes, interdisait concrètement toute modification.

Or, selon Marcuse, la culture moderne n'a rien perdu de son aspect « affirmatif », elle l'a même renforcé : par exemple, en dépouillant l'art du contenu explosif ou subversif qu'il recelait même sous sa forme idéalisée. Jadis, l'art *promettait un bonheur* tellement spiritualisé qu'il était à peu près inaccessible ; désormais, la culture *procure des plaisirs*, notamment ceux d'une consommation toujours accrue de biens culturels, pour autant que la réalité existante et le système social restent inchangés.

La culture moderne apparaît donc comme une

culture « affirmative » à la puissance deux. Elle présente tous les inconvénients de la culture idéaliste, puisqu'elle repose sur la séparation entre l'idéal et la réalité, entre le monde des valeurs et le monde réel. En revanche, elle n'en possède même pas les avantages, puisqu'elle substitue à l'idée de bonheur total celle de plaisirs fragmentaires ; en outre, elle fait perdre aux idéaux leur force explosive, à tel point, note Marcuse en conclusion, qu'au regard de cette culture émoussée, intégrée dans le système social et économique, l'ancienne culture traditionnelle, classique et bourgeoise prend une allure progressiste.

Cette défense inattendue de la culture bourgeoise l'année même (1937) où Goebbels organise à Munich la première exposition d'« art dégénéré » provoque les vives réticences d'Adorno et de Benjamin. Comment Marcuse peut-il se conduire lui-même en idéaliste et ignorer les avant-gardes ? Comment ne voit-il pas que la modernité artistique de Baudelaire, de Kafka ou de Schönberg constitue la base d'une critique de la société ?

Son article est néanmoins publié. Horkheimer et Adorno se disent que leur récent collègue a encore le temps de se familiariser avec les positions de l'Institut. Hormis ce relent passager d'idéalisme esthétique, l'article témoigne d'une prise en compte de la dimension politique de l'art. Il permet à Marcuse de définir les nouvelles orientations théoriques qu'il exposera plus tard notamment dans *Éros et civilisation* (1955) et dans *L'homme unidimensionnel* (1964).

Comme beaucoup d'intellectuels de sa génération, notamment ses amis de l'Institut, Marcuse, formé lui aussi à la lecture de Hegel, de Husserl, de Kierkegaard, de Marx et de Freud, subit l'influence de Georges Lukács et de Martin Heidegger. Sa première thèse de doctorat sur le roman allemand (1922) s'inspire à la fois de l'*Esthétique* de Hegel et de *L'âme et les formes* ; c'est sous la direction de Heidegger qu'il rédige, en 1932, sa thèse sur Hegel.

Le thème de l'aliénation et de la réification chez Lukács et celui de la déréliction de l'individu prisonnier de son angoisse existentielle chez Heidegger traduisent, selon lui, un souci commun : retrouver un sens authentique à la vie. Ne pourrait-on réconcilier la phénoménologie et le marxisme ? L'idée ne plaît guère à Heidegger. Marcuse renonce dès lors à son projet, d'autant plus facilement qu'il apprend le ralliement de son maître à l'idéologie national-socialiste et découvre, dans le même temps, l'édition complète des œuvres de Marx et Engels.

Cette lecture lui confirme l'existence d'un abîme entre la théorie de Marx et la réalité soviétique. Mais elle lui révèle aussi l'un des rares points communs entre un État totalitaire et les nations démocratiques : la construction du socialisme est un échec.

À l'Est, la révolution communiste a été trahie. À l'Ouest, elle devient de moins en moins possible : la classe ouvrière est de mieux en mieux intégrée au système ; elle renonce peu à peu à une transformation radicale de la société et se replie sur des positions réformistes social-démocrates.

Ce qui se passe en Union soviétique ne surprend évidemment pas Marcuse. Ce qui l'intrigue, surtout après la Seconde Guerre mondiale, c'est la puissance d'intégration déployée par la société industrielle moderne pour désamorcer toutes les oppositions à caractère politique et artistique qui prônent une autre voie que celle de la rentabilisation effrénée des activités humaines. Et ce qui le choque encore davantage, c'est la disproportion entre le formidable potentiel de libération que représentent les progrès scientifiques, techniques et industriels, et le maintien de contrôles et de répressions qui obligent l'individu à refréner ses désirs et ses pulsions pour les sublimer en force de travail.

En somme, Marcuse s'interroge sur la forme moderne d'un « malaise dans la civilisation ». Mais cette fois-ci, nous ne sommes plus dans la Vienne de Freud, autour de 1929 ; nous sommes dans les années 50, aux États-Unis — Marcuse s'y est exilé dès 1934 — au seuil de la « société de consommation ».

Éros et civilisation. Contribution à Freud (1955) est certainement l'ouvrage le plus important de Herbert Marcuse. Il vise à rapprocher les thèses de Marx sur l'exploitation par le travail et celles de Freud exposées précisément dans *Malaise dans la civilisation*. Il s'agit aussi de poser les fondements d'une transformation culturelle et « esthétique » de la civilisation industrielle et de définir le rôle de l'art dans la société moderne. C'est en cela que la réflexion de Marcuse nous intéresse ici. La tentative de concilier l'auteur du *Capital* et le fondateur de la psychanalyse n'est pas aberrante.

À plusieurs reprises, dans son œuvre, Marx met en garde contre le risque de crise grave, voire fatale, menaçant la survie de la société capitaliste. Cette crise aurait notamment pour cause l'absurdité d'une civilisation qui mise tout son développement sur le progrès scientifique et technique au détriment de l'épanouissement de l'individu. Marx note également la disproportion entre l'accumulation de richesses par le capital, potentiellement source de bonheur pour tous, et le sort peu enviable réservé à la catégorie sociale la plus nombreuse.

Freud, quant à lui, porte un diagnostic nettement pessimiste sur l'état de la civilisation européenne entre les deux guerres. Ne reconnaît-il pas que l'individu paie au prix fort le bonheur promis par la civilisation : satisfaction différée des pulsions, obligation de s'adapter à la réalité, sacrifice de la libido ? Ne fait-il pas l'hypothèse audacieuse selon laquelle l'humanité elle-même serait devenue névrosée à cause des efforts exigés pour l'édification de la civilisation ?

Cette similitude de point de vue entre Marx et Freud, tous les deux préoccupés finalement par le destin de l'individu victime de contraintes incontrôlables, justifie, pour Marcuse, le sens de son entreprise : développer le projet d'une culture non répressive pouvant permettre aux hommes de renouer avec l'idée bien compromise de bonheur

Il décide, dès lors, de réinterpréter la thèse de Freud. Bien que celui-ci déplore le malaise de la civilisation actuelle, il ouvre peu de perspectives à une éventuelle amélioration. En effet, Freud dit bien que la civilisation naît de la répression des pulsions depuis l'origine des temps, telle une fatalité. La sublimation des désirs inconscients et le refoulement des pulsions érotiques constituent la condition *sine qua non* de l'adaptation au « principe de réalité ». Cette adaptation passe par le respect des interdits, des règles et des conventions sociales, morales et religieuses qui permettent d'organiser la vie en société. La nature n'est pas si prodigue en ressources qu'elle puisse laisser à chacun le loisir de satisfaire immédiatement ses désirs et de vivre selon le « principe de plaisir ».

En somme, selon Freud, l'organisation rationnelle de la civilisation est une réponse adéquate à un état initial de pénurie. Et la civilisation, soucieuse de son autoconservation, ne peut mettre un terme à cette rationalisation sous peine de retour de la pénurie, de régression à un stade antérieur d'évolution, c'est-à-dire au chaos, voire à la barbarie.

Cette loi d'organisation et de répression instinctuelle, qui assure la survie de l'espèce l'humaine, s'applique également pour Freud au développement de l'individu. Dans ses *Trois essais sur la théorie de la sexualité*, il montre comment le passage à l'état adulte suppose, dès la prime enfance, l'intériorisation progressive des tabous sexuels imposés par la société. Apprendre à différer la satisfaction de sa libido — terme auquel Freud donne un sens plus large que celui de sexualité génitale — permet le passage de ce fameux principe de plaisir au principe de réalité qui répond aux exigences de la socialisation et autorise un comportement considéré comme normal. Certes, pour Freud, cet apprentissage, pas toujours conscient et volontaire, n'est pas identique pour tous. Parfois, il échoue et l'origine des névroses doit précisément être recherchée dans la façon dont chacun réagit, en fonction de son histoire personnelle et de son éducation, au refoulement de ses pulsions érotiques, surtout lorsque celles-ci sont réactivées à la suite d'un traumatisme quelconque. D'où l'utilité de la cure psychanalytique qui vise, grâce à une prise de conscience des traumas, notamment ceux de la prime enfance, à permettre au patient de reprendre sa place dans la société.

Marcuse ne nie évidemment pas la nécessité d'une répression fondamentale des pulsions. Mais la thèse de Freud lui semble contradictoire et insuffisante sur plusieurs points. Si, en effet, et comme le reconnaît Freud lui-même, c'est l'humanité, la civilisation et la société qui sont « névrosées » à force de répressions instinctuelles — au demeurant inévitables — n'est-il pas paradoxal de vouloir réintégrer le malade dans le milieu qui précisément est à l'origine de sa maladie ?

En outre, la société industrielle moderne exige bien davantage que la stricte adaptation au principe de réalité. Elle exige une soumission à la rentabilité économique qui se traduit par un sacrifice injustifié du temps libre et un investissement démesuré de l'énergie pulsionnelle dans le travail. Or, le *principe de rendement* représente une oppression qui s'ajoute au principe de réalité. Cette astreinte supplémentaire — Marcuse parle de *sur-répression* — n'est-elle pas en contradiction avec le niveau de développement technologique, en particulier avec l'automatisation des tâches ? Surtout dans une société qui se plaint, par ailleurs, de souffrir de surproduction, victime d'un gaspillage dont ne bénéficient même pas les déshérités de la planète !

Mais n'est-il pas abusif de parler de sur-répression dans des sociétés modernes, non totalitaires, industriellement évoluées, tels les États-Unis, par exemple ?

Justement non, selon Marcuse, car cette sur-répression s'abstient d'employer des moyens brutaux et autoritaires. Au contraire, elle donne toutes les apparences d'une plus grande liberté. Le principe de rendement est pragmatique. Il n'exige plus le respect à l'égard des valeurs et des idéaux prônés par la société bourgeoise du siècle précédent. Sur le plan éthique et esthétique, il n'a que faire d'une sphère du sublime ; au contraire, il accélère la « désublimation » ; il favorise la désacralisation des anciens tabous ressentis comme autant d'obstacles à son hégémonie. Mais cette désublimation est aussi un moyen de contrôle économique. Elle permet d'attribuer une valeur marchande à tous les aspects de l'activité humaine, même la plus privée. Marcuse donne le nom de « désublimation répressive » à ce processus qui consiste, par exemple, à exploiter commercialement le sexe au détriment d'une véritable érotisation des activités et des relations humaines : « L'illustration la plus parlante de ce fait est l'introduction méthodique d'éléments "sexy" dans les affaires, la politique, la publicité, la propagande, etc. Dans la mesure où la sexualité obtient une valeur marchande définie [...], elle se transforme en instrument de cohésion sociale[1]. » En bref, le principe de rendement ne *libère* pas, il se contente de *libéraliser*.

Ces considérations semblent s'éloigner du domaine de l'esthétique ; en fait, elles déterminent le cadre dans lequel Marcuse pense les rapports entre l'art et la société. Car il reste, en effet, à concevoir l'hypothèse d'une civilisation non répressive dont les œuvres d'art et la création artistique seraient la préfiguration. Utopie sans doute, mais en quoi, demande Marcuse, cette utopie serait-elle plus illusoire que celle d'une rationalité qui, dans nos sociétés modernes, apparaît souvent déraisonnable, pour ne pas dire irrationnelle ? Serait-elle plus chimérique que la politique des princes gouvernants

---

1. Herbert Marcuse, *Éros et civilisation. Contribution à Freud*, Paris, Éditions de Minuit, 1963, trad. Jean-Guy Nény et Boris Fraenkel, revue par l'auteur, p. 12.

lorsqu'ils prétendent assurer le bonheur de l'humanité grâce à l'équilibre de la terreur nucléaire[1] ?

Encore faut-il disposer d'un modèle théorique plausible ! Marcuse croit le trouver, comme on l'a annoncé antérieurement, dans les *Lettres sur l'éducation esthétique de l'homme* de Friedrich von Schiller. Souvent considérées comme un prolongement de la théorie de Kant, on a souvent omis, selon Marcuse, leur aspect subversif. On n'a pas vu que Schiller, avant Freud, expliquait la maladie de la civilisation par le « conflit entre les deux instincts fondamentaux de l'homme, les instincts sensibles et les instincts formels ». L'enjeu essentiel posé par les *Lettres* a été occulté : celui qui naît de la lutte entre *logos*, la raison ou la connaissance rationnelle, et *éros*, l'énergie sensuelle, dynamique. D'après Marcuse, seul Carl Gustav Jung aurait perçu les implications d'une telle théorie ; il aurait même été effrayé par la notion d'« instinct de jeu » et l'utopie d'un État esthétique autonome, affranchi de la raison répressive.

Marcuse n'ignore pas, redisons-le, que l'hypothèse d'une harmonie des instincts relève de la vision. De toutes les activités humaines, placées pour la plupart sous le contrôle de la raison, seul l'art peut encore, selon lui, esquisser l'utopie. Mais il faut supposer que l'imaginaire et les fantasmes, liés à l'inconscient, puissent encore échapper au contrôle de la rationalité. Tant qu'ils y parviendront, la forme esthétique, et notamment les formes « surréalistes et atonales »

---

1. Dans *Éros et civilisation*, en 1955, on peut lire : « Dans les conditions "idéales" de la civilisation industrielle avancée, l'aliénation serait supprimée par l'automatisation du travail, la réduction du temps de travail à un minimum et l'interchangeabilité des fonctions. » À un demi-siècle d'intervalle, cette « utopie » semble prendre la forme d'un programme assez réaliste !

de la modernité, seront en mesure d'exprimer ce que la civilisation du principe de rendement tente en permanence de refouler, à savoir l'image d'un monde réellement réconcilié avec lui-même.

Les projections imaginaires de l'art, l'univers apparent qu'il nous propose, expriment donc la négation du monde réel, la volonté de rompre avec la rationalité d'une société qui, comme le disait Schiller, scinde l'homme en deux et n'exploite qu'une partie de ses facultés.

On peut refuser Prométhée, héros de la culture occidentale, laborieuse et soumise à la raison, et lui préférer d'autres mythes, beaucoup plus dionysiaques : ceux-là mêmes que célèbrent les écrivains et les poètes, André Gide, Paul Valéry ou Gaston Bachelard. Narcisse, image de la réconciliation avec la nature, et Orphée, image de la création lyrique, pourraient bien incarner, selon Marcuse, le sens de ce « Grand Refus[1] ».

Le relatif optimisme d'*Éros et civilisation*, lié à l'espoir d'une réalisation concrète de l'utopie grâce à l'art, disparaît dans *L'homme unidimensionnel. Essai sur l'idéologie de la société industrielle avancée*. Selon Marcuse, le capitalisme américain tend vers une société « close » qui « met au pas et intègre toutes les dimensions de l'existence, privée ou publique ». L'« unidimensionnalité » désigne précisément l'assujettissement de toutes les activités humaines au système marchand et leur soumission à la productivité, au principe de rendement.

Mais société close ne veut pas dire société repliée

---

1. Marcuse emprunte cette expression au philosophe et épistémologue Alfred North Whitehead (1861-1947).

sur elle-même. La guerre du Viêt-nam mobilise des forces matérielles et humaines dans un conflit de type impérialiste, qui dénote la volonté d'imposer l'ordre américain et le modèle unidimensionnel aux autres régions du monde. Le trait le plus caractéristique de cette société unidimensionnelle réside dans sa faculté d'absorber les forces d'opposition susceptibles de menacer son équilibre. Au demeurant, l'accroissement du bien-être matériel et la possibilité que se donne le système de satisfaire des besoins qu'il a lui-même suscités ou créés désamorcent les velléités de contestation. Cette acceptation et cette intériorisation des règles du jeu de la part des gouvernés montrent le parfait fonctionnement de la désublimation répressive : en fin de compte, elle assure la cohésion sociale.

L'art et la culture n'échappent pas à cette loi d'intégration dans la société unidimensionnelle. Plus que jamais, pour Marcuse, la culture tend à devenir affirmative. Elle ne critique plus la société en proposant au public une autre manière de vivre, en suscitant une aspiration à transformer l'existence présente. À travers le héros national, le gangster, la star, le grand patron, la figure charismatique, elle se contente d'exposer des variantes d'une vie identique, et ces variantes ne « servent plus à nier l'ordre établi, elle servent à l'affirmer[1] ».

Marcuse ne critique pas globalement la démocratisation de la culture. Il met en cause un mécanisme très précis de la communication culturelle qui affecte le contenu même de l'œuvre et sa signification auprès du public. Dans les romans contempo-

1. Herbert Marcuse, *L'homme unidimensionnel*, Paris, Éditions de Minuit, 1968, trad. Monique Wittig, revue par l'auteur, p. 92.

rains — il cite *Un tramway nommé Désir*, *La chatte sur un toit brûlant*, *Lolita* — la sexualité est décrite de façon beaucoup plus réaliste et audacieuse que chez Racine, Goethe, Baudelaire ou Tolstoï. Mais si sauvage et obscène soit-elle, elle est tout à fait inoffensive pour la société qui la récupère pour transformer les ouvrages en best-sellers.

Quant aux avant-gardes artistiques en général, limitées dans leur capacité à mettre en cause une communication culturelle dont elles bénéficient, elles se contentent de manifester leur désir de rompre avec la communication elle-même, mais pas avec le système qui gère cette communication. Ainsi dans la société unidimensionnelle, même le Grand Refus est refusé. L'évolution du capitalisme avancé vers un contrôle administratif et institutionnel de plus en plus efficace et précis de l'existence entière conduit à envisager la « fin de l'utopie », autrement dit la disparition même de l'esthétique.

Les thèses de Marcuse séduisent une grande partie de la génération contestataire de la fin des années 60 et du début des années 70. Parfois au prix de malentendus. *L'homme unidimensionnel* s'achève sur cette citation de Walter Benjamin : « C'est seulement à ceux qui sont sans espoir que l'espoir est donné. »

C'est sans trop d'illusions sur l'avenir que Marcuse espère en effet une amélioration du système, ce qui ne l'empêche pas d'être aux côtés des minorités opprimées et de mener combat, notamment, contre la ségrégation raciale. Sceptique sur le sort réservé à la culture et à l'art dans les sociétés postindustrielles, il refuse toutefois tout nihilisme. Il ne considère pas, par exemple, que la beauté est « réactionnaire », qu'il importe de mettre à bas les musées ou autres institutions culturelles ; il ne pense pas que la passion amoureuse est dépassée, ni que la création poétique est désuète. Au contraire, dans un univers qui s'emploie à tout désublimer et à tout sacrifier aux sacro-saints intérêts économiques, il est persuadé que le maintien d'un soupçon de sublimation peut encore apparaître comme un acte de résistance... avant que ne s'ouvre, dans un futur improbable, la voie d'une désublimation « libératrice ».

Son dernier ouvrage, *La dimension esthétique. Pour une critique de l'esthétique marxiste* (1977), est une reprise des thèmes développés antérieurement. On a eu tort, notamment en France, de considérer ce texte comme un dépassement d'*Éros et civilisation*. Marcuse se livre simplement à une critique en règle, quelque peu inactuelle, du réalisme socialiste à une époque où celui-ci n'a plus cours, du moins en Occident. Là où l'on aurait pu s'attendre à une réflexion sur certains courants « plasticiens » nord-américains engagés dans la critique de la représentation ou le détournement de l'institution artistique, Marcuse se contente d'insister, de façon abstraite, sur la portée critique des dislocations formelles.

Mais sans doute désespérait-il déjà, comme il l'avait déclaré peu de temps avant, en 1976, dans un quotidien français, qu'il puisse encore jamais exister une œuvre d'art capable de choquer. De cet ouvrage, nous retiendrons surtout sa dédicace : « Quant à ma dette vis-à-vis de la théorie esthétique de Theodor W. Adorno, il est presque superflu de la signaler ici[1]. »

---

1. Herbert Marcuse, *La dimension esthétique. Pour une critique de l'esthétique marxiste*, Paris, Éditions du Seuil, 1978, trad. Didier Coste, p. 8.

THEODOR W. ADORNO :
UNE ESTHÉTIQUE DE LA MODERNITÉ

Cet hommage de Marcuse à son collègue de l'Institut de recherches sociales est tardif : à l'époque où il écrit ces lignes, l'ouvrage posthume d'Adorno, intitulé précisément *Théorie esthétique*, est publié depuis sept ans (1970)[1]. Ce texte ne connaît pas sur l'instant de grands retentissements, pas même en Allemagne. En France, il faut attendre les années 80 pour que les travaux de ce qu'on appelle l'École de Francfort, Max Horkheimer, Theodor W. Adorno, Walter Benjamin et Herbert Marcuse, commencent à susciter l'intérêt des sociologues et des philosophes de l'art.

Adorno est jusqu'alors connu comme théoricien de la musique, auteur d'essais sur Wagner[2], Stravinski et Schönberg[3]. Sa défense des mouvements d'avant-garde et son apologie de tous les « ismes » de l'entre-deux-guerres paraissent historiquement datées. Ses références artistiques portent essentiellement sur la deuxième École de Vienne : Alban Berg, Arnold Schönberg, Anton von Webern ; en littérature, il cite principalement Mallarmé, Kafka, Proust, Valéry, James Joyce, le poète Paul Celan, et Samuel Beckett auquel il dédie *Théorie esthétique*. Dans le domaine des arts plastiques, qu'il aborde, dit-il, en non-spécialiste, il fait mention des impressionnistes,

1. T.W. Adorno, *Théorie esthétique, op. cit.*
2. T.W. Adorno, *Essai sur Wagner*, Paris, Gallimard, 1966, trad. H. Hildenbrand et A. Lindenberg.
3. T.W. Adorno, *Philosophie de la nouvelle musique*, Paris, Gallimard, 1962, trad. H. Hildenbrand et A. Lindenberg.

des peintres expressionnistes allemands, de Klee, de Kandinsky, de Picasso, mais il ignore les mouvements des années 60. Ses seules allusions visent à dénoncer indirectement toutes les tendances qui cherchent, selon lui, à détruire la notion même d'œuvre, tels l'*action painting*, l'art conceptuel, les happenings ou l'art brut.

L'esthétique d'Adorno semble donc cumuler les paradoxes : elle milite pour une modernité radicale fondée sur des œuvres, certes importantes et exemplaires, mais déjà classiques ; elle affirme que seule la peinture non figurative reste désormais envisageable dans l'avenir sans songer que les revirements font partie de l'histoire de l'art ; elle continue de promouvoir le caractère subversif d'une littérature d'avantgarde alors que celle-ci s'inscrit déjà dans les anthologies et les manuels scolaires.

Autres paradoxes : ces œuvres musicales, picturales et littéraires sont, pour la plupart, réputées difficiles ; Adorno les affectionne précisément en raison de leur hermétisme. C'est pourtant elles qui, selon lui, doivent à la longue attirer l'attention d'un public de plus en plus nombreux et éveiller sa conscience critique.

Quant à l'ouvrage même, *Théorie esthétique*, il développe en permanence l'idée de l'art comme « promesse de bonheur » — chère à Stendhal — mais il s'ouvre sur un constat d'un noir pessimisme : l'art ne va plus de soi et, dans la société actuelle, même son droit à l'existence est menacé. Adorno parle même d'une possible « dé-esthétisation » de l'art, c'est-à-dire d'un stade où l'art cesse d'être art.

En fait, toute l'évolution de l'art contemporain depuis près de trois décennies paraît contredire les thèses d'Adorno : l'art moderne est célébré dans des lieux rénovés et attrayants, les metteurs en scène montent les pièces de Beckett, Schönberg prend place dans les concerts, et l'engouement pour l'art contemporain fait le bonheur des politiques et des institutions culturelles. Contrairement à la thèse d'Adorno, l'art n'est plus soumis à l'impératif absolu de la modernité radicale ; il puise librement dans les formes du passé qu'il conjugue avec les matériaux et les procédés les plus divers, traditionnels ou hautement technologiques du temps présent ou futur.

Toutefois, en dépit de ces limites historiques, les conceptions d'Adorno continuent d'exercer une influence déterminante sur la réflexion esthétique contemporaine. Les paradoxes qui semblent miner sa théorie sont aussi ceux d'une époque profondément marquée par la crise de la modernité. Il est presque banal de constater que l'idée de crise, qui préoccupait déjà l'écrivain romantique Jean-Paul, est aujourd'hui devenue inséparable de la notion même de moderne. Et ce n'est évidemment pas un hasard si la réflexion philosophique de notre temps hérite largement des inquiétudes exprimées par Husserl, dès le début de ce siècle, au sujet des « crises dans les sciences européennes » ou des « crises de l'humanité ».

Cette crise n'épargne pas le monde de l'art. Le rôle prédominant des institutions culturelles, des médias, des stratégies communicationnelles et l'impact des modes modifient considérablement le rapport que nous entretenions depuis des siècles avec l'art et les œuvres. Walter Benjamin l'avait déjà remarqué. En réalité, la situation de l'art contemporain est moins idyllique que celle évoquée précédemment. Chacun peut s'étonner, par exemple, de la contradiction flagrante entre l'adhésion souvent

enthousiaste du public aux manifestations culturelles et sa relative désaffection à l'égard des créations
récentes. Le tourisme culturel et les excursions
muséales ou sur catalogues informatiques laissent
planer un doute sur l'intensité et l'authenticité des
« expériences esthétiques », et sur leur capacité à
modifier, autrement dit à enrichir, la vie quotidienne.

La notion même de modernité est dévaluée.
Depuis déjà deux décennies, elle est victime de l'illusion selon laquelle nous serions entrés dans un âge
postmoderne caractérisé par la fin de l'histoire, la fin
des grandes idéologies et la fin du clivage historique
entre les valeurs du passé et celles du présent ou de
l'avenir. Il est tentant de concevoir l'histoire, en particulier celle de l'art, comme une gigantesque réserve
de formes, de styles, de matériaux et de procédés,
et de voir en elle un fonds inépuisable d'inspirations
au service d'une création affranchie du dogme du
progrès.

La conséquence la plus patente de cette indifféren-
ciation entre les valeurs du passé et celles du présent
est la disparition des critères dont s'autorisaient
naguère la critique d'art et la critique esthétique
pour évaluer et juger les œuvres d'art.

Nous préciserons ce point dans le chapitre suivant. Mais d'ores et déjà, il apparaît que la « crise de
l'art » et la « crise de la critique » ne sont pas de simples lieux communs ; s'ils le deviennent, c'est parce
qu'ils traduisent la perte de légitimité d'un art
devenu indéfinissable ; cet art est soumis à des impératifs économiques et culturels ; il est inclus, en
outre, dans une société technologique et une civilisation des loisirs qui s'interrogent encore sur son véritable statut et sur sa fonction.

Il n'est pas rare de comparer la crise des temps présents — à l'aube du troisième millénaire — à celle qui sévissait dans les années 30. Rien pourtant n'est pareil. Hormis peut-être ce sentiment d'inquiétude latente devant ce qui change trop vite et ne porte pas encore de nom. Un sentiment que les artistes avant-gardistes s'employèrent à exprimer, parfois avant tout le monde, et que n'ignorent probablement pas ceux d'aujourd'hui.

L'ouvrage d'Adorno *Théorie esthétique* porte précisément la marque des années 30, stigmates d'une époque angoissée où défendre l'art moderne signifiait résister aux tentatives totalitaires visant à le liquider. Cet enjeu politique et idéologique a disparu aujourd'hui, en Occident du moins, et pour le moment. Reste la perspective d'une (nouvelle) fin de l'art et d'une dissolution de l'esthétique qui hante encore maint philosophe contemporain. La récurrence de ce thème dans la réflexion théorique sur l'art incite à analyser plus en détail l'œuvre d'Adorno.

Comme celui de Max Horkheimer, le nom d'Adorno est lié à l'Institut de recherches sociales, et aux travaux des intellectuels allemands d'origine juive, exilés aux États-Unis après l'installation du régime nazi. Regroupés au sein de la Théorie critique, ces philosophes et ces penseurs ont pour programme de comprendre l'échec des révolutions socialistes en Europe, de militer contre l'idéologie national-socialiste et de mettre en garde contre toute instauration ou restauration de régimes totalitaires. Ils se réclament d'un marxisme théorique, mais — on l'a vu chez Benjamin et Marcuse — ils rejettent radicalement l'orthodoxie marxiste-léniniste et le modèle de la société soviétique.

Après la guerre, les recherches d'Adorno s'orientent plus directement vers la psychologie de masse et la sociologie de la culture. Il participe, avec notamment Bruno Bettelheim, à une enquête collective sur les origines de l'antisémitisme tout en étudiant l'influence des *mass media* sur l'art et sur la culture traditionnelle.

En fait, ces activités se déroulent en marge de ses intérêts dominants, la musique et la philosophie. Auteur d'une première thèse sur Husserl (1924), puis d'une seconde sur Kierkegaard (1931), Adorno lit avec enthousiasme les travaux du jeune Lukács, *L'âme et les formes* et *La théorie du roman*. Il s'intéresse de près aux essais de Walter Benjamin consacrés aux premiers romantiques allemands et au drame baroque. Mais la philosophie ne saurait éclipser sa passion pour la musique. C'est à Vienne, à partir de 1928, qu'il poursuit ses études de piano et de composition musicale, notamment auprès d'Alban Berg, avec lequel il se lie d'amitié. Dès 1957, à Darmstadt, il participe en amateur éclairé aux nouvelles orientations de la musique sérielle définies par Karlheinz Stockhausen et Pierre Boulez. Il reste toutefois persuadé, jusqu'à sa mort, que seule la musique de Schönberg, celle de la libre atonalité, avant le dodécaphonisme et le sérialisme, offre un authentique exemple de « musique de la liberté ».

La dialectique de la Raison, publiée en 1947, et rédigée en collaboration avec Horkheimer, est l'un des ouvrages fondamentaux de la Théorie critique. Il n'y est pas directement question de musique ; en revanche, Horkheimer et Adorno s'interrogent sur le devenir de l'art et de la culture en général dans la société moderne. Or on ne peut comprendre cette destinée qu'en remontant aux origines de la civilisation occidentale, à ce moment où s'affirme, pour la première fois, cette confiance absolue dans le pouvoir de la raison. Cette préoccupation, nous l'avons déjà rencontrée chez Nietzsche et chez Heidegger.

Toutefois, pour Horkheimer et Adorno, il faut remonter plus avant dans la genèse du *logos* si l'on veut saisir la place centrale qu'il occupe en Occident. L'exploration archéologique de la raison qu'ils tentent s'apparente ainsi à ce que le philosophe Jacques Derrida appelle la « déconstruction du logocentrisme occidental ». Il ne s'agit plus de déplorer la décadence de la civilisation depuis l'antiquité grecque, mais d'éclairer l'une des plus étranges énigmes de notre histoire. Notamment celle-ci : comment la Raison, principe supérieur au nom duquel la philosophie des Lumières a élaboré les plus grands idéaux de l'humanité : droits de l'homme, liberté, justice et égalité, peut-elle s'inverser en un fabuleux instrument de domination capable d'asservir aussi bien la nature que les hommes eux-mêmes ? Comment expliquer le décalage entre les valeurs proclamées haut et fort par le libéralisme démocratique, héritier de la Révolution, et la froide réalité d'une raison peu à peu pervertie en rationalité technologique ?

Horkheimer et Adorno jouent donc sur les deux sens du mot raison, principe suprême *et* faculté de connaître pour accéder à la vérité. Dans les deux cas, cette raison est ambiguë, *dialectique* : elle libère l'homme de ses servitudes, elle l'affranchit de l'obscurantisme, mais elle engendre aussi, surtout au sein du capitalisme avancé, une conscience technocratique au service d'une classe dominante. La Seconde Guerre mondiale, catastrophe mondiale, illustre pour Horkheimer et Adorno cette capacité de la raison à se détruire elle-même. Il ne s'agit pas, comme le pense Lukács, d'une « destruction » de la raison, ni comme l'avait suggéré un jour Horkheimer d'une simple « éclipse », mais d'une tendance permanente de la raison à l'autodestruction.

Quelles sont les conséquences de ce phénomène sur le plan artistique et culturel ? Aux États-Unis, les deux philosophes assistent au prodigieux développement des médias, cinéma, presse, disque, publicité. La « démocratisation culturelle », placée sous le contrôle d'une autre forme de rationalité, celle de l'économie, les laisse sceptiques. Cette démocratisation est devenue affaire de *management* et de *marketing* ; elle obtient des résultats indéniables, mais elle se contente surtout de distribuer les miettes de la culture traditionnelle. Horkheimer et Adorno forgent l'expression, aujourd'hui couramment employée, d'« industrie culturelle » pour désigner l'apparition d'une culture standardisée, conditionnée et commercialisée sur le mode des biens de consommation. Cette critique rappelle évidemment l'essai de Marcuse sur le caractère affirmatif de la culture ; elle fait aussi penser aux thèses de Benjamin sur la perte de l'aura.

La dénonciation de l'industrie culturelle est sous-jacente à la *Théorie esthétique* d'Adorno, mais elle n'est pas cependant l'élément déterminant de sa réflexion sur l'art moderne. Adorno reconnaît que le « processus qui livre aujourd'hui au musée toute œuvre d'art même la plus récente de Picasso est irréversible ». Vouloir attaquer de front ce processus est inutile. Adorno se moque du critique impénitent qui se déclare toujours « mécontent d'une culture sans laquelle son malaise serait sans objet ».

L'attitude adéquate ne consiste donc pas à passer son temps à vilipender l'institution culturelle mais à exhumer les œuvres ensevelies dans les musées. C'est grâce à l'analyse en profondeur des œuvres — à l'« analyse immanente » — qu'il pense pouvoir mettre en évidence leur caractère subversif, polémique, émoussé lors de leur inhumation dans les panthéons de la culture.

En outre, l'intégration inévitable de l'art traditionnel dans le système marchand donne, selon lui, argument pour défendre les œuvres d'avant-garde, y compris les plus hermétiques en apparence. Ces œuvres sont certes difficiles, mais elles présentent toutefois l'avantage de résister au bradage opéré par l'industrie culturelle. Selon Adorno, elles sont ainsi protégées de toute récupération et elles conservent leur puissance critique vis-à-vis de la société. Mais toute modernité vieillit et finit par devenir classique ; il faut donc constamment promouvoir les œuvres qui témoignent d'une modernité radicale, celles qui absorbent les matériaux et les procédés techniquement les plus élaborés à l'époque où elles sont créées. Adorno emprunte à Rimbaud sa formule : « Il faut être résolument moderne. »

Il y a évidemment une contradiction : Adorno accepte dans le domaine de l'art une rationalité technique et scientifique dont il dénonce les effets négatifs sur l'évolution sociale. Mais il ne s'agit pas de la même rationalité. Si Adorno prend le risque d'une fuite en avant de la modernité artistique, c'est justement parce que les œuvres d'art ne sont pas des produits comme les autres : elles imitent — on pourrait presque dire qu'elles singent — la rationalité qui règne dans l'univers désenchanté de la réalité pour mieux marquer la distance qui sépare l'apparence artistique du réel.

Ainsi, la musique de Schönberg tire les conséquences les plus extrêmes d'une rationalisation du langage musical. Le compositeur utilise les dissonances écartées par ses prédécesseurs pour traduire la souffrance dans un monde victime de la catastrophe et de l'horreur. Si ces dissonances effraient tant les auditeurs, déclare Adorno, c'est justement parce qu'elles leur parlent de leur propre condition.

En littérature, les dialogues apparemment incohérents du théâtre de Beckett, *Fin de partie* ou *En attendant Godot*, jouent le rôle des dissonances dodécaphoniques : les répétitions de mots, les silences entre les répliques, le cynisme des situations ne décrivent pas le désastre d'un monde en déclin ; ils font plus que cela : ils en signifient l'absurdité tragique sans même avoir à la nommer.

On comprend mieux l'une des idées maîtresses de l'esthétique d'Adorno : les œuvres d'art ne critiquent pas la réalité en la peignant de façon réaliste, en jouant sur le caractère figuratif de leur sujet ou de leur contenu. Il rejette les œuvres qui prétendent exprimer un contenu politique déterminé et sombrent dans la propagande. Si l'œuvre met en cause le réel, si elle agit efficacement sur le public dans le sens escompté, c'est grâce à sa forme inhabituelle : déstructurée, disloquée, en un mot « travaillée ». *Guernica*, le tableau de Picasso, est tout le contraire d'une photographie réaliste représentant une scène de massacre. Sa dénonciation du régime franquiste n'en est pas moins virulente. Et les républicains espagnols se trompent lorsqu'ils pensent que les dislocations formelles défigurent la toile et amenuisent son impact critique.

Ces réactions prouvent seulement, pour Adorno, que la fameuse distinction entre la forme et le contenu n'a aucune validité : la forme est *aussi* un

contenu. Jadis comme aujourd'hui. Simplement,
autrefois, la forme était constitutive de la belle apparence. Elle transfigurait et sublimait les scènes les
plus atroces au nom de la Beauté de l'Art. Elle jouait
un rôle de réconciliation entre le public et le monde ;
un rôle qu'elle abandonne à un moment de l'histoire
où la vie est, selon le mot d'Adorno, mutilée.

Les formes de l'art moderne, elles aussi mutilées,
disent ainsi ce qu'est la vérité du monde et de la
société, tels qu'ils sont devenus, c'est-à-dire leur
inauthenticité et leur fausseté. Elles possèdent, selon
son expression, un « contenu de vérité » qui leur permet de résister à leur absorption pure et simple par
la société actuelle. C'est pourquoi l'art, conçu malgré
tout par Adorno comme une promesse de bonheur,
ne peut exprimer que *négativement* la perspective
éloignée d'une réconciliation entre l'individu et le
monde.

L'esthétique d'Adorno apparaît ainsi comme une
esthétique « négative », jusque dans le refus du philosophe d'esquisser le profil d'une société « autre »,
dépourvue de domination, non répressive, non
conflictuelle et sans violence.

L'art ne peut revêtir un sens que dans la négation
du monde présent. Auschwitz et la Shoah ont
démontré, selon Adorno, l'inanité de la culture occidentale, impuissante à prévenir l'innommable et
incapable d'y porter remède. Est-il seulement possible d'écrire un poème après la barbarie ? Adorno en
doute, puis il se reprend : renoncer à la création poétique, à l'art, signifierait abdiquer trop facilement
devant cette barbarie. Cela voudrait dire aussi que
l'art ne serait plus le témoin — l'écriture — des
souffrances accumulées au cours de l'histoire.

L'esthétique de Hegel se situait au seuil de l'art

moderne. L'esthétique d'Adorno s'achève à l'aube d'un art littéralement inqualifiable. Dans les années 30, elle représente l'une des rares tentatives philosophiques et esthétiques pour comprendre la signification sociale, politique et idéologique des révolutions formelles de l'art moderne, dans le temps même où celui-ci lutte pour sa reconnaissance.

En 1970, l'ouvrage *Théorie esthétique* clôt le cycle des grandes philosophies de l'art inauguré par Kant et Hegel. Il constitue aujourd'hui la dernière tentative systématique visant à saisir la signification de l'art dans le plan général d'une philosophie de l'histoire.

La grande absente de l'esthétique d'Adorno, c'est la peinture. Comment expliquer cette lacune ?

La plupart des références artistiques d'Adorno concernent la grande musique occidentale, classique et moderne. Son évolution de Bach à Boulez traduit, d'après lui, un progrès continu du matériau musical. Ce matériau n'est pas seulement constitué par les notes, mais par tout ce qui se trouve entre les mains de l'artiste au moment de créer : les sons, les accords, les formes, les styles, les procédés techniques, etc. Ce matériau n'est pas une simple matière première, pure, neutre que l'artiste trouve à l'état brut. C'est une matière qui a vécu dans le passé et dans une société ; elle a été travaillée par les artistes des époques antérieures d'une façon différente de celle d'aujourd'hui. Tout musicien de l'an 2000 peut continuer à composer une valse en *fa* dièse majeur à la manière de Chopin. Le monde des variétés ne s'en prive pas. Mais, selon Adorno, ce musicien se situe à un stade de développement du matériau musical moins avancé que celui de l'époque contemporaine.

Outre le risque de faire du mauvais Chopin, il a peu de chances de se faire passer pour un compositeur avant-gardiste ou simplement moderne.

Toute la théorie esthétique d'Adorno se fonde sur cette idée que le matériau artistique, conditionné par la société et par l'histoire, est soumis à une rationalisation croissante. Mais ce qui est valable à la rigueur pour la musique occidentale, pendant une période déterminée de son histoire, peut-il également s'appliquer aux arts plastiques ?

Adorno retrouve le problème de l'*ut pictura poesis* sur lequel butaient les artistes de la Renaissance, et que Lessing avait tenté de résoudre. Il soupçonne l'existence d'une profonde analogie entre la peinture et la musique, notamment entre la musique non tonale et la peinture non figurative. Cette parenté résiderait dans le caractère expressif de leur langage. Ce langage évolue ; il tend vers une *objectivité*, annoncée par la peinture abstraite de Paul Klee, à la fois musicien et peintre[1].

Est-il souhaitable que ces deux arts tendent vers davantage d'objectivité ? Ne risquent-ils pas alors de perdre leur caractère *scriptural* ? Adorno s'inquiète de cette éventualité : comment un art qui cesserait d'être langage et expression pourrait-il continuer à écrire les souffrances de l'histoire ?

En fait, Adorno doute de la validité de sa comparaison. Ce qui le gêne, ce n'est pas la musique, son domaine de compétence. Il voit en Schönberg celui qui a su allier la *construction* pure et rationnelle et l'*expression*, l'objectivité et la subjectivité. En pein-

---

1. T.W. Adorno, *Sur quelques relations entre musique et peinture*, Paris, La Caserne, 1995, textes réunis et traduits de l'allemand par Peter Szendy avec la collaboration de Jean Lauxerois, p. 31-51.

ture, après Klee, il avoue lui-même ne pas savoir ce qui peut advenir.

Quelques mois avant sa mort, Adorno se retire pour se consacrer à un livre sur... Beethoven ! Probablement a-t-il encore en mémoire les lignes qu'il écrivit un jour à propos de Gustav Mahler : « Avec la liberté de celui que la culture n'a pas entièrement englouti, le vagabond de la musique ramasse le morceau de verre qu'il trouve sur sa route et le tend vers le soleil pour en faire jaillir mille couleurs. »

Adorno tire, sur un plan personnel, les conséquences de son *esthétique négative*. Persuadé que la culture se prépare à tout engloutir, convaincu que l'administration et la bureaucratisation croissantes de la société moderne restreignent peu à peu l'autonomie de l'individu, il se réfugie dans une solitude quelque peu hautaine. Il exprime bien le vœu que « soit donné à tous ce qui apparaît toujours comme un privilège », mais il rejette toutes les formes modernes de médiations culturelles qui permettraient concrètement le partage des véritables expériences esthétiques. Ce refus de tout compromis avec l'univers de la communication marque les limites historiques de la théorie d'Adorno au moment où s'impose de façon irrésistible le tournant culturel de l'esthétique.

II

LE TOURNANT CULTUREL
DE L'ESTHÉTIQUE

L'évolution de l'art au cours des trente dernières années est riche en événements et en rebondissements : naissance puis inhumation de nouvelles avant-gardes ; accroissement exponentiel du marché de l'art et de la consommation culturelle, puis crise de l'un et de l'autre ; déclaration de guerre réciproque entre l'art moderne et l'art contemporain ; irruption de l'art technologique et nostalgie des valeurs traditionnelles ; nécrologie prématurée de la modernité par une postmodernité éphémère ; critique d'art déboussolée et critique esthétique défaillante ; soutien actif de l'« État culturel » et des pouvoirs publics à un art qui souvent déconcerte le public, etc.

Ces événements, dont la liste est ici incomplète, défient toute tentative de vision globale. Ils contrarient aussi l'espoir d'aboutir à une théorie générale de l'art sur une période qui, au reste, est encore la nôtre. Tout au plus, l'esthéticien philosophe peut-il repérer quelques tendances dominantes au-delà des modes et des courants parfois contradictoires.

Il est clair, par exemple, que le poids des institutions publiques et privées dans le domaine culturel ainsi que le rôle croissant des médias dans la production et dans la diffusion des œuvres modifient le statut de la création artistique dans la société actuelle.

La question des relations entre l'art et la politique, si cruciale encore dans les années 70, paraît aujourd'hui bien désuète. À l'époque, il s'agit de réactualiser la portée critique des avant-gardes du début du siècle : on insiste sur la signification corrosive des bouleversements formels pour lutter contre l'institution et réinsérer l'art dans la vie quotidienne. L'esthétique et la philosophie de l'art apportent leur caution théorique aux artistes qui tentent de subvertir la politique officielle de l'action culturelle.

Dès 1968, Daniel Buren déclare que tout un chacun, les non-artistes, les « autres » sont *a priori* aussi doués que les artistes eux-mêmes : « La seule chose qu'on peut peut-être faire après avoir vu une toile comme les nôtres, c'est la révolution totale. »

En 1974, dans *Art et politique*, Mikel Dufrenne milite avec enthousiasme et vivacité pour un art vraiment populaire, à portée de tous. Sensible aux thèses de Marcuse, il réactive l'utopie d'une révolution à la fois artistique et politique où la beauté, le jeu, le plaisir infiltreraient toutes les dimensions de l'existence : « Partout où créer c'est jouer, et où le jeu introduit du jeu dans le système, ébranle quelque part les rapports de domination et les certitudes idéologiques qui les justifient, l'art est politique. »

Le début des années 80 enregistre un net effritement de cette dimension politique, idéologique et anticulturelle de l'art.

L'attitude négative d'Adorno, sa façon de valoriser à l'excès une expérience subjective jugée incommunicable suscitent des réticences. Certains philosophes, pourtant globalement acquis à sa théorie, lui reprochent son refus obstiné de tout compromis avec l'industrie culturelle. Ils estiment que l'expérience esthétique des œuvres d'art classiques ou modernes est suffisamment riche et dense pour résister au laminage des médias et à la banalisation culturelle.

L'ESTHÉTIQUE DE LA RÉCEPTION : HANS ROBERT JAUSS

Dès 1978, Hans Robert Jauss développe les fondements d'une esthétique de la réception[1] », essentiellement appliquée à la littérature. Comme son nom l'indique, cette esthétique insiste sur l'importance de l'accueil, de la « réception » de l'œuvre par le public. Jauss souligne notamment le rôle primordial de la réaction des lecteurs, de ses jugements et de ses attentes vis-à-vis d'œuvres nouvelles. Face à la nouveauté artistique, trois réactions sont possibles : la satisfaction immédiate, la déception, voire l'irritation, ou bien le désir de changer et de s'adapter aux horizons inédits ouverts par l'œuvre. Pour Jauss, ces différentes attitudes face à ce qu'il nomme justement un « horizon d'attente » ne se valent pas. Elles permettent même d'établir des normes de qualité et de

1. Hans Robert Jauss, *Pour une esthétique de la réception*, Paris, Gallimard, 1978, trad. Claude Maillard, préface de Jean Starobinski. Cet ouvrage est un recueil de textes dont certains furent rédigés en 1972, notamment « Petite apologie de l'expérience esthétique », déjà polémique à l'encontre d'Adorno. Hans Robert Jauss, né en 1921, est professeur de littérature à l'université de Constance.

hiérarchiser les œuvres : on peut ainsi accorder un privilège à celles qui, en raison de leur degré de nouveauté, procurent aux lecteurs un plaisir inédit. Elles ne satisfont pas un désir déjà programmé par l'habitude mais elles comblent une attente secrète et anticipent, en quelque sorte, des aspirations implicites.

Jauss met donc le doigt sur l'une des insuffisances de la théorie d'Adorno : il fait valoir l'importance de la jouissance esthétique, et il considère que cette jouissance ne perd rien à être communiquée à un public si vaste soit-il. Il convient donc, selon ses termes, de « restaurer la fonction communicative de l'art, et même aller jusqu'à lui rendre sa fonction créatrice de normes ».

N'est-ce pas là, dit Jauss, témoigner d'une grande fidélité à Kant pour qui le goût est précisément la faculté de juger de tout ce qui nous permet de communiquer à tout autre homme, y compris notre sentiment ? Kant ne lie-t-il pas la valeur du plaisir désintéressé au fait qu'il puisse être universellement partagé ?

ESTHÉTIQUE ET COMMUNICATION : JÜRGEN HABERMAS

Les conceptions de Jürgen Habermas jouent un rôle considérable dans cette prise en considération de l'univers de la communication, notamment auprès des philosophes et des esthéticiens contemporains. Sur le plan théorique, elles légitiment l'idée que les médias technologiques accroissent la diffusion des œuvres d'art auprès du public et favorisent ainsi un renouvellement bénéfique des expériences esthétiques.

Ancien assistant d'Adorno à l'université de Francfort, Jürgen Habermas (né en 1929) est un héritier dissident de l'École de Francfort. À plusieurs reprises, dans son œuvre, il critique les thèses développées par Horkheimer et Adorno au sujet de l'industrie culturelle. Il ne croit pas que la soumission des œuvres au système économique transforme le plaisir esthétique en pur et simple divertissement. Il est faux, selon lui, de penser que la consommation culturelle sert de compensation aux frustrations de l'existence quotidienne. Les médias sont essentiellement des véhicules du langage, des « amplificateurs de la communication langagière » qui présentent l'avantage d'abolir le temps et l'espace. Ils « densifient » les échanges de discours ; ils autorisent l'intersubjectivité et l'intercompréhension. En tant que tels, ils ne sont pas dépendants du système marchand. Ils favorisent au contraire la possibilité de transmettre les expériences esthétiques à un public élargi et donc de tenir concrètement la promesse de bonheur contenue dans les œuvres d'art et si chère à Adorno.

À cette raison froide et cynique — la « rationalité instrumentale » — qui, d'après Horkheimer et Adorno, conduit le monde à l'enfermement bureaucratique et à l'aveuglement, Jürgen Habermas oppose la « raison communicationnelle », une raison fondée sur le discours, l'échange et l'interaction entre les individus.

Il n'y a donc pas, selon Habermas, une seule et même raison, fatalement condamnée à devenir un outil d'oppression. Il existe au contraire différentes formes de rationalité, scientifique, éthique, esthétique. Elles ne sont pas antagonistes ni destinées à l'affrontement. Habermas observe qu'au xviiiᵉ siècle, en particulier chez Baumgarten, l'esthétique ou science de la beauté correspond à une différenciation de la raison. On se souvient d'ailleurs que Baumgarten définit l'esthétique comme une forme inférieure de connaissance parce qu'elle est malgré tout liée à la sensibilité.

Habermas n'exclut donc pas la possibilité que l'esthétique puisse, à la longue, agir sur les autres rationalités et influer sur l'existence quotidienne. Dans une perspective plus ou moins lointaine, on aboutirait ainsi à une réconciliation de toutes les figures de la raison. Cette éventualité évoquée par Habermas a le droit de laisser sceptique : la réalisation d'un tel objectif ne relève-t-elle pas de l'utopie ?

Mais, sauf à faire retraite hors du monde environnant, on peut reconnaître aussi qu'il n'y a guère d'autre choix possible : accepter les règles du système actuel, c'est aussi rendre hommage à la « souveraineté » d'un art capable de survivre aux « mauvais » traitements du système culturel. Telle une bouteille à la mer, chaque œuvre poursuit sa route : nul ne connaît vraiment la puissance de son message et nul ne sait qui le recueille.

La plupart des travaux récents en philosophie de l'art, aussi bien en Europe qu'aux États-Unis, traduisent cet apaisement de la critique à l'encontre de l'industrie culturelle et du système marchand. Plus tournés vers l'art contemporain, ils sont surtout soucieux de lui trouver un statut dans la société actuelle, en insistant sur les capacités d'innovation d'une création artistique toujours dynamique et imprévisible. Ils récusent en conséquence l'extrême négativité d'une théorie comme celle d'Adorno. S'ils rendent hommage à sa défense audacieuse de la modernité, ils la considèrent en revanche comme trop nostalgique des premières avant-gardes, austère et repliée en définitive sur des positions assez conservatrices.

Mais il y a différentes manières de signer un pacte d'alliance avec le système culturel. Ou bien l'on s'adapte aux conditions présentes en conservant malgré tout l'idée, ou l'espoir, d'un art toujours en révolte et hostile à son institutionnalisation ; ou bien l'on accepte totalement l'actuelle organisation culturelle, potentiellement génératrice de plaisirs et jouissances esthétiques multiples.

La première attitude renvoie à la tradition européenne à laquelle nous nous sommes consacrés. Elle est fortement marquée par l'expérience des avant-gardes historiques et surtout par les implications politiques et idéologiques de ces mouvements dès le début du xxe siècle. Cette tradition hérite elle-même des conceptions idéalistes et romantiques qui donnent à l'Art pour vocation d'ouvrir l'accès à l'Être, à l'Absolu et à la Vérité. « Manifestation sensible de l'Idée » selon Hegel, l'art devient pour Nietzsche l'activité métaphysique par excellence. Il est littéralement « essentiel » pour Lukács, révélation de l'Être chez Heidegger et indice de vérité pour les théoriciens de l'École de Francfort. Érigé en idéal, cet art engendre un univers apparent, opposé à la réalité. Il peut alors servir de modèle et guider les aspirations qui visent à transformer le monde réel. Il n'est plus seulement le moyen de cette transformation, mais aussi une finalité orientant les projets de la modernité.

La seconde attitude fait référence à la tradition

anglo-saxonne, celle de la philosophie analytique.
Dans le domaine de l'art, elle s'appuie principalement sur les travaux du philosophe américain Nelson Goodman. La philosophie analytique se propose
précisément d'« analyser » la structure du langage
qui sert à désigner les choses. Au lieu de s'interroger
sur la *signification* d'un discours, elle porte son
attention sur sa *syntaxe* et sur la façon dont ce discours procède par agencement de signes et de symboles.

Prenons un exemple simple, voire simplifié. Une
grande partie de la tradition philosophique incite à
penser que le monde se présente comme une
immense table à déchiffrer. Heureusement, nous
possédons la clé qui nous permet de le comprendre,
à savoir le langage ; or nous considérons ce langage
comme un reflet, plus ou moins fidèle, de la réalité.
Il s'agit là, selon Goodman, d'une illusion : le langage
ne *dit* rien du monde ; c'est simplement un système
symbolique qui nous permet de « fabriquer » des
mondes, qu'il s'agisse de la connaissance, de la
nature ou de l'art.

Nous verrons ultérieurement quel rôle joue la
réactualisation des idées de Goodman dans le débat
esthétique contemporain. Mais d'ores et déjà, il faut
dire quelques mots sur les points essentiels de cette
théorie.

NELSON GOODMAN
ET LE LANGAGE DE L'ART

Dans *Langages de l'art. Une approche de la théorie des symboles* (1968), Nelson Goodman déclare vouloir réhabiliter l'esthétique aux yeux des scientifiques généralement assez dédaigneux envers cette discipline. L'argument le plus convaincant consiste assurément à montrer qu'il n'existe pas de différence fondamentale entre l'expérience scientifique et l'expérience esthétique : l'art, comme la science, serait un système symbolique, une « version » du monde, une manière de le fabriquer.

Qu'est-ce qui, dès Baumgarten, empêche l'esthétique d'être mise rigoureusement sur le même plan que la connaissance logique ? La sensibilité et les émotions ! Considérons alors que les émotions sont des instruments de connaissance, qu'elles fonctionnent de façon *cognitive*. Libérons-les de leur charge subjective et psychologique et voyons en elles de simples moyens permettant de discerner les propriétés et les qualités objectives possédées et exprimées par une œuvre.

L'art, pour Goodman, est donc affaire de *connaissance* et non pas de *représentation*. L'expérience esthétique n'est plus fondée sur les idées, les fantasmes ou les passions exprimées par une œuvre d'art. Plus sobrement, elle repose sur notre capacité à voir en quoi l'œuvre d'art est un système symbolique et à comprendre comment fonctionne ce système de symboles.

L'esthétique analytique ne définit plus l'art en

fonction de ce qu'il *est* dans son essence supposée ou à venir, mais selon ce qu'il *énonce* dans son existence et dans ce que nous disons de lui. Ce qu'*exprime* une œuvre d'art, son contenu, son idée, n'est donc pas pris en compte.

Goodman écarte ainsi toutes les notions « classiques » de la philosophie de l'art traditionnelle, tels le plaisir, la jouissance et autres affects. Les questions relatives au goût, à la beauté, au jugement et à la valeur des œuvres deviennent secondaires. Elles s'effacent devant la recherche des éléments, appelés par Goodman « symptômes de l'esthétique », qui permettent de distinguer précisément l'esthétique du non-esthétique : « La distinction que je fais ici entre l'esthétique et le non-esthétique est indépendante de toute considération de valeur esthétique. Il en va nécessairement ainsi. Une exécution abominable de la *Symphonie londonienne* est aussi esthétique qu'une exécution superbe ; et l'*Érection de la croix* de Piero n'est pas plus esthétique mais seulement meilleure que celle d'un barbouilleur. Les symptômes de l'esthétique ne sont pas des marques de mérite ; une caractérisation de l'esthétique ne requiert ni ne fournit une définition de l'excellence esthétique[1]. »

Goodman distingue ainsi nettement deux notions que nous assimilons habituellement l'une à l'autre : l'esthétique et l'artistique. L'important n'est pas qu'une œuvre soit jugée belle, agréable ou réussie, conforme à l'idée que nous nous faisons traditionnellement de l'art ; l'essentiel est qu'elle fonctionne esthétiquement.

---

1. Nelson Goodman, *Langages de l'art. Une approche de la théorie des symboles*, Nîmes, Éditions Jacqueline Chambon, 1990, présenté et traduit par J. Morizot, p. 298.

Publié en 1977, l'article de Goodman : « When is Art ? » précise clairement le nouvel enjeu. La question primordiale n'est plus : « Qu'est-ce que l'art ? », mais : « Quand y a-t-il art ? » Et la réponse du philosophe renouvelle en même temps le programme de l'esthétique analytique : il y a art lorsqu'une chose fonctionne symboliquement comme œuvre d'art.

Cela signifie qu'un objet d'art n'est pas *en soi* une œuvre d'art ; il le devient si je décide de le voir ainsi ou si le contexte m'y incite. Un tableau de Rembrandt utilisé pour boucher une vitre cassée cesse de fonctionner comme œuvre d'art. Il recouvre cette fonction une fois suspendu aux cimaises du musée. Cet exemple saisissant — iconoclasme heureusement rarissime — n'est pas une simple lapalissade. Goodman attire en fait notre attention sur un phénomène important de l'art contemporain.

Lorsque Marcel Duchamp expose un urinoir ou un porte-bouteilles avec la complicité de l'institution artistique, il n'attend pas des spectateurs qu'ils se prononcent sur la qualité esthétique intrinsèque de ces objets. Au demeurant, ces choses sont des produits industriels, des ready-made, et non des créations de la main de l'artiste. Mais en les baptisant œuvres d'art, il les fait fonctionner comme telles. Or on sait bien que le « succès » de Duchamp continue, jusqu'à nos jours, de plonger la postérité dans un mélange de fascination et de perplexité.

À une époque où les critères d'évaluation des œuvres deviennent flous, où l'attribution de la qualité d'œuvre d'art semble relever de l'arbitraire et ressemble à un acte de baptême, ne doit-on pas justement faire abstraction des sempiternelles questions, quasi insolubles, sur les normes censées déterminer de façon certaine la valeur des œuvres ? C'est ce que semble penser Goodman.

Cette philosophie analytique de l'art apparaît quelque peu déroutante, sans doute parce qu'elle se révèle beaucoup plus pragmatique que celle de la tradition européenne. L'art cesse d'être pour elle cette « écriture inconsciente de l'histoire » chargée de toutes les souffrances du passé, dont parle Adorno. Ancré dans la réalité, il contribue à « faire un monde », lui-même partie intégrante d'une culture et d'une civilisation.

La difficulté majeure de la théorie des symboles appliquée à l'art réside dans son acception particulière du terme esthétique. Que Goodman le veuille ou non, l'esthétique, c'est avant tout l'univers de la sensibilité, des émotions, de l'intuition, de la sensualité, des passions, domaine où règne une ambivalence irréductible à des symboles et à un système de notation. Dans l'imaginaire privé ou public, l'œuvre d'art vit de l'infinité des interprétations possibles, et des jugements nuancés, parfois contradictoires et changeants, qu'elle sollicite. La théorie générale des symboles appliquée à la connaissance de la nature — l'une des premières préoccupations de Goodman — ne débouche pas sur une « physique ». Appliquée à l'art, cette théorie aboutit bien à une symbolisation des œuvres, mais non pas à une « esthétique ».

ARTHUR DANTO
ET LA « TRANSFIGURATION DU BANAL »

Les conceptions esthétiques d'Arthur Danto s'inscrivent également dans le cadre de la philosophie analytique appliquée à l'art. Toutefois, il ne s'agit plus d'élaborer une théorie des symboles mais de rendre compte de l'essence de l'art moderne.

Danto entend répondre par d'autres moyens à la question de Goodman : « Quand y a-t-il art ? » Comment expliquer, notamment, que des objets d'une banalité aussi affligeante que les fac-similés des cartons Brillo exposés par l'artiste Andy Warhol en 1964 peuvent être perçus comme des œuvres d'art, tandis qu'on les trouve, quasi identiques, dans tous les supermarchés ?

La réponse est simple : mettons côte à côte une vraie boîte Brillo et une copie de l'artiste, ou bien un urinoir fonctionnel et le ready-made de Duchamp. Perçoit-on une différence « esthétique » ? Non, évidemment puisque les artistes ont tout fait pour que leur copie soit indiscernable de l'original. Conclusion : seule l'*interprétation* permet d'expliquer cette « transfiguration » de l'objet banal en œuvre d'art. Cette interprétation échappe totalement au profane. Elle n'est pas spontanée ; elle suppose un public informé, qui connaît le milieu de l'art, et qui se laisse gagner par une « atmosphère de théorie artistique ». Danto parle du « climat » créé par le « monde de l'art ». Ainsi, l'initié, informé par le marché, les médias, les professionnels, les experts, les critiques attitrés, peut entreprendre l'identification de l'objet et le reconnaître éventuellement comme « œuvre d'art ».

La démarche de Danto paraît astucieuse ; mais elle laisse plusieurs points dans l'ombre. Est-il, par exemple, légitime d'associer Duchamp et Warhol ? Peut-on appliquer le même raisonnement sur un objet industriel, « déjà là » — style ready-made —, et un objet fabriqué des mains de l'artiste — les boîtes Brillo ?

Admettons que le phénomène artistique reste inchangé. La comparaison entre l'objet non exposé et l'objet exposé est-elle probante ? Danto précise en effet : « À mon avis une œuvre possède un grand nombre de qualités qui sont tout à fait différentes de celles d'un objet qui, bien que matériellement indiscernable d'elle, n'est pas une œuvre d'art. Certaines de ces qualités peuvent fort bien être esthétiques, ou donner lieu à des expériences esthétiques[1]. »

Question : que sont ces qualités si elles ne sont pas perceptibles ? Si elles ne sont pas perceptibles, comment affirmer qu'elles sont différentes ? En quoi réside la différence entre les qualités « esthétiques » et les qualités « non esthétiques » ?

Danto ajoute : « [...] mais avant de pouvoir réagir à ces qualités sur un plan esthétique, il faut qu'on sache que l'objet en question est une œuvre d'art. Donc pour pouvoir réagir différemment à cette différence d'identité, il faut qu'on sache déjà faire la différence entre ce qui est de l'art et ce qui n'en est pas[2]. »

Si l'on résume : il faut savoir faire la différence pour savoir faire la différence. Pour distinguer un objet quelconque d'une œuvre d'art, il faut déjà

1. Arthur Danto, *La transfiguration du banal. Une philosophie de l'art*, Paris, Le Seuil, 1989, p. 160.
2. *Ibid.*, p. 160-161.

qu'on sache quel objet est une œuvre d'art. La solution réside, comme nous l'avons vu, dans l'interprétation... Mais il reste à comprendre d'où l'institution, à l'origine, tire cette prescience qui lui fait deviner quel objet est œuvre d'art.

L'embarras de Danto, qui est aussi celui de plus d'un visiteur d'expositions d'art contemporain, ne tient-il pas au fait que l'on conserve ici la catégorie « œuvre d'art » pour l'appliquer à un objet qui ne revendique nullement cette qualité ?

Danto, comme Goodman, considère comme superflus et inadéquats le jugement de goût, l'appréciation subjective et l'évaluation qualitative. Il est vrai que, dans les exemples cités, ils ajouteraient probablement à la confusion. L'interprétation du public est valide uniquement si elle parvient à coïncider au maximum avec l'interprétation que l'artiste lui-même donne de son « œuvre ». Tout le travail interprétatif consiste donc à accumuler le maximum de connaissances sur le monde de l'art afin de réduire au minimum la marge éventuelle d'incompréhension entre l'intention de l'artiste et le public.

Arthur Danto souligne l'une des tendances les plus controversées de l'art du xxᵉ siècle : celle qui suspend l'attribution de la qualité d'œuvre d'art à ce que l'on sait d'elle, de l'artiste, de ses projets, de son insertion dans le milieu de l'art. L'art n'est rien d'autre que ce que l'on décide qu'il soit, un pur produit, non plus *artistique* mais *artificiel*, engendré par le jeu du langage et de la communication à l'intérieur de l'institution artistique.

Il est vrai, par exemple, que les « actions » de Joseph Beuys ne s'éclairent qu'à partir des intentions de l'artiste et de sa vie. La *Chaise* (1964), le *Costume de feutre* (1970), l'*Arrêt de tram* (1976) sont incompréhensibles pour qui ne connaît pas la symbolique des matériaux employés : graisse, feutre, métal, etc. Sans aucune information sur le sens de ces « objets », le public n'y verrait que des déchets encore moins pourvus — si c'est possible ! — d'attrait esthétique que la pissotière-fontaine de Duchamp et les cartons de Warhol. On peut aussi, à l'inverse de Danto, considérer ces « actes » comme des provocations : ils font sans doute irruption dans le monde de l'art, mais s'ils franchissent l'entrée de l'institution, c'est avec l'espoir d'en ébranler les murs et de la déstabiliser. Un espoir, au demeurant, souvent déçu.

Mais, pour Danto, cette conception d'un art hostile à la société et à la réalité ne peut faire oublier qu'il participe bon gré mal gré au « monde de l'art », et qu'il est aussi, selon l'expression de Goodman, une « manière de faire le monde ». Il s'agit là d'une interprétation incontestablement plus pragmatique et réaliste du rôle de la création artistique dans la société occidentale moderne. Reste à savoir si cette image d'un art réconcilié avec le monde n'est justement pas celle que les artistes s'efforcent de brouiller en permanence.

On comprend mieux l'origine du débat contemporain entre l'esthétique analytique, de tradition anglosaxonne — nord-américaine essentiellement —, et la tradition européenne dont l'esthétique d'Adorno, par exemple, se veut l'héritière.

Pour l'une, il ne saurait être question de rejouer à l'infini le jeu indécidable du jugement de valeur, toujours subjectif, tout en prétendant à l'universalité. Elle fait valoir la fonction de *connaissance* de l'art et la possibilité offerte de s'ouvrir au monde, voire de l'accepter tel qu'il est.

Pour l'autre, en revanche, l'œuvre d'art recèle des éléments historiques et sociaux que l'esthétique a pour tâche d'expliciter. Non seulement l'œuvre « juge » à sa manière l'histoire et la société, mais elle est candidate elle-même à l'appréciation et à l'évaluation du public. Un peu comme si celui-ci devait à chaque fois juger de la qualité de la prestation artistique.

Ces deux grands courants de la philosophie de l'art sont-ils inconciliables ? La question n'est pas close.

LA CRITIQUE DE LA MODERNITÉ . LE POSTMODERNE

L'accueil favorable réservé, notamment en France, aux thèses de Nelson Goodman et d'Arthur Danto doit beaucoup au contexte artistique et esthétique. Une théorie qui neutralise les jugements de valeur sur les œuvres et accorde une priorité à la description sur l'évaluation sied mieux à une époque ébranlée par la disparition des repères et des critères esthétiques.

Dès la fin des années 70, et au début des années 80, les critiques adressées à la modernité et aux projets avant-gardistes se font plus vives. La mode dite « rétro » était déjà symptomatique d'une remise en cause d'un sens de l'histoire évoluant de façon linéaire vers un avenir moderniste et radieux. L'âge de la postmodernité et de la post-avant-garde entend signer la fin de l'âge moderne et l'utopie d'une perfection inaccessible. L'époque est à l'individualisme et à l'affirmation d'une liberté qui laisse à chacun le loisir de juger et d'évaluer à son gré. On rejette les critères et les normes établis par l'art moderne, et l'on devient plus conciliant envers les formes et les styles du passé.

En France, en 1983, un défenseur ardent de l'art contemporain des années 60-70, annonce, en sous-titre de son ouvrage, une « critique de la modernité ». L'auteur constate le décalage entre le dynamisme de la vie culturelle et la décrépitude des arts plastiques condamnés à s'alimenter aux sources déjà taries d'une modernité moribonde : Dada, art conceptuel, pop art, néo-expressionnisme, etc.

C'est en termes vifs et vigoureux que se trouve dressé le portrait affligeant des « beaux-arts » : « D'un côté, les derniers représentants de la peinture abstraite et analytique multiplient à l'infini les variations sur l'invisible et le presque-rien. Et pour tromper cette pénurie du sensible, la glose s'enflera en proportion inverse de son objet ; plus l'œuvre se fera mince, plus savante son exégèse. Une pliure de la toile, un trait, un simple point deviennent prétexte à un extraordinaire amphigouri où se répondent les différents jargons des sciences humaines [...]. Ailleurs encore, les dévots de l'anti-art, soixante ans après Dada, continuent d'agiter les signaux dérisoires d'un appel aux armes à qui nul ne répond — ni n'a jamais répondu[1]. »

Les courants dits postmodernes qui se multiplient dans le domaine des arts et de la pensée philoso-

---

1. Jean Clair, *Considérations sur l'état des beaux-arts. Critique de la modernité*, Paris, Gallimard, 1983, p. 12-13.

phique apparaissent, dès lors, comme des remèdes salvateurs à la crise. De quoi s'agit-il ?

Le terme postmoderne trouve son origine dans les débats qui opposent, dans les années 60, les architectes constructivistes et modernistes, héritiers du Bauhaus, Walter Gropius, Moholy-Nagy, Mies van der Rohe, Le Corbusier, et une génération plus récente représentée notamment par Robert Venturi et Charles Moore. Ceux-ci entendent réagir au fonctionnalisme prôné par leurs illustres prédécesseurs. Ils le considèrent trop austère et trop caractéristique de la modernité des années 20-30. Ils proposent une architecture plus souple, accordant davantage d'importance à la façade et aux éléments décoratifs. À la pure fonction, ils substituent la « fonction-fiction symbolique ». Il leur plaît d'intégrer des formes du passé, de recourir aux styles anciens, sans toutefois briser le caractère fonctionnel de l'architecture.

Ils se déclarent donc postmodernes, malgré le caractère rébarbatif de ce néologisme. Charles Moore, l'architecte de la Piazza d'Italia à La Nouvelle-Orléans — l'un des exemples les plus spectaculaires de postmodernisme — n'aime pas le mot. S'il l'adopte, c'est seulement parce que l'art, la mode et la décoration intérieure s'en sont déjà emparés. En 1978, Charles Jencks, critique d'architecture, déclare employer le mot pour la première fois dans son livre *L'architecture postmoderne*[1].

La condition postmoderne, de Jean-François Lyotard, paraît l'année suivante (1979). L'ouvrage du philosophe français, élaboré aux États-Unis, connaît un retentissement considérable. L'auteur explique

1. Charles Jencks, *L'architecture postmoderne*, Paris, Denoël-Gonthier, 1978.

comment les grandes théories scientifiques, morales, idéologiques et artistiques de la période moderne tendent à devenir caduques. Les « grands récits » connaissent une crise de légitimité. Plus personne ne croit sérieusement au thème du progrès de l'humanité ni à celui de l'émancipation imminente de l'homme grâce à la science et à la technique. Selon Lyotard, ce processus de crise est irréversible. Le terme postmoderne est pour lui péjoratif. Il n'a rien à faire, dit-il, avec l'idéologie de la postmodernité, ni avec les parodies et les citations qui envahissent tous les arts.

Le vocable postmoderne se trouve donc affecté de deux significations contraires. Mais la mode et l'esprit du temps font leur œuvre. Le premier sens l'emporte. Il devient synonyme de critique de la modernité alors que Lyotard demandait seulement qu'on réévalue la modernité. Ses protestations contre l'amalgame ne changent rien. L'époque « moderne » est déclarée périmée, et la « post-avant-garde », version artistique de la postmodernité, se répand, à vitesse épidémique, en peinture, en littérature, en musique et en philosophie.

Le néologisme « post-avant-garde », plus encore que celui de postmodernité, peut prêter à sourire du fait de sa construction curieuse à partir de deux préfixes antagonistes, « post » et « avant ». Il propose un « après » tout en conservant un semblant de nostalgie à l'égard du passé. Il donne cette impression étrange de vouloir prédire le futur en brossant l'histoire à rebrousse-poil.

Cette ambiguïté caractérise effectivement les courants artistiques des années 80, notamment dans les arts plastiques : les « anachronistes » ou « citationnistes » italiens et français, consacrés à la biennale de Venise en 1984, le mouvement Trans-avant-garde d'Achille Bonito Oliva, les Nouveaux Fauves allemands expriment à la fois une ferme volonté de dépasser le modernisme et une grande perplexité devant la disparition des avant-gardes. Les artistes puisent dans la mémoire historique, juxtaposent ou mélangent de façon éclectique des styles hétérogènes dans une même œuvre, brassent le décoratif, la citation, le folklore en un chaos souvent ludique et humoristique.

S'agit-il de conjurer la peur d'entrer dans la « post-histoire » et de célébrer par un brillant bouquet final la fin du spectacle offert par la modernité ? Achille Bonito Oliva semble le penser lorsqu'il déclare, en 1980, que le contexte actuel de l'art est un contexte de catastrophe, « assisté par une crise généralisée de tous les systèmes ». Ce sentiment de crise globale affecte aussi bien l'art, la culture que l'économie et la politique. Il conduit à concevoir une fin possible de l'histoire. Ce qui ne signifie évidemment pas que l'histoire s'arrête, mais que la seule manière de répondre à l'absence des anciens repères et à la dissolution des valeurs traditionnelles consiste à puiser dans le fonds intarissable de l'histoire de l'humanité.

Baudelaire savait que le peintre de la vie moderne était condamné à dresser le portrait d'une modernité transitoire, fugitive et contingente. Mais cette modernité ne pouvait être dépassée que par une autre modernité elle-même précaire, et ainsi de suite. L'artiste de l'ère postmoderne n'a d'autre choix que la rétrospective répétée du passé *et* l'acceptation du présent. Libéré de l'utopie moderniste, il est invité à jouir, sereinement et sans aspirations illusoires et « futuristes », des bienfaits de l'époque actuelle : « La grande culture et la culture commune, déclare Bonito Oliva avec enthousiasme, opèrent une jonction qui favorise l'instauration d'un rapport cordial entre l'art et le public en accentuant l'aspect séducteur de l'œuvre et la reconnaissance de son intensité intérieure. »

La postmodernité n'est pas un mouvement ni un courant artistique. C'est bien plus l'expression momentanée d'une crise de la modernité qui frappe la société occidentale, et en particulier les pays les plus industrialisés de la planète. Plus qu'une anticipation sur un futur qu'elle se refuse à envisager, elle apparaît surtout comme le symptôme d'un nouveau « malaise dans la civilisation ». Le symptôme disparaît progressivement. La crise reste : elle tient aujourd'hui une place considérable dans le débat esthétique sur l'art contemporain.

L'ART ET LA CRISE

Le sentiment de crise généralisée est propre à chaque fin de siècle. Toutefois, cette impression est sans doute plus forte lorsque cette fin coïncide avec celle d'un millénaire.

Rien n'est plus révélateur de la morosité ambiante des années 90 que les leitmotive sur le thème « l'art est en crise, la crise est dans l'art, le chaos est partout et tout est chaos ! », dont les revues spécialisées et même la presse grand public se font l'écho. Juxtaposer quelques citations extraites de commentaires récents suffit à composer le tableau d'un naufrage : « marché de l'art en faillite », « institution défaillante », « réseau culturel opaque », « critique d'art timorée », « modernité dictatoriale », « avant-garde terroriste », « médias récupérateurs », « enseignement artistique anémique », « peinture inexistante », « musique contemporaine élitiste et confidentielle », « artistes charlatans », « Duchamp, père d'une postérité désastreuse », etc.

Mais inversons ce triste tableau et regardons l'autre face : les institutions publiques subventionnent la création artistique contemporaine et sauvegardent le patrimoine, les entreprises privées multiplient leur soutien aux artistes grâce au mécénat et au *sponsoring*, un public zélé et fidèle se presse aux festivals et aux expositions, sans parler du rôle croissant des médias technologiques dans le domaine de l'expérience esthétique individuelle.

N'avons-nous pas alors tendance à oublier que les incertitudes, les troubles et les exaspérations jalonnent l'histoire de l'art ? Surtout au cours des deux derniers siècles, scandés par les ruptures, la succession des « ismes » et les chocs répétés des avant-gardes ! La crise ne désigne-t-elle pas l'état permanent de l'évolution artistique, comme celui de la société tout entière ?

Toute époque éprouve ce sentiment d'être un moment charnière, oscillant entre la nostalgie du « déjà vu » et le désir du « jamais vu » ; période d'inconfort et d'incertitude où les anciennes valeurs périmées ne sont pas encore remplacées par les nouvelles ; instant de désarroi si profond que « l'humanité projette inconsciemment son désir de survivre dans la chimère des choses jamais connues, mais cette chimère ressemble à la mort[1] ».

---

1. T. W. Adorno, *Minima Moralia. Réflexions sur la vie mutilée*, Paris, Payot, 1980, trad. E. Kaufholz et J.R. Ladmiral, p. 222.

Souvenons-nous de Platon chassant, hors de la cité, les poètes et les compositeurs de musiques trop voluptueuses, de Le Brun qualifiant les coloristes de barbouilleurs et de teinturiers, de Carl Maria von Weber déclarant Beethoven « bon pour l'asile d'aliénés » et des bourgeois qui hurlent devant *Le déjeuner sur l'herbe*, des antidebussystes qui vocifèrent à la première de *Pelléas et Mélisande*, etc. Arrêtons cette liste de toute façon interminable !

La crise actuelle, illusion ou réalité ? Deux interprétations s'affrontent. Elles paraissent suffisamment contradictoires pour plonger dans la plus grande perplexité la réflexion esthétique contemporaine, désespérément en quête d'une vision globale de la situation présente. Mais on peut formuler une hypothèse : se demander, par exemple, si « crise » et « absence de crise » ne sont pas les deux faces d'un même phénomène, à savoir la naissance d'un puissant système économique chargé de la gestion des pratiques culturelles et artistiques.

Les institutions et les industries culturelles ont en effet connu un développement sans précédent au cours des deux dernières décennies. Le système culturel moderne a l'avantage de supprimer l'ancien antagonisme entre l'art bourgeois, souvent élitiste, et l'art de masse, réservé au vaste public. Gouverné par le principe de rentabilité, il distribue au plus grand nombre le maximum de biens culturels et fonctionne comme un gigantesque pays de Cocagne où chacun peut à loisir satisfaire ses désirs et ses passions.

Ce système tolérant et laxiste accepte toutes les formes et tous les styles de l'art passé, moderne et contemporain. Toutefois, s'il fait passer au second plan les hiérarchies de valeur et les différenciations esthétiques, il ne se désintéresse pas pour autant de la valeur des œuvres. Mais il dispose de ses propres critères, connus uniquement des experts et des spécialistes du monde de l'art et d'eux seuls. Ses moyens promotionnels sont tels qu'il peut parvenir à créer un consensus autour d'œuvres contemporaines, plus appréciées en fonction du renom de l'artiste qu'en raison de leurs qualités propres, et dont la clé échappe le plus souvent au grand public.

Créateur de ses propres valeurs et de ses critères d'excellence, le culturel peut donc faire l'économie d'une réflexion esthétique qui, inlassablement, s'intéresse en priorité aux résistances que chaque œuvre oppose à son absorption dans le circuit de la consommation culturelle. Hormis les facteurs économiques, toujours conjoncturels, le malaise contemporain est donc bien réel. Paradoxalement, il résulte du succès même d'un système culturel hégémonique, apte à désarmer toute critique grâce à sa générosité et à l'abondance de ses prestations.

Il est assez significatif que le terme culture tend à se substituer à celui d'art dans les expressions les plus courantes de la vie quotidienne. L'art ou les arts deviennent un sous-ensemble d'une sphère en expansion constante. Cette sphère est celle de la « communication culturelle », disposant de tous les moyens technologiques et médiatiques au service de la diffusion et de la promotion de ses produits ; autre mot qui, très souvent, remplace celui d'œuvres, jugé trop lié à une conception traditionnelle de la création artistique.

On peut donc parler d'une « logique culturelle » pour désigner le processus d'universalisation répondant à l'exigence de démocratisation dans la société moderne. Mais cette logique culturelle ne satisfait pas toutes les attentes de l'expérience esthétique collective ou individuelle. On sait bien, par exemple, que le public, souvent perplexe devant certaines créations inédites de l'art contemporain, attend vainement la révélation des critères esthétiques ayant permis la sélection de telle production plutôt que telle autre. Assurément, ces critères existent mais ils demeurent fréquemment la propriété d'experts et de décideurs, souvent compétents mais discrets.

Exclu d'un jeu dont il ignore les règles, le public ne tarde guère à se convaincre de l'existence d'un consensus entre initiés le condamnant à jouer le rôle de consommateur profane et docile. Frustré et désorienté, il se laisse dès lors gagner par l'air du temps, celui de la dissolution totale des critères esthétiques ; époque de grande béatitude, où tout est soi-disant possible en art, y compris le « n'importe quoi ». Walter Benjamin n'avait-il pas prédit la fin de la critique le jour où l'homme parviendrait à réaliser son rêve de vivre dans un Disneyworld ?

LA QUESTION
DES CRITÈRES ESTHÉTIQUES

La réflexion actuelle sur l'art consacre une partie de ses efforts à résoudre cette tension entre la « logique culturelle » et la « logique esthétique », entre l'acceptation passive des bienfaits du système culturel et la volonté de légitimer l'appréciation et les jugements auxquels s'exposent les œuvres.

Nous avons déjà fait allusion au geste provocateur et iconoclaste de Marcel Duchamp dès le début du XXᵉ siècle : exposer, dans une galerie d'art, un objet tout fait, un ready-made, style roue de bicyclette, peigne, porte-bouteilles, ou le comble : un urinoir. Autrement dit, rien qui ne sollicite véritablement le sens esthétique. Duchamp se déclare anartiste, hostile à la peinture qu'il appelle rétinienne, peinture de chevalet, suspendue aux cimaises et destinée à mobiliser le regard uniquement.

Il est, bien entendu, parfaitement conscient du blasphème : « Ma fontaine-pissotière partait de l'idée de jouer un exercice sur la question du goût : choisir l'objet qui ait le moins de chances d'être aimé. Une pissotière, il y a très peu de gens qui trouvent cela merveilleux. Car le danger, c'est la délectation artistique. Mais on peut faire avaler n'importe quoi aux gens ; c'est ce qui est arrivé. » Effectivement, « c'est arrivé », si bien même que par une curieuse ironie du sort, des générations d'artistes et d'amateurs sont parvenus depuis 1917, à se délecter du non-délectable.

Il existe de multiples interprétations du geste de Duchamp. On doit donc se limiter à celles qui nous intéressent et qui tiennent en peu de mots. Oublions la volonté de l'artiste de mettre en cause un mode de représentation picturale solidement ancré dans la culture occidentale, surtout depuis la Renaissance. Oublions aussi le piège tendu à l'institution artistique, et la réponse de cette institution qui, finalement, se prête au jeu.

Il reste un traumatisme et des séquelles dont semble encore souffrir notre époque. Le ready-made pose en effet la question de la définition de l'art : rien ou presque rien au départ, un objet banal ou trivial se transforme miraculeusement en « œuvre d'art » par la grâce du baptême de l'« artiste » et de la « confirmation » de l'institution. Le miracle tient à peu de chose : il a suffi de déplacer les frontières de l'art. On ne se demande plus : « Qu'est-ce que l'art ? » mais, comme le dit Nelson Goodman : « Quand y a-t-il art ? », à partir de quel moment et sous quelles conditions s'opère la transmutation ?

En fait, le problème est ici mal posé. Il n'y a pas transmutation ni conversion du ready-made en objet d'art mais simplement irruption dans le champ artistique d'une action inédite, de type Dada. L'implication du monde de l'art transforme ce canular facétieux en canular sérieux.

Il l'est en effet. Car cet acte sacrilège — ou désacralisant — a pour conséquence un ébranlement de tous les critères classiques servant habituellement à juger et à critiquer l'œuvre, ou plus généralement l'objet d'art. Il n'est donc pas étonnant que le XXe siècle finissant, déjà troublé par la disparition des critères modernes ou avant-gardistes et l'éclectisme postmoderne, considère Duchamp — à tort — comme le grand responsable de la décadence de l'art contemporain.

Quelles solutions proposer à la déliquescence des critères esthétiques ? Trois se présentent évidemment à l'esprit : soit l'on restaure les critères anciens, soit l'on remplace l'obligation de juger et d'évaluer par l'immédiateté et la spontanéité du plaisir esthétique, soit l'on recherche de nouveaux critères.

La remise en vigueur de critères traditionnels pose des problèmes insolubles. Quel type de critères ? Empruntés à quelle époque ? Antique, classique, romantique, moderne ?

Les normes et les conventions esthétiques expriment la sensibilité d'une société à un moment donné ; ce ne sont pas des entités abstraites que l'on peut trimbaler à son gré dans l'histoire. Passer outre, c'est faire preuve d'une nostalgie pour le passé, parfois respectable, mais inapte à comprendre l'évolution de l'art. À moins qu'elle ne soit déjà, en elle-même, un jugement, implicite et défavorable, sur l'art contemporain.

La deuxième solution consiste à ériger le plaisir et la jouissance esthétiques en critères de qualité ou de réussite d'une œuvre. Cette attitude n'est pas nouvelle. Elle remonte au XVIIᵉ siècle et rappelle les débats interminables au sujet du goût, entre les partisans du sentiment et les défenseurs du jugement fondé sur la raison. Tout le monde s'accorde aisément à reconnaître que le défaut rédhibitoire d'une œuvre d'art est de susciter soit l'indifférence, soit l'ennui. Doit-on dire pour autant que plaisir vaut jugement ?

Certes, on résout le problème des critères introuvables, notamment pour l'art contemporain. On élimine la question du jugement, de l'évaluation, de la hiérarchie des valeurs, pierre d'achoppement de l'esthétique. Mais on simplifie à l'extrême la notion de plaisir. Freud a bien montré que le domaine du plaisir et de la jouissance esthétiques présente la même complexité que la jouissance érotique : l'un et l'autre sont ambivalents. Cela signifie que la jouissance et le plaisir recèlent parfois une bonne dose de leurs contraires, tout comme la haine est l'amie-ennemie de l'amour.

En outre, on peut difficilement admettre que le plaisir soit une sorte de donnée à l'état pur dans l'œuvre d'art. Une œuvre d'art me plaît, soit ! Mais le plaisir que je ressens, c'est moi qui l'élabore en fonction de mon tempérament, de l'éveil de ma sensibilité à l'art et de mon éducation. Le plaisir, nullement spécifique à la sphère esthétique, n'est donc pas un critère de qualité artistique. Qu'il soit l'un des multiples éléments du jugement, peut-être, mais il m'en apprend surtout beaucoup plus sur moi-même que sur l'œuvre à laquelle je suis confronté.

Enfin, le plaisir ne saurait indiquer quoi que ce soit de la qualité artistique d'une œuvre. L'agrément éprouvé lors de la lecture d'un roman policier ou au spectacle d'un film destiné à divertir n'incite pas pour autant à juger qu'il s'agit de chefs-d'œuvre, ni même d'œuvres d'art. À l'inverse, il peut arriver qu'une chorégraphie moderne, inhabituelle à mon goût, ou bien une peinture réaliste et crue finissent par forcer mon attention en dépit de toute attirance spontanée. Tout est ici question de nuances, et ce sont ces différenciations, parfois subtiles, qui permettent de faire la part de l'esthétique — ce qui, ici, flatte les sens — et l'artistique, qui suppose un minimum d'objectivité.

La troisième voie s'oriente vers la définition de critères esthétiques spécifiques aux œuvres contemporaines. On conçoit sans peine la difficulté de ce type de recherche. Les critères, on l'a rappelé, sont l'expression d'une situation historique et sociale particulière. Il n'existe pas de critères intemporels immuables permettant d'apprécier sur les mêmes bases un tableau de Botticelli et une œuvre de Francis Bacon, la musique de Palestrina et celle de Ligeti.

Si l'on tient absolument à parler de critères, il faut donc les chercher non pas dans une sphère transcendante quelconque, anhistorique, mais dans l'œuvre elle-même. On admettra, par exemple, qu'il est difficile de considérer comme œuvre d'art réussie, et à plus forte raison comme chef-d'œuvre, un objet susceptible de passer inaperçu. De même, une composition picturale, musicale ou littéraire incohérente, élaborée de façon arbitraire, totalement aléatoire, à partir de matériaux et de formes juxtaposés de façon hétérogène, s'impose rarement comme œuvre d'art... sauf si cette incohérence procède d'une démarche intentionnelle et s'inscrit dans un projet cohérent de l'artiste, telle l'écriture automatique des surréalistes.

L'« œuvre d'art » désigne habituellement un objet, une action, un geste qui présentent un minimum de logique dans leur démarche et de rigueur dans leurs procédés. Contrairement au préjugé courant, les œuvres d'art ne se perdent pas dans ce flou artistique ou esthétique qui sert trop souvent à déprécier l'art aux yeux des scientifiques.

Peut-on dire que le geste du sculpteur, la technique contrapunctique, la touche du peintre, l'écriture poétique, le réglage d'une chorégraphie, la gestuelle de l'acteur sont dépourvus de précision ? Reproche-t-on au *Traité d'harmonie* de Schönberg, au *Clavecin bien tempéré* de Bach, au *Traité de la peinture* de Léonard de Vinci, aux *Demoiselles d'Avignon*, d'être flous ? Même le premier ready-made de Marcel Duchamp, s'il est « n'importe quoi », n'est pas n'importe où, n'importe quand, n'importe comment !

Mais les œuvres citées ici ont surtout produit des critères plutôt qu'elles n'ont obéi à des modèles préétablis. Comme nous le disions précédemment, ce sont les œuvres d'art qui engendrent les critères et non pas l'inverse. Toutes les œuvres d'art ne sont pas des chefs-d'œuvre. Lorsqu'elles le deviennent, cela signifie qu'elles ont su transgresser les normes en vigueur à leur époque. Mais cela, seul le temps peut le prouver.

Appliquée à l'art contemporain, la question des critères apparaît donc comme un faux problème. Imaginons un critère apparemment indubitable comme celui évoqué plus haut : le caractère rationnel de l'œuvre. Qui me dit que ce critère *est* et *sera* toujours le bon ? Quel est *le* critère du critère, et ainsi de suite ? Ne vaut-il pas mieux dire que l'aspect « logique » est, lui aussi, l'un des paramètres parmi d'autres d'une œuvre. Certes, il est important parce qu'il constitue un élément d'intelligibilité et de compréhension de l'œuvre. Il permet l'analyse critique et l'interprétation et donc le discours conceptuel communicable à autrui.

Toutefois, ce paramètre ne dit rien sur la qualité de l'œuvre. Il vaut ce que valent la technique, le métier et le savoir. Utiles pour distinguer le charlatan de l'artiste véritable, ce ne sont là des critères ni nécessaires ni suffisants : combien d'œuvres ne résultent-elles pas d'un événement contingent, d'un accident, parfois d'un geste imprévisible comme celui qui conduisit l'artiste américain Jackson Pollock à « inventer » la technique du *dripping* ! Combien d'œuvres, en revanche, sont-elles nées d'un professionnalisme rigoureux, tout en dégageant l'indicible ennui du devoir bien accompli ?

On peut admettre que dans les œuvres les plus déconstruites, les plus farfelues, règne un ordre caché, lié à l'inconscient, au jeu des « pulsions primaires », comme l'a démontré le psychologue Anton Ehrenzweig[1]. Cependant, même ces pulsions ne

---

1. Anton Ehrenzweig, *L'ordre caché de l'art. Essai sur la psychologie de l'imagination artistique*, Paris, Gallimard, trad. F. Lacoue-Labarthe et C. Nancy, 1974.

résultent-elles pas souvent, comme Freud l'a si bien montré, d'un petit désordre... à l'origine ?

LE DÉFI DE L'ESTHÉTIQUE

Aucune théorie esthétique ne dispose aujourd'hui du guide qui permettrait de décerner infailliblement les étoiles du mérite à des œuvres, pour la plupart, en attente d'interprétation. À la fin du XXᵉ siècle, la philosophie de l'art est contrainte de renoncer à son ambition passée : celle d'une théorie esthétique générale embrassant l'univers de la sensibilité, de l'imaginaire et de la création.

On ne peut être à la fois au balcon et se voir passer dans la rue, disait Auguste Comte. À la fois proche et loin des œuvres, l'esthétique se trouve dans cette situation ; elle peut seulement regretter de ne pas avoir le don d'ubiquité. Immergée dans son époque il est légitime qu'elle songe à réaliser une autre universalité que celle proposée par le système culturel ; légitime aussi qu'elle tente d'élaborer des critères affranchis des impératifs du marché de l'art, de la promotion médiatique et de la consommation.

Sa tâche ressemble alors à celle de Sisyphe : exhumer une œuvre enfouie sous des années d'indifférence et d'oubli ou procéder à la valorisation d'un artiste contemporain, c'est aussi prendre le risque de leur prochaine intégration dans l'univers indifférencié des biens culturels. Ce risque est-il suffisant pour la contraindre au renoncement ? Ce serait oublier que l'esthétique est affaire de « distance convena-

ble[1] ». Trop proche de la « mondanité », elle se
contente de humer l'air du temps ; elle cède aux
modes éphémères et renonce à sa vocation philosophique qui est de voir « au-delà ». Trop loin de la
réalité, elle sombre dans la spéculation abstraite.

La vision juste ? Il suffit d'accommoder le regard
sur les propositions des artistes et de retenir leur
invitation à vivre intensément une expérience en
rupture avec la quotidienneté. Ces propositions peuvent intriguer, choquer, dérouter, agacer, parfois
aussi enthousiasmer et émerveiller. La tâche de
l'esthétique consiste précisément à prêter une
extrême attention aux œuvres afin de percevoir
« simultanément tous les rapports qu'elles établis-
sent avec le monde, avec l'histoire, avec l'activité
d'une époque[2] ». Elle renoue alors avec l'exigence de
Kant : sortir de la solitude de l'expérience individuelle, subjective, et ouvrir cette expérience, sinon à
tous, du moins au plus grand nombre.

Baumgarten pressentait déjà que l'esthétique était
une « science » particulière. C'est peu dire ! Comme
toute science, elle évolue en fonction de son objet.
Mais, à l'inverse, elle doit toujours s'attendre à être
débordée par lui. En réalité, elle ne s'y attend
jamais ; elle se fait toujours surprendre par les ruptures et les chocs intempestifs de la création artistique.

On se souvient de l'alternative posée par Friedrich
von Schlegel : ou bien l'art, ou bien la philosophie.
Il n'est pas interdit de penser que l'esthétique se doit
de réconcilier en permanence l'un et l'autre. Comme

---

1. Expression de Walter Benjamin.
2. Jean Starobinski, *La relation critique*, Paris, Gallimard, 1970,
p. 195.

toute discipline, elle se construit sur la base des difficultés qu'elle rencontre mais aussi des sollicitations dont elle est l'objet. De nos jours, ces sollicitations résultent précisément du désarroi causé par une crise dont on se plaît à dire qu'elle est sans équivalent dans l'histoire. Comme si notre époque devait jouir du privilège de l'originalité ! Mais ni l'esthétique ni la philosophie n'ont pour vocation de répéter périodiquement l'oraison funèbre de l'art, des critères, de la critique, des valeurs, des idéaux perdus ou momentanément égarés.

L'esthétique tient son pari si elle répond aux demandes croissantes d'interprétation, d'élucidation et de sens ; si elle démontre que circuler dans les parcs d'attractions de la culture est plaisant mais qu'il est plus important encore que la culture circule en chacun d'entre nous.

Depuis les Temps modernes, la philosophie a dû faire son deuil de la métaphysique, de la vérité, de l'Être, de la science, des grandes idéologies, des utopies de la modernité ; de l'homme aussi qu'elle a confié aux bons soins des sciences humaines. Mais elle n'a jamais pu vraiment couper le lien avec l'art. Outil pédagogique, argument théologique, instrument de propagande, copie de la nature, apparence inoffensive, reflet de la réalité, projection de fantasmes, passion narcissique, objet de plaisir, moyen de connaissance, l'art a toujours été le jouet de la philosophie. La philosophie, toutefois, prend ce jouet au sérieux, peut-être secrètement jalouse de l'artiste capable de saisir d'un geste, d'une couleur, d'un simple accord ce que le discours et les concepts ne parviennent jamais vraiment à exprimer.

L'art se révèle ainsi comme la question *essentielle* de la philosophie. Bien rares sont les philosophes qui

ne se sont pas prêtés au jeu, avant même que l'esthétique ne naisse un jour de la philosophie. Et c'est
pourquoi le philosophe de l'art ne peut, sous peine
de disparaître lui-même, croire sérieusement à une
mort de l'art. Ou bien, s'il y croit, c'est à la manière
de Francis Picabia déclarant : « L'art est mort ! Je
suis le seul à n'en avoir pas hérité. »

BIBLIOGRAPHIE SÉLECTIVE

Adorno (T.W.), *Sur quelques relations entre musique et peinture*, Paris, La Caserne, 1995, trad. de l'allemand par Peter Szendy avec la collaboration de Jean Lauxerois.

Adorno (T.W.), *Théorie esthétique*, Paris, Klincksieck, nouvelle édition, 1996, trad. de l'allemand par M. Jimenez.

Alberti (Leon Battista), *De la peinture*, Paris, Macula, 1992, trad. J.-L. Schefer.

Aristote, *Poétique*, Paris, Gallimard, 1996, texte traduit par J. Hardy, préface de Philippe Beck.

Batteux (Charles), *Les beaux-arts réduits à un même principe*, Paris, Dunan, 1946.

Baudelaire (Charles), *Œuvres complètes*, Paris, Gallimard, Bibliothèque de la Pléiade, 1961, édition révisée par C. Pichois.

Baumgarten (Alexander Gottlieb), *Esthétique*, Paris, Éditions de l'Herne, 1988, traduit du latin et de l'allemand par J.-Y. Pranchère.

Baxandall (Michaël), *L'œil du Quattrocento. L'usage de la peinture dans l'Italie de la Renaissance*, Paris, Gallimard, 1985.

Bayer (Raymond), *Histoire de l'esthétique*, Paris, A. Colin, 1961.

Becq (Annie), *Genèse de l'esthétique française moderne (1680-1814)*, Paris, Albin Michel, 1994.

Bürger (Peter), *Theorie der Avant-garde*, Francfort, Suhrkamp, 1974.

Bürger (Peter), *La prose de la modernité*, Paris, Klincksieck, 1995, trad. de l'allemand par M. Jimenez.

Benjamin (Walter), *Écrits français*, Paris, Gallimard, présentés et introduits par J.-M. Monnoyer.

Benjamin (Walter), *Paris, capitale du XIXᵉ siècle. Le livre des passages*, Paris, Le Cerf, 1989, trad. de l'allemand par J. Lacoste.

Breton (André), *Le surréalisme et la peinture*, Paris, Gallimard, 1965.

Burke (Edmund), *Recherche philosophique sur l'origine du beau et du sublime*, Paris, Vrin, 1973, traduction et avant-propos de B. Saint-Girons.

Cauquelin (Anne), *L'art contemporain*, Paris, PUF, « Que sais-je ? », 1992.

Chateau (Dominique), *La question de la question de l'art*, Paris, Presses universitaires de Vincennes, 1995.

Cometti (Jean-Pierre), Morizot (Jacques), Pouivet (Roger), *Questions d'esthétique*, Paris, Presses Universitaires de France, 2000.

Croce (Benedetto), *Essais d'esthétique*, Paris, Gallimard, 1991, textes choisis, traduits et présentés par Gilles A. Tiberghien.

Danto (Arthur), *L'assujettissement philosophique de l'art*, Paris, Le Seuil, 1993, trad. de l'anglais par C. Hary-Schaeffer.

Danto (Arthur), *La transfiguration du banal. Une philosophie de l'art*, Paris, Le Seuil, 1989, trad. C. Hary-Schaeffer.

De Duve (Thierry), *Au nom de l'art. Pour une archéologie de la modernité*, Paris, Éditions de Minuit, 1989.

Derrida (Jacques), *La vérité en peinture*, Paris, Flammarion, 1978.

Descartes (René), *Traité des passions*, suivi de la correspondance avec la princesse Elisabeth, présentation et annotations par F. Mizrachi, Paris, UGE, 10/18, 1965.

Diderot (Denis), *Salons de 1759-1761-1763*, Paris, Flammarion, 1967.

Diderot (Denis), *Œuvres esthétiques*, Paris, Garnier, 1968.

Didi-Huberman (Georges), *Devant l'image*, Paris, Éditions de Minuit, 1990.

Du Bos (abbé Jean-Baptiste), *Réflexions critiques sur la poésie et la peinture*, réédition, Paris, ENSBA, 1993.

Dubuffet (Jean), *Asphyxiante culture*, Paris, Jean-Jacques Pauvert, 1968.

Duchamp (Marcel), *Duchamp du signe*, écrits présentés par Michel Sanouillet, Paris, Flammarion, 1975.

Dufrenne (Mikel), *La phénoménologie de l'expérience esthétique*, Paris, PUF, 1953.

Dufrenne (Mikel), *Esthétique et philosophie*, t. I et II, Paris, Klincksieck, 1976.

Dufrenne (Mikel), *Art et politique*, Paris, UGE, 10/18, 1974.

Ehrenzweig (Anton), *L'ordre caché de l'art. Essai sur la psychologie de l'imagination artistique*, Paris, Gallimard, 1974, trad. de l'anglais par F. Lacoue-Labarthe et C. Nancy, préface de Jean-François Lyotard.

Faure (Élie), *Histoire de l'art*, 4 tomes, Paris, Gallimard, Folio essais, 1987.

Félibien (André), *Entretiens sur les vies et sur les ouvrages des plus excellents peintres anciens et modernes*, Paris, Belles Lettres, 1987 (Deux premiers entretiens).

Ferry (Luc), *Homo Aestheticus. L'invention du goût à l'âge démocratique*, Paris, Grasset, 1990.

Francastel (Pierre), *Peinture et société. Naissance et destruction d'un espace plastique. De la Renaissance au cubisme*, Paris, Gallimard, 1965.

Freud (Sigmund), *Délire et rêves dans la Gradiva de Jensen*, Paris, Gallimard, Folio essais, 1991, trad. de l'allemand par P. Arbex et R.-M. Zeitlin.

Freud (Sigmund), *Un souvenir d'enfance de Léonard de Vinci*, Paris, Gallimard, 1977.

Freud (Sigmund), *L'inquiétante étrangeté et autres essais*, Paris, Gallimard, Folio essais, 1985, trad. de l'allemand par B. Féron.

Futurisme, Manifestes — Proclamations — Documents, anthologie établie par Giovanni Lista, Lausanne, L'Âge d'Homme, 1973.

Goethe (Johann Wolfgang), *Écrits sur l'art*, Paris, Klincksieck, 1983, Flammarion, 1996, textes choisis, traduits et annotés par J.-M. Schaeffer, introduction par Tzetan Todorov.

Goodman (Nelson), *Langages de l'art*, Nîmes, Éditions Jacqueline Chambon, 1990, traduit de l'anglais et présenté par J. Morizot.

Goodman (Nelson), *Manières de faire des mondes*, Nîmes, Éditions Jacqueline Chambon, 1992, trad. M.-D. Popelard.

Greenberg (Clement), *Art et culture. Essais critiques*, Paris, Macula, 1988.

Habermas (Jürgen), *Le discours philosophique de la modernité*, Paris, Gallimard, 1988, trad. de l'allemand par C. Bouchindhomme et R. Rochlitz.

Hegel (Georg Wilhelm Friedrich), *Esthétique*, Paris, Aubier, éditions Montaigne, 1944, trad. S. Jankélévitch.

Heidegger (Martin), *Approche de Hölderlin*, Paris, Gallimard, 1962, trad. H. Corbin, M. Deguy, F. Fédier et J. Launay.

Heidegger (Martin), *Chemins qui ne mènent nulle part*, Paris, Gallimard, 1962, trad. W. Brokmeier.

Horkheimer (Max) et Adorno (T.W.), *La dialectique de la Raison*, Paris, Gallimard, 1974, trad. de l'allemand par E. Kaufholz.

Jauss (Hans Robert), *Pour une esthétique de la réception*, Paris, Gallimard, 1978, trad. de l'allemand par C. Maillard, préface de J. Starobinski.

Jean-Paul, *Cours préparatoire d'esthétique*, Lausanne, L'Âge d'Homme 1979, trad. de l'allemand et annoté par A.-M. Lang et J.-L. Nancy.

Jimenez (Marc), *Adorno et la modernité. Vers une esthétique négative*, Paris, Klincksieck, 1986.

Jimenez (Marc), *La critique. Crise de l'art ou consensus culturel ?*, Paris, Klincksieck, 1995.

Kandinsky (Vassili) et Marc (Franz), *L'Almanach du Blaue Reiter, (Le Cavalier bleu)*, Paris, Klincksieck, 1981, présentation et notes par Klaus Lankheit.

Kant (Emmanuel), *Critique de la faculté de juger*, Paris, Vrin, 1965, trad. par A. Philonenko.

Kant (Emmanuel), *Critique de la faculté de juger*, Paris, Gallimard, Folio essais, 1985, édition publiée sous la direction de F. Alquié, trad. de l'allemand par A. J.-L. Delamarre, J.-R. Ladmiral, M. B. de Launay, J.-M. Vaysse, L. Ferry et H. Wismann.

Kant (Emmanuel), *Observations sur le sentiment du beau et du sublime*, Paris, Vrin, 1992, traduction, introduction et notes de R. Kempf.

Lacoue-Labarthe (Philippe) et Nancy (Jean-Luc), *L'absolu littéraire. Théorie de la littérature dans le romantisme allemand*, Paris, Le Seuil, 1978.

Léonard de Vinci, *Traité de la peinture*, Paris, Berger-Levrault, 1987, textes traduits et présentés par A. Chastel.

Lessing (Gotthold Ephraïm), *Laocoon*, Paris, Hermann, 1990, trad. J.-F. Groulier.

Lichtenstein (Jacqueline), *La couleur éloquente*, Paris, Flammarion, 1989.

Lories (Danielle), *Philosophie analytique et esthétique*, Paris, Méridiens, Klincksieck, 1988.

Lories (Danielle), *Expérience esthétique et ontologie de l'œuvre*, Bruxelles, Académie royale de Belgique, 1989.

Lukács (Georges), *Philosophie de l'art (1912-1914)*, Paris, Klincksieck, 1981, présenté par R. Rochlitz et trad. de l'allemand par R. Rochlitz et A. Pernet.

Lukács (Georges), *L'âme et les formes*, Paris, Gallimard, 1974, trad. de l'allemand par G. Haarscher, notes introductives et postface de G. Haarscher.

Lukács (Georges), *La théorie du roman*, Paris, Gallimard, Tel, 1990, trad. de l'allemand par J. Clairvoye.

Lyotard (Jean-François), *La condition postmoderne*, Paris, Éditions de Minuit, 1979.

Marcuse (Herbert), *Éros et civilisation*, Paris, Éditions de Minuit, 1968.

Marcuse (Herbert), *L'homme unidimensionnel*, Paris, Éditions de Minuit, 1968.

Menke (Christoph), *La souveraineté de l'art. L'expérience esthétique après Adorno et Derrida*, Paris, A. Colin, 1993, trad. P. Rusch.

Merleau-Ponty (Maurice), *Le visible et l'invisible*, Paris, Gallimard, 1964.

Millet (Catherine), *L'art contemporain en France*, Paris, Flammarion, 1987.

Moulin (Raymonde), *Le marché de la peinture en France*, Paris, Éditions de Minuit, 1967.

Nietzsche (Friedrich), *Œuvres philosophiques complètes*, Paris, Gallimard.

Passeron (René), *L'œuvre picturale et les fonctions de l'apparence*, Paris, Vrin, 1962.

Platon, *La République*, Paris, Gallimard, Folio essais, 1993, introduction, traduction et notes par P. Pachet.

Platon, *Le Banquet, Phèdre*, Paris, Garnier-Flammarion, 1964, traduction, notice et notes par E. Chambry.

Platon, *Second Alcibiade, Hippias mineur, Premier Alcibiade, Euthyphron, Lachès, Charmide, Lysis, Hippias majeur, Ion*, Paris, Garnier-Flammarion, 1967, traduction, notices et notes par E. Chambry.

Revault d'Allonnes (Olivier), *La création artistique et les promesses de la liberté*, Paris, Klincksieck, 1973.

Rochlitz (Rainer), *Théories esthétiques après Adorno*, Arles, Actes Sud, 1990.

Rochlitz (Rainer), *Subversion et subvention. Art contemporain et argumentation esthétique*, Paris, Gallimard, 1994.

Rochlitz (Rainer), *L'art au banc d'essai. Esthétique et critique*, Paris, Gallimard, 1999.

Rosenberg (Harold), *La tradition du Nouveau*, Paris, Éditions de Minuit, 1962.

Saint-Girons (Baldine), *Esthétiques du XVIIIe siècle. Le modèle français*, Paris, P. Sers, 1990.

Schaeffer (Jean-Marie), *L'art de l'âge moderne. L'esthétique et la philosophie de l'art du XVIIIe à nos jours*, Paris, Gallimard, 1992.

Schaeffer (Jean-Marie), *Les célibataires de l'art. Pour une esthétique sans mythes*, Paris, Gallimard, 1996.

Schaeffer (Jean-Marie), *Adieu à l'esthétique*, Paris, Presses Universitaires de France, 2000.

Schiller (Friedrich von), *Lettres sur l'éducation esthétique de l'homme*, Paris, Aubier, éditions Montaigne, 1943, traduites et préfacées par R. Leroux.

Schopenhauer (Arthur), *Métaphysique de l'amour. Métaphysique de la mort*, Paris, UGE, 10/18, 1964, introduction de Martial Guéroult, trad. de l'allemand par Marianna Simon.

Seel (Martin), *L'art de diviser. Le concept de rationalité esthétique*, Paris, A. Colin, 1993, trad. C. Hary-Schaeffer.

Starobinski (Jean), *Diderot dans l'espace des peintres*, suivi de *Le sacrifice en rêve*, Paris, Réunion des musées nationaux, 1991.

Starobinski (Jean), *La relation critique*, Paris, Gallimard, 1970.

Tertulian (Nicolas), *Georges Lukács*, Paris, Le Sycomore, 1980.

Teyssèdre (Bernard), *Roger de Piles et les débats sur le coloris au siècle de Louis XIV*, Paris, Bibliothèque des arts, 1957.

Teyssèdre (Bernard), *L'histoire de l'art vue du Grand Siècle*, Paris, Julliard, 1965.

Teyssèdre (Bernard), *L'art français au siècle de Louis XIV*, Paris, Le Livre de poche, 1967.

Vasari (Giorgio), *Les vies des meilleurs peintres, sculpteurs et architectes*, Paris, Berger-Levrault, 1981.

Wölfflin (Heinrich), *Principes fondamentaux de l'histoire de l'art*, Paris, Gallimard, 1952, trad. par C. et M. Raymond.

Worringer (Wilhelm), *Abstraction et Einfühlung. Contribution à la psychologie du style*, Paris, Klincksieck, 1986, trad. de l'allemand par E. Martineau, présenté par Dora Vallier.

INDEX
DES NOMS PROPRES

INDEX DES NOTIONS,
ÉCOLES ET MOUVEMENTS

DU MÊME AUTEUR

ADORNO : ART, IDÉOLOGIE ET THÉORIE DE L'ART, Paris, UGE, 10/18, 1973.

ADORNO ET LA MODERNITÉ, VERS UNE ESTHÉTIQUE NÉGATIVE, Paris, Klincksieck, 1986.

LA CRITIQUE. CRISE DE L'ART OU CONSENSUS CULTUREL ?, Paris, Klincksieck, 1995.

L'ESTHÉTIQUE CONTEMPORAINE : TENDANCES ET ENJEUX, Paris, Klincksieck, collection Klincksieck-Études, 1999.

Traductions

T.W. Adorno, THÉORIE ESTHÉTIQUE, Paris, Klincksieck, 1974, nouvelle édition 1995.

T.W. Adorno, MODÈLES CRITIQUES, en collaboration avec Eliane Kaufholz, Paris, Payot, 1984.

Peter Bürger, LA PROSE DE LA MODERNITÉ, Paris, Klincksieck, 1995.

DANS LA COLLECTION FOLIO / ESSAIS

Composition SCCM.
Impression Bussière
à Saint-Amand (Cher), le 5 avril 2007.
Dépôt légal : avril 2007.
1ᵉʳ dépôt légal dans la collection : janvier 1997.
Numéro d'imprimeur : 071304/1.
ISBN 978-2-07-032910-6./Imprimé en France.